总主编◎吴　飞｜2013　2

数字未来与媒介社会
Digital Future and Mediated Society

重构行动者：中国场域的传播研究
*Reconstructing Agents: Communication Studies
in the Chinese Context*

主编◇张志安　林功成

ZHEJIANG UNIVERSITY PRESS
浙江大学出版社

互联网时代:"传播行动者"的重构

当前,数字化革命、全球化浪潮和社会转型的现代化趋向,重塑着中国新闻传播场域复杂多重的"结构"(structure)。置身这种结构之中,新闻传播的"行动者"(agent)也正在发生各种变化,尤其受到以互联网为代表的第四次传播革命的深刻影响,诸多新现象、新事件、新趋势、新问题纷繁呈现。比如:微博等社交媒体的兴起如何改变传统新闻业的生产机制和权力结构,普通公民是否可能成为新闻生产的新型传播者,新媒体如何为普通公众、NGO组织的社会动员进行赋权,商业网站是否可能追寻专业主义并成为负责任的媒介组织······这些变革和实践都在重新定义"行动者"的边界、特征和实践。

2012年11月17至18日,由中山大学传播与设计学院和中山大学全媒体研究院联合主办的第五届中国青年传播学者研讨会在广州举行。本次研讨会以"重构行动者:中国场域的观察与思考"为主题,对中国当下新闻传播领域的行动主体、话语、实践及其与结构之间的互动机制等问题展开深入分析,以期描绘当下并预测未来"行动者"的图景。

社会化媒体与传播行动者

以微博为代表的社会化媒体,既给新闻从业者提供了新的信息采集、发布和互动平台,也改变着新闻活动的资源、规则乃至整个新闻场域。中国人民大学刘海龙认为,微博的兴起强化了新闻从业者的职业角色与公民角色之间的冲突,新闻从业者的微博使用主要存在六个困境:(1)鼓励使用 vs 限制使用:大多数新闻机构积极鼓励从业者使用微博进行表达和为公众服务,但也有不少媒体为最大限度地保护其组织利益,对从业者的微博使用做出严格限制;(2)公民身份 vs 职业新闻从业者身份:美联社、路透社等规定,新闻从业者在社会化媒体上的表达属职务行为,而中国新闻从业者往往在简介中强调"言论与任职单位无关"；(3)个性表达 vs 专业表达：如何既鼓励从业者释放个性，又避免随意感言；(4)发表原创新闻 vs 转载媒体新闻：哪些原创内容可以发布，哪些则不能发布；(5)公众利益优先 vs 媒体企业利益优先：媒体的企业利益和公众利益孰先孰后；(6)透明化 vs 神秘化：微博增加了从业者讨论新闻生产过程和组织内部信息的机会。在他看来，如果新闻真的是为公众服务，那么微博时代的新闻将更具有透明性(transparency)，既向公众说明新闻生产过程，也欢迎公众随时参与新闻生产。

伴随微博上个人新闻的日渐活跃，自媒体是否会取代传统媒体的话题引发了不同观点之间的争议。赞同者认为公民新闻的崛起必然会逐步消解传统新闻生产的专业边界，反对者则认为组织化新闻生产的专业性永远具有不可替代性。对此，南京大学胡翼青指出，新闻专业主义可从两个不同的维度去理解：专业意识形态、社会角色分工。如果从专业意识形态的角度来看个人新闻对传统媒体的挑战，其"科层制生产模式下的传统新闻的斗争毫无疑问正在显性化"。不过，如果从社会角色分工的角度去看，则其存在诸多缺陷：重大新闻事件的采访报道，无法依赖于个体行为；个人的利益视角、有限能力使其很难承担公共性的职责；等等。显然无论是在技术层面还是在新闻专业主义理念层面，自媒体与个人新闻都不会对传统媒体和新闻专业主义构成威胁，而且自媒体的出现将意味着新闻更加专业，定位更加明确，信息传播更加繁荣。

社会化媒体的使用，不仅改变了传统媒体从业者的新闻生产方式和职业角色观念，也通过传播赋权增强了边缘受众、社会运动参与者等行动者的信息传播能力和社会话语空间。浙江理工大学廖卫民、辽宁师范大学何明以乌坎事件为例，运用社会网络分析，探讨其传播行动者的类型：早期组织者和策划者、核心信息传播者、作为外界人员的乌坎事件核心信息传播者、作为外界人员的乌坎事件信息传播扩大效果者、重要组织者和参与者、积极传播者、一般传播者等7类。研究发现："社会维权的行动者往往是信息的传播者，而传播者在一定程度上也是一种组织活动的行动者，他们为外界传递信息的过程中，也在一定程度上建构了传者之间的社会关系网络。"云南红河学院李刚存、肖婷通过对未通互联网络的哈尼族村寨进行手机微博实验，验证在这一特定地区超越网络媒介线性演进方式跃进发展的可能，他们发现：村民有机会借助微博作为增权的关键工具，挖掘自身民族文化作为书写资源，激发文化自觉意识和文化自豪感，以主动积极的心态融入新媒体社会。

新闻从业者与新闻专业主义

在当下中国新闻场域中,不同类型的媒介组织和新闻从业者建构着不同的新闻专业主义话语。整体上看,中国新闻从业者并未在价值共识、实践规范、职业伦理等层面达成新闻专业主义的共识。近年来,受到商业主义和互联网兴起的影响,媒介组织和从业者的新闻专业主义建构又呈现出新的变化甚至割裂,其突出问题表现在:由于受到比较严苛的新闻管制,市场化报刊新闻生产的自主性(autonomy)受到严重挤压;迫于盈利压力和缺乏行业自律,一些财经类报纸、行业性报纸地方记者站利用负面新闻进行新闻寻租的现象日益普遍;商业网站的新闻报道存在比较严重的"标题党"现象,其编辑部门和经营部门之间尚未建立"防火墙"……这些问题都影响着新闻专业主义的现实发展。

目前,国内的新闻网站主要分为政府网站、媒体网站和商业网站三类。总体上看,政府网站以宣传功能为主,媒体网站的内容多来自其主报、较难建立可持续的盈利能力,商业网站则由于缺乏原创采编权而难以真正成为原创新闻的平台,而它们共同的压力都来自于对商业利益的追逐,由此,始终要面对比较严峻的新闻伦理考验。上海大学陶建杰、中山大学张志安以上海地区5家网站的新闻从业者为研究对象,以利益冲突中的"免费馈赠"和"兼职"为例,考察了网络新闻从业者的职业伦理。调查发现:网络新闻从业者对"兼职"较宽容,对"免费馈赠"相对保守;网络新闻从业者对新闻伦理的态度和认知有较大的差距;"态度/认知差距"在"免费馈赠"方面较大,在"兼职"方面较小;对市场化态度、工作满意度是影响从业者对"利益冲突"态度的主要因素,专业背景、传统媒体经历也在一定范围内影响着从业者的伦理水平。作者认为,"要改变新闻从业者对职业伦理的态度和行为,将职业伦理落到实处,更为重要的是从组织制度、社会监督、惩罚体系上,有更加严格、明确、可执行的制度规范"。

新闻生产与媒介话语研究

学者研究中国场域中的新闻生产,多从新闻生产的社会化过程和报道框架/媒介话语两个层面展开,前者更能揭示新闻生产与社会控制的复杂互动,后者更能呈现新闻文本的叙事方式和话语特征。这两种相关中观、微观的研究路径，必须回到宏观的政治经济结构中加以解读，才能有更具社会现实观照和启发意义的阐释。

深圳大学李莹、中山大学林功成研究了 2001—2010 年中国报纸对日产品的报道，试图分析媒体如何塑造"日本制造"的形象。他们发现，中国报纸在塑造"日本制造"的形象时以中立或正面态度为主，但正面报道比例逐年降低，而且报纸偏向于使用国外官方信源以及来自中国的信源。此外，在报道框架方面，"日本制造"主要被塑造为中国学习的榜样，但同时也有不少的报道涉及"日本制造"的衰落。研究指出，中国报纸对"日本制造"的报道，"不仅可能受到政治周期的影响，经济周期、贸易关系变化、广告投放量等都可能会影响到产品报道的态度"，但与中日政治紧张程度的不同阶段并无太大关系。中山大学张洁围绕 2004—2012 年有关"富二代"、"官二代"的媒介话语建构，发现：两者的造词方式和报道模式相互呼应，报道内容都有符号化和标签化特征，报道主角与社会真实群体相比趋于边缘化和年轻化。从差异看，"富二代"的报道主题分布较为广泛，"官二代"媒体话语的负面评价更为明显。

除了对我国大陆和台湾地区媒介的报道框架、话语和舆论的研究之外，也有学者将观察视角聚焦于驻华记者这个相对较少受到研究者关注的群体，试图从他们的常规新闻生产机制着眼考察其特殊的"常规"。上海外国语大学钱进以驻华外国记者为例，通过考察构成常规的两个重要因素（时间与节奏），来分析他们在脱离习惯的情境后如何在他地重构常规。研究发现，跨越时区进行新闻采集的外国记者不得不将中国和总部两种工作节奏进行叠加，形成一种新的工作节奏。这个过程中，时间之于他们来说已非传统的量化概念的时间，而是由日常实践中一个个关键的节点所构成的质化概念的时间。"抽离出习惯的工作和生活节奏的外国记者，在新的情境下需重构一种协调两种地方性时间及其各自所决定的、相异的新节奏……他们需要依靠另外一些要素来结构化日常新闻采集工作。"

此外，参加本次研讨会的学者还从不同角度研究了中国场域中多元的传播行动者。比如，有的学者回到历史语境考察近代报刊与士林秩序、新中国成立初年新闻业思想改造中的人员更替，有的学者研究法官对敏感案件报道的态度、字幕组在国家形象传播中的作用，还有多位学者研究受众的新媒体使用和主观阶层认同、新移民的媒体使用和社会融入等话题。整体上看,大多数研究都或多或少地将传播行动者的重构置于新媒体影响下的社会语境中,可见,这是未来很长一段时间行动者研究的热点和焦点。

张志安

中山大学传播与设计学院院长、教授、博士生导师

目 录
Contents

1

目
录

网络传播与媒介效果

数 字 未 来 与 媒 介 社 会 2013 2

新闻生产与
新闻工作者

社会化媒体与新闻工作者角色规范的重构

刘海龙①

【摘　要】　社会化媒体给传统的新闻工作带来了许多挑战和困境。这些困境不是由社会性媒体带来的,社会性媒体只不过放大了新闻基本观念中的一些根本矛盾,比如新闻工作者究竟是为公众服务还是为媒体服务、新闻机构的内部决策是否应该透明等。本文认为,社会性媒体导致的困境也为新闻工作在数字时代与时俱进提供了机会,需要从根本上重构新闻工作者的角色规范:重新界定新闻工作者个人与组织的关系、建立新闻组织的透明性、重申新闻为公众服务的基本原则等。

【关键词】　社会化媒体　微博　新闻工作者　职业伦理　透明性

Social Media and Redefinition of Journalistic Role

Liu Hailong

Abstract：Social media bring challenges and dilemmas to journalists working for the traditional media. However, these dilemmas are not caused by social media, rather they just reflected some fundamental conflict in journalism, such as whether the journalists should serve the public or media company, whether the decision made by media organization should be access to the public, and so on. This paper believe that these dilemmas of journalists' social media using is also bringing an opportunity to force the media company and journalists working for the traditional media to redefine their role in news production by redefining the relationship between the individual journalist and

---

①　刘海龙,中国人民大学新闻学院副教授。

media organization, making the media organization more transparent, and reiterating the media's role of serving the public.

Keywords: social media; microblog; journalists; professional ethic; transparency

社会化媒体不仅给新闻工作提供了全新的信息采集和发布平台,它还有可能改变新闻活动原有的资源与规则,甚至改变整个新闻场域的构型。但是新闻业目前并没有充分认识到这一技术变革的深远意义以及对新闻原初核心理念的复活,仍然在采取传统的规则管理社交媒体的新闻发布。尤其把新闻工作者个人职业角色与公民角色在社会化媒体时代的冲突看成是有待解决的麻烦,而未能认识到它给新闻行业带来的新机会,最终导致新闻工作者在公众知情权与媒体企业的利益之间、在个人表达权利与职业伦理之间面临两难选择。[①] 从根源上看,这些两难选择并不是有了社会化媒体之后才出现的,社会化媒体只不过放大了过去新闻行业中被暂时掩盖的一些固有的基本矛盾。

本文将重点讨论新闻工作者的微博使用与现有新闻工作角色规范之间的矛盾,借此探索社会化媒体会对新闻工作者角色规范的重构提供何种机会。之所以选择微博作为切入点,是因为当前中国新闻工作者的微博使用正处于规则确立的过程中。传统规则的断裂让被建构起来的静止的社会实在被重新激活,为我们提供了一个理想的观察时机。先看今年以来连续发生的四个新闻工作者微博使用的案例。

案例1:2012年3月23日,中央电视台《24小时》栏目主持人邱启明在微博中写道:"如果自己的权益都保护不了,评论部我要你何用?傀偏制片人,我活得比你们自由!再见了!"不久后他又再发微博:"央视前辈赵说,你就是走,也不能发这样的微博,因为央视培养了你,关键是没有任何央视人害你,你要对得起央视。制度上的缺陷,不该变成一个事件。我同意,我会履行用工协议,到结束那一天。"这两条微博引来网民猜测和评论,不久之后,这两条微博均被删除。邱启明在微博事件不久后离开了中央电视台。

案例2:2012年4月9日,中央电视台新闻节目主持人赵普在其实名认证

---

① 纪莉、张盼:《论记者在微博上的媒介使用行为及其新闻伦理争议》,《武汉大学学报(人文科学版)》2012年第3期;吴自力:《一条记者微博笔仗引发的思考》,《青年记者》2011年第10期上。

的微博的中发布消息,称"来自调查记者短信:不要再吃老酸奶(固体形态)和果冻了。尤其是孩子,内幕很可怕,不细说"。这条微博在网民中传播甚广,导致相关企业的产品销售受到影响。事后赵普受到中央电视台内部处理,暂停了其主持工作。

案例3:2012年5月15日夜,"南都深度"官方微博发布了一条主张军队国家化的语言激烈的微博。5月16日早上8时52分,"南方深度"发表声明:"昨夜九点余,本账号出现故障,被人操作出现一次不当转发,值班人员发现后马上予以删除。在此,谨向众多网友粉丝诚挚致歉。"此事件导致《南方都市报》深度报道部负责人喻尘离职。

案例4:2012年6月12日,《南方人物周刊》驻京记者曹林华发布了一条微博:"2男1女上天,要是上天下来后检察怀了怎么办?这是不是国家培训太空人计划之一?"6月18日晚,认证信息显示为"江南都市报部门首席记者"的微博网友刘祚保又发布了一条类似的涉及刘洋的微博。这两条微博引发了网民的不满。在接受采访时曹林华认为,这条微博只是作为一个普通公民的调侃,但其后他删除了这条微博,并且这一事件也导致了他的离职。

这四个颇具争议性的案例均发生在2012年上半年,集中反映了当前中国新闻行业在微博使用的边界和规则上还缺乏共识。这四个事件可以分成两大类:一是新闻工作者个人在微博中发表信息和言论的边界问题,案例1是关于新闻工作者可否通过微博讨论新闻机构内部事务和新闻具体生产过程的问题;案例2涉及的是新闻工作者发布未经新闻组织官方认可的新闻;在案例3中值得讨论的就是个人(甚至媒体主管)是否可以使用媒体官方微博发表自己观点的问题;案例4涉及的一是新闻工作者发表与专业领域无关的个人言论的问题;二是新闻机构官方微博的信息和言论发布边界的问题,尽管这里的主体是机构,但还是由具体的个人在管理。

新闻工作者的个人表达之所以在微博时代成为一个社会争议问题,和以微博为代表的社会性媒体的传播特点有直接关系。在数字时代之前,新闻工作者主要通过大众媒体的新闻及评论表达立场。由于篇幅有限,新闻与观点要经过集体的多级把关方能发表。公开发表的观点与其说是新闻工作者个人的,不如说是媒体组织集体的。集体把关会对新闻伦理的考量更全面一些,同时之前积累的案例和规则能为大多数选择提供参考。而互联网对上述传统构成了挑战。在个人主页、论坛和博客时代就已经出现了新闻工作者个人表达的问题,但由于信息发布平台分散、受众参与有限、技术门槛较高,需要投入较多时间,再加上表达者的真实身份缺乏认证,引起的争议远比不上微博。和之前的互联网表达相比,微博最大的优势在于平台统一。所有微博用户都集中在新浪、腾讯、搜狐等有限的几个商业微博平台上,形成了一个几乎所有网民参与的广场或村落,信息的影响力大为增强。微博的另一个优势在于技术和时间门槛低,便于所有人参与。

对于以表达为职业的新闻工作者来说,正因为微博等社会性媒体的上述传播特点,它也带来了公、私界线模糊的问题,很难分清究竟哪些是与公众利益相关的职业表达,哪些是纯粹出于个人兴趣的私人表达。除非记者在微博上只发表自己所在媒体正式发布的信息,才能摆脱这种暧昧的状态。但这等于把个人微博或社会性媒体的个人主页变成了官方网站的翻版,在多数人眼中,这样就失去了微博表达的意义。

为了平衡公、私表达的冲突,西方不少新闻机构专门公布了新闻工作者使用社会性媒体(包括推特、脸书等)的表达规则。在这些规则中公开且比较系统的是路透社和美联社的社会性媒体使用指南,本文下面的分析将主要以这两家的规则为例。①

但即使如此,这些规则也并非十全十美,现实中产生争议的事件时有发生。比如在 2011 年,美联社一名摄影记者在"占领华尔街"运动中被捕,有员工将此消息通过社交网站推特先发布到网上。此举遭到美联社管理层的批评。美联社执行总编辑卢·费拉拉在写给全体员工的内部邮件中严厉指出:"你们的首要任务是为美联社工作,而不是推特。"②

国内新闻界对这些规定和案例都采取了简单拿来的态度,而对这些规定是否合理、它们导致争议的真正冲突何在、根源何在,在现有媒体运行规则中是否有解决办法等重要问题均缺乏真正深入的探讨(例如费拉拉的观点便存在不合

---

① 本文涉及西方社会性媒体使用规则时主要以:美联社和路透公布的社会性媒体使用指南为代表进行分析。见《路透社新闻报道手册》(2012 年 2 月 16 日修订):http://handbook. reuters. com/index. php/Main_Page;《美联社员工社会性媒体使用指南》(2012 年 1月修订):http://www. ap. org/Images/SocialMediaGuidelinesforAPEmployees-RevisedJanuary2012_tcm28-4699. pdf.

② 文建:《美联社"推特事件"说明什么——看国外新闻机构如何规范员工使用社会化媒体》,《中国记者》2012 年第 1 期。

理之处,而 2012 年在微博上便有一位中国媒体人发表了类似费拉拉的言论)。本文将针对这些问题进行初步探讨。

一、新闻工作者微博使用困境的具体表现

微博除了为新闻工作者的采写和发布提供了诸多便利外,也凸显了一些既有困境。其中一些在中国表现得还不明显,甚至还未被意识到,但正如前面列举的案例所预示的那样,未来它们将逐渐增多。结合中西方的实践,具体来说,存在以下六个困境。

(一)鼓励使用 vs 限制使用

新闻机构对于新闻工作者的微博使用态度是比较矛盾的。首先,大多新闻机构均积极鼓励新闻工作者使用社会性媒体进行表达和为公众服务。这些机构均意识到社会性媒体不仅是获得新闻线索、报道资源的重要来源,而且还是扩大媒体影响、争取新媒体使用者的重要途径。但是这一许可并不是无条件的,前提是这种使用"没有损害媒体的声誉和组织利益"。这个前提十分模糊,因为作为媒体组织的雇员,任何行为都会对媒体的声誉和组织利益构成潜在的影响,这种影响会随着时间、语境的不同而发生变化。为了最大限度地保证媒体组织的利益,不少媒体都对雇员的微博使用做出严格限制。

比如美联社在《员工社会性媒体使用指南》(2012 年 1 月修订版)中明确规定员工在社会性媒体上对于有争议的公共事务,不得公开表明自己的观点。这个指南甚至规定,对体育和娱乐问题发表评论时也要十分当心,如果涉及的人和事有可能成为美联社同仁的报道对象或消息源时,这些嘲讽会带来麻烦,因此要避免。这里的"观点表达"也不仅限于文字,转发也是意见表达,甚至加某人为好友也是表达。《员工社会性媒体使用指南》规定除了报道需要外,不要随便"赞"(liking)政治候选人、新闻制造者发布的信息,避免在对方公共页面上留下评论等痕迹。这既是为了避免表明政治立场,同时,也是为了保护信源。同时也不要"赞"或评论美联社官方微博发布的信息。在发表新闻时,要发表美联社官方发布的新闻,不要自己上传信息;未获得特殊许可时不要抢在美联社官方发布新闻之前发表新闻。

如果严格按照这些规定使用微博,留给新闻工作者个人的表达空间将十分有限。造成这一困境的根源在于微博表达的界定十分模糊:它究竟是公民的表

（二）公民身份 vs 职业新闻工作者身份

社会性媒体的账户一般由新闻工作者个人设立，但无论是美联社还是路透社的社会性媒体使用指南，皆规定员工必须在个人简介中明确自己的职业身份，但需同时声明所有言论均代表个人看法而非所属机构。这一规定表明新闻工作者在社会性媒体上的表达属于职务行为，将职业身份置于个人身份之上。

国内一些媒体工作者常常在微博的个人简介中加上"言论与任职单位无关"或"私人微博，与工作无关"的声明。还有研究者建议新闻工作者如欲不受职业身份限制自由发表言论，须在工作微博外匿名注册私人微博。[①] 实际上这些做法在目前的微博实名制下不仅不可行，而且在实际中也是无效的。微博的言论属于公开言论，只要做出表达，就存在暴露真实身份的可能性。大量网络"人肉搜索"的案例说明，社交媒体并不能为匿名者提供真正的保护。不少"去V用户"的媒体工作者身份是公开的秘密，人们并不会因为他们未经权威认证就把他们看成是普通公民。此外，匿名获取信息本身也违反传统新闻伦理，因此国外的社会性媒体使用规则才有新闻工作者必须明确自己职业身份的要求。

至于"和工作无关"的声明，在目前职业体制约束下，亦属无效。当个人表达的内容与报道内容发生联系时，都会被作为公开言论加以检视，这个免责声明并不能成为真正的保护伞。目前可接受的免责声明只包括"言论代表个人，不代表机构"，但这个"个人"仍是职业的个人而非普通的个人。既然如此，在表达方式上新闻工作者仍然受到约束，因此产生了下一个困境：个性表达与专业表达的困境。

（三）个性表达 vs 专业表达

路透社在社会性媒体指南中鼓励博客个性化表达，"在帖子中注入个性，包括观察（observation）和轶事（anecdote）"。但是在具体的使用指南上，路透社和美联社均做了严格的规定，除了上面曾经提到的一些表达规则外，还包括了如何转发、如何在微博中平衡观点，明显将微博视为一种专业的表达而非个人的随意感言。本文中的案例4正是上述困境的体现。作为普通人，发表对公众人物的调侃言论无可厚非，可是公众却对记者的上述言论反应甚大，这里面除了

---

① 张志安：《记者微博的价值和规范》，《中国记者》2012 年第 5 期。

不同文化对言论的宽容度存在差异外,主要的批评都集中在记者的表达过于主观,不够专业上。

(四)发表原创新闻 vs 转载所在媒体发布的新闻

新闻工作者的微博之所以有较多粉丝,其中一个重要原因就在于他们接近现场和新闻人物,可以在第一时间带来鲜活的报道和幕后故事。但是在许多媒体的社会性媒体使用规则中,都严格限制新闻工作者擅自在第一时间上传新闻机构未发布的新闻。如果有例外,必须经过编辑同意。这么规定的原因既为了进一步核实确认、避免争议,同时也有保护媒体企业经济利益的考虑。媒体组织将新闻工作者发表的信息视为职务创作,提前发布会影响媒体的权威性(时间延迟)和公信力(存在多个版本),因此需要加以约束。

传统媒体由于篇幅有限,有些新闻或者采访手记无法发表在官方媒体甚至网站中。这样的素材一般经过组织同意后才可以公开发表。但还有一种情况是由于报道的内容敏感(如涉及大品牌)或具有政治风险,无法通过媒体的官方渠道发布,如果内容确实与公众利益相关,这种情况下新闻工作者是否可以通过微博或其他自媒体发布?本文中的案例 2 就属于此类情况(这个事件还不够典型,因为到现在为止,赵普所发布的内容是否真的来自于媒体未能发表的内容还不得而知,但类似的情况一定存在)。国内个别媒体采取了一种权宜之计:不是由记者个人发布,而是通过官方微博来发布一些未正式发布的敏感报道。但这种发布仍然有选择性。在这种情况下,如果记者个人愿意,能否发布这些信息?按照现有规则,这种做法是不被允许的。如果它真的与公众利益攸关但又会给媒体企业带来麻烦,记者该如何选择?

(五)公众利益优先 vs 媒体企业利益优先

上述几个矛盾归结到一点,就是媒体企业与公众利益孰先孰后的问题。新闻的企业化运作和人员的职业化是对新闻事业有利的,但是也会带来一些负面影响。鉴于这是记者微博使用困境的关键,本文将在下一节中专门讨论。

(六)透明化 vs 神秘化

大部分餐馆都只愿意把最终的菜肴和服务呈现给消费者,而不愿意开放它们的厨房和生产过程。新闻生产也是这样。不少新闻社会学的研究证明,新闻的选择与建构是一个主观性很强的过程,其中有许多的不确定因素,内部人士也未必对最终的选择全盘认同。这些不同意见在过去以口耳相传的方式在新闻圈内流传,微博出现之后,它们更容易通过公开的方式表达出来。案例1、2都涉及编辑部内部信息的透露。

对于这个问题,不论是美联社还是路透社都强调了保守秘密的义务。它们均规定不能透露内部信息、人事信息及会议中的敏感信息,员工不得在社会性媒体上讨论媒体内部事务等。但是路透社在2012年2月发布的《社会性媒体使用指南》中对工会做出让步,声明并不阻止员工在社会性媒体上讨论有关其共同福利的问题,也不违反国家劳工法所保护的言论自由权利,员工可以讨论薪酬、工作时间和工作条件等。

透明化是社会民主化的大趋势,社会性媒体对媒体自身的民主建设究竟是一个威胁还是机会,目前还存在争议。但是从大趋势上看,对顾客开放"厨房"而不是封锁"厨房",才能真正对媒体进行监督,促使其反思,提高其公信力。

二、公众利益与职业化的限制

以上谈到的这些困境并不是微博时代才出现的,以微博为代表的社会性媒体只不过放大了新闻职业化(专业化)对新闻活动(journalism)本身的负面影响。互联网带来的开放透明、平等、非中心化、交互性等观念与传统新闻企业的经营理念出现了冲突。新闻工作者微博使用中的困境,暴露的其实是传统新闻业与新媒体之间的深层次矛盾,这是更值得我们思考的问题。新媒体带来的传播语境变化不应被看成是一种挑战,而应被看成是一次促使传统新闻业反思其不合理传统的机会。

路透社也意识到了这些争议的存在。如果对比国内新闻界比较熟悉的2010版3月的《路透社新闻报道手册·特别指南·使用社会媒体》(国内译为《网络报道守则》[①])和在路透社官方网站上公布的2012年2月的修订版,可以发现新版的规定不再那么教条严格,而是简化了许多要求,更信任新闻工作者的经验和常识,将决定权交给新闻工作者个人。美联社的2012修订版社会性媒体指南也体现了这个特征。

尽管这些新修订的社会性媒体使用规则大为简化,但还是贯彻了企业商业

---

① 文建:《怎样规范使用博客、微博等社会化媒体——路透〈网络报道守则〉主要内容和要求》,《中国记者》2010年第6期。

利益优先的基本原则。大部分禁止条例与其说是为了更好地为公众服务,不如说是为了更好地保护媒体企业的商业利益不受侵犯。比如它们都规定了社会性媒体的使用不得侵犯企业的声誉和商业利益。这个原则相当模糊,因为企业声誉和商业利益这两个概念都很难界定。一则引起争议的报道和对企业内部不良行为的揭露都可能触犯这个底线,但同时这些行为又都可能是对公众有利的。

美国卓越新闻项目的调查总结出的新闻的十大基本原则中,第一条和第三条分别是"新闻工作的首要目标是为公民提供自由和自治所需的信息"、"新闻工作首先要忠于公民"。[①] 这些原则重申了一个基本常识:新闻工作首先是为公众(不是顾客)服务,而不是为了企业的经济利益服务。当然,这两个目标未必处处存在冲突,在大多数时候,两者是相辅相成的。但是这两个目标的统一,取决于媒体企业对新闻基本价值的认同。许多学者都认为,目前美国报业面临的危机,其中很重要的一个原因就在于近年来许多大公司进入新闻业,将其视为盈利的工具,运用市场的逻辑来管理新闻,降低了新闻报道的投入,从而导致新闻质量下降,最终失去受众。[②] 当市场逻辑凌驾于新闻基本价值之上时,也就是新闻行业出现危机的时刻。

新媒体对传统媒体的冲击,表面上看是新闻职业化与业余化、机构新闻与个人新闻的对立,其实质在于传统的新闻职业能否在体制内容许新闻工作者既具有企业员工的身份,同时又具有记者的身份。如果这种"双重身份"之间的边界能够被打破,传统媒体就可以真正与时俱进地拥抱新媒体。

这一重要变革的关键在于现有的媒体企业能否对传统的经营观念做出创造性的转变。从目前的情况来看,大型媒体公司对这一趋势并不认可,以至于一些激进的学者索性放弃了对它们的希望,转向自媒体(或草根媒体)的独立报道。[③] 近年来最典型的例子莫过于维基解密的出现。设想如果阿桑齐是某个媒体公司的员工,这些信息的发布不仅违反了许多互联网发布信息的规则,而且

---

① 〔美〕科瓦齐、罗森斯蒂尔:《新闻的十大基本原则》,刘海龙、连晓东译,北京大学出版社 2011 年版,第 5 页。

② 〔美〕科瓦齐、罗森斯蒂尔:《新闻的十大基本原则》,刘海龙、连晓东译,北京大学出版社 2011 年版,第 23—27、46—67 页。

③ Dan Gilmor. *We the Media*: *Grassroots Journalism by the People*, *for the People*. Sebastopol: O'Reilly Media, 2006.

11

新闻生产与新闻工作者

会造成该媒体公司"声誉"和"商业利益"的巨大损失。媒体公司的管理者会对这类爆炸性信息的风险望而却步。就像德拉吉报道对于克林顿性丑闻案的曝光一样,如果不是因为阿桑齐拥有独立的身份,这些涉及公众利益的信息几乎无法被披露。

中国微博上的许多重要事件(如宜黄拆迁事件),如果按照上述美联社和路透社的报道指南,都属于违规操作,要不是因为中国媒体对于微博管理还"不到位",这些记者直接发布的信息也很难在第一时间被公众所知。由于微博的使用频现争议,目前中国的媒体也在参照国外媒体的社会性媒体使用指南制定内部的微博使用规则,再加上中国比较特殊的媒体管理体制,可以想象,随着中国社会性媒体管理的"正规化",今后新闻工作者对类似事件的直接个人披露将越来越少,微博技术带来的可贵的报道自由也将受到限制,最终遭受损失的还是公众利益。

要在微博时代重新确定新的媒体运作规则,首先要重新定位新闻工作者与媒体企业的关系。从新闻的源头来看,是先有个体的、业余的新闻工作,才有职业的新闻工作。根据学者的研究,新闻工作的职业化只有很短的历史,到20世纪初期才逐渐开始。① 而且对于新闻工作是否是职业(专业),学界一直未达成一致而肯定的看法。最近的研究更倾向于把新闻工作看成是一种手艺(craft),同时把新闻工作者看成是一个诠释性的共同体,而非一个严格的职业。② 更具批判性的学者甚至把客观性、专业性(职业性)看成是商业报纸为了将其自身商业利益正当化的一种手段。③ 那种看似严格的客观、专业规则在许多时候只是一种仪式,目的是搪塞外界对于其主观性及商业利益的质疑。④ 相比之下,个体的、同仁的新闻活动的历史则要比职业的新闻活动的历史长很多。所以我们没有理由把职业化的新闻活动当成新闻工作理所当然的状态,新媒体的出现正在

---

① [美]迈克尔·舒德森:《发掘新闻:美国报业的社会史》,陈昌凤、常江译,北京大学出版社2009年版,第52—77、130—145页。

② Barbie Zellizer. Journalism as Interpretive Communities. *Critical Studies in Mass Communication*,1993 (10).

③ Dan Schiller. An Historical Approach to Objectivity and Professionalism in American News Reporting. *Journal of Communication*, Autumn 1979.

④ Gaye Tuchman. Objectivity as Stretegic Ritual:An Examination of Newsmen's Notions of Objectivity. *American Journal of Sociology*, 1972, 77(4).

复兴个体化的新闻活动。

　　从目前的情况看来,职业化新闻活动最大的优势在于建立了一套成熟的盈利模式,而个人的新闻活动还未能建立起能够维持自身生存的商业模式。因此在相当长一段时间里,职业化的新闻活动还将是主流,但是对于传统新闻企业来说,应该以更开放的心态为未来的趋势开启一种可能性。应该把新闻企业看作志同道合的个体新闻工作者聚集在一起,实现共同目标的契约组织。以个体身份加盟的新闻工作者不仅仅是为公司雇主服务的劳工,他们还有更重要的服务对象——公众。媒体企业为他们实现这一目标提供了资源和便利,同时获取一定的服务费用。如果媒体企业不能为实现服务公众的目标为新闻工作者提供资源,那么其商业模式最终也会崩溃,就像目前美国传统媒体所遭遇的困境一样。

三、微博与新闻活动的透明化

　　透明性(transparency)在自媒体时代越来越受到重视,已经被一些新闻学者列入了新闻的基本原则,甚至可以取代传统原则中的客观性。[①] 在一个信息数量如此庞大、新闻生产时间如此有限的时代,已经没有任何一个机构或者个人敢于声称自己掌握了全部真相。在这种情况下,将新闻的选择、加工、核实等生产过程展示在受众面前,要比傲慢地宣称自己客观、专业更有说服力。[②] 从哲学层面上看,透明性最大限度地尊重了受众的理性和判断能力,邀请他们参与真相的过程,在真正意义上实现了康德所提倡的人道主义原则。虽然透明性不是真实的充分条件,但是不透明却是欺骗和虚假的必要条件。[③]

　　科瓦齐和罗森斯蒂尔认为,提倡透明性首先显示了对真相和受众的真诚,促进新闻工作者对事实的核实和自我约束,其次它显示了新闻工作者对受众的尊重。受众可以借此评判信息是否可信、获得过程是否可靠、提供信息的新闻

---

　　① [美]科瓦齐、罗森斯蒂尔:《新闻的十大基本原则》,刘海龙、连晓东译,北京大学出版社 2011 年版,第 83—92 页。

　　② Angela Phillips. Transparency and the New Ethics of Journalism. *Journalism Practice*,2010,4(3).

　　③ Patrick Lee Plaisance. Transparency:An Assessment of the Kantian Roots of a Key Element in Media Ethics Practice. *Journal of Mass Media Ethics*,2007,22(2&3).

工作者有何动机和偏见。最后它还有助于新闻工作者养成为公众服务的动机。①

透明性最早在网络新闻中得到提倡，并被认为是网络新闻（如博客新闻）的重要原则。有学者指出："透明性在博客的地位，相当于真实性在传统新闻中的地位。"②随着福柯所说的监视社会的来临，职业的新闻工作无时无刻不处于全景监狱之中，受到受众、被报道对象和政府的监督，媒体的透明性开始成为一项新的伦理要求。

有的学者将新闻的透明性等同于开放性（openness），并将其分成披露式的透明性（disclosure transparency）和参与式的透明性（participatory transparency）。前者指的是新闻的制作者向受众解释和说明如何选择和生产新闻的过程，后者指的是鼓励受众参与到新闻生产的各个环节。③ 科瓦齐和罗森斯蒂尔认为透明性包括三个要素：第一，在可操作的前提下，尽可能地说明新闻机构是如何得到这条信息的。第二，对可能导致误会的新闻生产决策和动机做出说明。第三，必须承认，报道中还存在一些没有得到回答的问题，并对其进行必要的说明。④

目前关于透明性的讨论，主要还将其集中在新闻文本上，很少提到新闻组织的体制和内部规则。但是借用前面所使用的厨房比喻，如果要了解一个饭店的菜品是否让人放心，除了要监督具体生产过程外，还应对厨房的整个管理制度进行考察。这意味着公开性还应该包括对新闻组织内部生产机制的披露。

如果新闻组织的活动真的是为公众服务，那么就不应该坚守"家丑不可外扬"的保守做法，将其生产过程神秘化。2002 年《纽约时报》出现记者杰森·布莱尔（Jayson Blair）剽窃丑闻之后，员工们不仅在互联网上公开了内部会议中对管理层的不满，而且认为正是内部这种爱惜羽毛、保护报社声誉的做法，使得这件丑闻没能在萌芽时期就被及时发现，以致酿成大祸。报社的员工们越来越清

---

① ［美］科瓦齐、罗森斯蒂尔：《新闻的十大基本原则》，刘海龙、连晓东译，北京大学出版社 2011 年版，第 83—84 页。

② Jane B. Singer. Contested Autonomy: Professional and Popular Claims on Journalism Norms. *Journalism Studies*, 2007, 8(1), p. 86.

③ Michael Karlsson. Rituals of Transparency: Evaluating Online News Outlets' Uses of Transparency Rituals in the United States, United Kingdom and Sweden. *Journalism Studies*, 2010, 11(4).

④ ［美］科瓦齐、罗森斯蒂尔：《新闻的十大基本原则》，刘海龙、连晓东译，北京大学出版社 2011 年版，第 85—87 页。

晰地意识到：只有通过外部的声音才能打碎由内部沟通障碍造成的壁垒。员工们将之前一直被忽视的投诉贴到了网上，最后导致编辑部高层的倒台。① 最近英国广播公司（BBC）负责国际新闻运营的主管彼德·霍洛克斯在给群发给BBC全球记者员工的邮件中，要求大家"想办法为英国广播公司创收，挖掘新闻背后的商业价值"的事件也是由内部人员公布出来，被全球媒体报道。② 由此可见，透明性对于新闻机构内部的民主化来说利大于弊，它可以为新闻工作者个人的权益提供保护，使其更好地为公众服务。

互联网，包括社会性媒体，对媒体的进一步开放提出了新的要求，同时也为其提供了机会。在全球民主化进程中，透明性不仅对媒体适用，也是对所有社会公共服务机构的要求。新闻媒体工作的目标之一便是促进社会的透明度，让一切权力处于阳光之下。媒体在调查采访中，常常鼓励各种社会组织内部的知情者勇敢地站出来，将其内部的不良现象曝光。但是新闻媒体却对自己内部的问题讳莫如深，这不能不说是一种双重标准。己所不欲，勿施于人，媒体应该率先做到透明公开，才能更理直气壮地执行自己的监督功能。

因此，对于本文开头的第 2 个案例来说，不论是赵普还是中央电视台，都需要对事件作进一步说明。尤其是中央电视台需要对赵普的停职做出详细的解释：究竟是赵普所说的事件是央视调查记者调查的结果，还是赵普道听途说？对赵普的处分理由是他传播了虚假信息，还是透露了电视台未正式播出的新闻，或者还有其他原因？但遗憾的是，中央电视台采取了回避态度，这引来网民的猜测，这对国家电视台的公信力造成了影响。至于第 1 个案例，按照透明性的要求，作为职业的新闻工作者，邱启明如果出于公心，选择透过微博表达不满，这意味着他放弃了通过组织内的渠道进行权利诉求，转而求助于公众意见。那么他应给出详细的情况说明，让公众判断他的选择是否合理。他的行为值得肯定，但具体做法有待商榷。

① ［美］科瓦齐、罗森斯蒂尔：《新闻的十大基本原则》，刘海龙、连晓东译，北京大学出版社 2011 年版，第 203—207 页。
② 《BBC 被爆鼓励员工搞有偿新闻　特别需要关注中印》，《环球时报》2012-06-27，http://world.huanqiu.com/exclusive/2012-06/2856469.html。

四、结　语

以微博为代表的社会性媒体与传统新闻职业的遭遇,导致了新闻从业者的一系列困境。这些困境来自于新闻基本精神与职业化之间的冲突,而互联网的开放、多元、交互等特征让这些过去被精心修饰的瑕疵放大了。本文是从规范理论的角度来讨论新闻工作者社会性媒体使用的伦理与政策问题,并未涉及新闻社会学对于新闻生产的田野研究。要进一步研究这个问题,还需要解读新闻工作者微博使用的社会意义。但从政策的角度来看,如果传统新闻业要与时俱进,就应转变视角,将这些困境看成反思和改变的机会。尽管囿于现有政治体制和商业体制的限制,一些改变看上去有些超前甚至带有理想色彩,但是只要传统新闻从业者不是一味地墨守成规、抗拒改变,而是保持开放的心态,创造性地将这些困境变成机遇,以服务公众为前提的传统新闻业依然可以利用新媒体更好地实现自己的目标。

参考文献

[1] Phillips A. Transparency and the New Ethics of Journalism[J]. *Journalism Practice*, 2010, 4(3): 373-382.

[2] Singer J B. Contested Autonomy: Professional and Popular Claims on Journalistic Norms[J]. *Journalism Studies*, 2007, 8(1): 79-95.

[3] Karlsson M. Rituals of Transparency: Evaluating Online News Outlets' Uses of Transparency Rituals in the United States, United Kingdom and Sweden[J]. *Journalism Studies*, 2010, 11(4): 535-545.

[4] Plaisance P L. Transparency: An Assessment of the Kantian Roots of a Key Element in Media Ethics Practice[J]. *Journal of Mass Media Ethics*, 2007, 22(2-3): 187-207.

[5] 纪莉,张盼.论记者在微博上的媒介使用行为及其新闻伦理争议[J].武汉大学学报(人文科学版),2012(3):20.

[6] [美]比尔·科瓦奇汤姆,罗森斯蒂尔.新闻的十大基本原则[J].刘海龙,连晓东译.北京:北京大学出版社,2011.

[7] 文建.怎样规范使用博客:微博等社会化媒体——路透《网络报道守则》主要内容和要求[J].中国记者,2010(6):63.

［8］文建.美联社"推特事件"说明什么——看国外新闻机构如何规范员工使用社会化媒体［J］.中国记者,2012(1).

［9］吴自力.一条记者微博笔仗引发的思考［J］.青年记者，2011(19):34.

［10］张志安.记者微博的价值和规范［J］.中国记者,2012(5):55.

17

新闻生产与新闻工作者

网络新闻从业者职业伦理研究

——以利益冲突为例①

陶建杰②　张志安③

【摘　要】　本文以上海地区 5 家网站的新闻从业者为研究对象,以利益冲突中的"免费馈赠"和"兼职"为例,考察了网络新闻从业者的职业伦理。通过全样本的调查后发现:网络新闻从业者对"兼职"较宽容,对"免费馈赠"相对保守;网络新闻从业者对新闻伦理的态度和认知有较大的差距;"态度/认知差距"在"免费馈赠"方面较大,在"兼职"方面较小;媒体网站从业者的"态度/认知差距"大于其他从业者;对市场化态度、工作满意度是影响从业者对"利益冲突"态度的主要因素,专业背景、传统媒体经历也在一定范围内影响从业者伦理水平。

【关键词】　网络新闻从业者　职业伦理　利益冲突　免费馈赠　兼职

A Study on Professional Ethics of Journalists Working in Web Site: Taking Conflicts of Interest for Example

Tao Jianjie　Zhang Zhian

Abstract: Based on a survey of all the journalists working in five web sites in Shanghai, the paper analyzes the professional ethics of journalists in web site, taking conflicts of interest such as freebies and moonlighting for example. It shows that moonlighting is more acceptable than freebies, and there is a large

---

①　本文为上海高校选拔培养优秀青年教师科研专项基金项目"网络新闻从业者职业意识及影响因素研究"(项目编号:SHU 10029),上海大学"211 工程"三期重点学科项目的部分成果,此研究获 2009 年网易新媒体前沿课题资助。

②　陶建杰,上海大学影视学院副教授。

③　张志安,中山大学传播与设计学院教授。

gap between attitude and cognition of journalistic ethics, especially in freebies and the journalists working in the media web site. The attitude towards conflicts of interest is mainly influenced by such factors as the followings: the attitude towards marketization; job satisfaction. Professional background and working experience of traditional media also affect the ethical standards in certain fields.

Keywords: journalist working in web site; professional ethics; conflict of interest; freebies; moonlighting

一、研究概述

(一)研究背景与目的

职业伦理(professional ethics)是一个行业中工作人员的行为标准与道德原则,不仅反映了工作人员个人的操守,也关系到全行业的社会声誉。在西方,新闻界被称为"第四种权力"和"第三等级",在中国,新闻界兼有"喉舌与耳目"的功能。在中西方,新闻人员掌握的资源和产生的影响力都非常巨大。如何防止这种权力的滥用?除了依靠法律法规外,通过从业者的自我约束与规范,建立起一整套从业者所公认的从业标准和操守,即新闻职业伦理,显得尤为重要。

新闻职业伦理涉及的面非常广。根据美国学者对各类新闻伦理规范的分析,发现有一半以上的新闻伦理条文,涉及利益冲突(conflict of interest)问题。利益冲突很可能是新闻从业者所面临的最严重的伦理问题。因此本文将集中对职业伦理问题中的"利益冲突"进行探讨。

利益冲突是指履行专业角色时引发的各种冲突。当一个人必须牺牲某种工作、利益或责任,才能促成另一种工作、利益或责任时,便面临利益冲突问题。利益冲突是许多专业(professions)所面临的共同问题。威尔金斯从各种专业伦理规范中,归纳出利益冲突大致围绕以下三个议题:(1)为私利而损害专业地位;(2)允许财务、社会或家庭的忠诚介入专业忠诚;(3)把个人利益置于其他责任之上。沃夫迈尔研究后发现,新闻人员面临的利益冲突,大致可以分为五种类型:(1)免费馈赠;(2)兼职;(3)涉入社区组织;(4)个人态度、信念、价值和社会经济地位;(5)来自老板、上司、广告商、政府的外在压力。有研究表明,上述五种利益冲突中,接受免费馈赠和兼职是台湾新闻人员面临的最重要的伦理问题。近年来,随着"事业属性、企业经营"方针的确立,我国的新闻媒体正在接受市场化的洗礼。"车马费"已经成为新闻行业人所共知的潜规则,占新闻工作者全部收入的比重相当大。此外,在很多新闻机构,新闻工作者除了担任采写、编辑等新闻生产工作外,还要肩负着争取广告来源、提高发行量、完成年终征订量等经营任务,这一点在地方记者站和部分采编部门中显得尤为突出。因此,新闻人员接受免费馈赠和广告提成等现象,也逐渐成为新闻业所面临的严重伦理问题。

无论在新闻生产还是经营活动上,与报纸、电视、广播等传统媒体相比,主管部门对新闻网站的规范还远远不够。事实上,各种新闻网站数量众多,从业人员的来源复杂、流动性大,营利目标较为突出……这些都使网络新闻从业者更有机会面临"利益冲突"问题。如何处理"利益冲突",传统媒体或多或少均有强调,但在新闻网站中似乎鲜见对从业者这方面的教育和培训。面临的风险更大,相关的教育却更缺乏,这就使包括平衡"利益冲突"在内的职业伦理问题,对网络新闻从业者而言显得尤为重要。

在研究中,我们聚焦于"免费馈赠"和"兼职"这两个新闻伦理中"利益冲突"最重要的方面。我们关注三个问题:第一,在网络新闻从业者眼中,哪些是可以接受的利益冲突行为,哪些是不能接受的利益冲突行为?第二,不同属性网站的从业者,对各种利益冲突行为的态度和认知是否有差异?第三,影响从业者对利益冲突态度的主要因素有哪些?不同属性的网站间是否存在差异?

(二)研究方法

据国务院新闻办的区分,新闻网站主要分三类:(1)政府主办的,如北京千龙网;(2)新闻机构主办的,如新华社办的新华网、《人民日报》社办的人民网;(3)其他资本主办的商业网站,如新浪、搜狐、网易、腾讯等。[①] 按其创办主体来区分,这三类网站可分别简称为"政府网站"、"媒体网站"和"商业网站"。依此标准,总部位于上海的、有新闻内容刊载的网络媒体,主要包括一家政府网站(东方网),三家媒体网站(解放网、新民网、第一财经网),一家商业网站(土豆网)。

我们定义的"网络新闻从业者",是指新闻网站中与新闻采集、编辑、制作等

---

① 李乾韬:《国新办副主任蔡名照:鼓励新闻网站国内上市》,《南方都市报》,http://
www.ah.xinhuanet.com/news/2010-05/10/content_19735179.htm,2007-12-06.

新闻生产活动直接相关的从业人员,包括国内、国际、社会、军事、体育、财经、娱乐等频道的采编人员。经过前期摸底,我们发现上海地区的网络新闻从业者总人数不多,不适合进行抽样,因此采用全样本普查的方式。2010年3月,我们对这5家网站的从业者实施了全样本问卷调查,共发放问卷276份,最终获得有效问卷231份,有效率为83.7%。具体有效样本的情况是:东方网118人,占51.1%;新民网45人,解放网13人,第一财经网10人;土豆网45人。其中,男性91人,占39.4%,女性140人,占60.6%,女性人数约为男性的1.54倍。年龄方面,网络新闻从业者呈现低龄化、年轻化特点,23岁及以下的工作人员占15.14%,24~26岁的占34.86%,27~29岁的占31.65%,30~32岁的占11.47%,33岁及以上的占11.47%;在教育水平方面,大学本科学历人员占78.7%,研究生学历占9.6%。

二、对免费馈赠的态度和认知

免费馈赠是指新闻人员接受的免费赠品或财物。为了测量网络新闻从业者对"免费馈赠"的态度和认知,我们参考了罗文辉等学者针对大陆、香港、台湾三地新闻人员设计的量表并进行了适当修改。其中,为测量对"免费馈赠"的态度,我们询问受访者是否同意以下现象:

(1)新闻网站编辑记者可以接受消息来源的招待用餐。

(2)新闻网站编辑记者可以接受消息来源安排的免费旅游。

(3)新闻网站编辑记者可以接受消息来源赠送的礼品。

(4)新闻网站编辑记者可以接受消息来源的现金馈赠(含各种代金券)。

受访者用"非常不同意"、"不同意"、"不确定"、"同意"、"非常同意"五级量表来表达他们的态度。

测量网络新闻从业者对"免费馈赠"的认知,是用一个陈述句分别指出上述四种现象在新闻网站很普遍,请受访者用"非常不同意"、"不同意"、"不确定"、"同意"、"非常同意",来表达他们是否同意这四种现象很普遍的说法。

(一)对免费馈赠的态度

从研究结果看(详见表1),受访者对"消息来源的招待用餐"接受程度最高。但不同网站从业者对是否可以接受消息来源的餐宴,态度上有显著差异($F = 4.91, p < 0.01$),商业网站从业者认为可以接受的比例最高(42.2%,均值为

3.11),媒体网站从业者最低(14.7%,均值为 2.68)。

受访者对"消息来源赠送的礼品"接受程度次高,接近 1/4 的受访者认为可以接受。不同网站从业者对这一问题的态度差异较显著($F=10.46$,$p<0.001$),商业网站从业者认为可以接受的比例最高(37.8%,均值为 3.18),媒体网站从业者最低(10.3%,均值为 2.43)。

虽然绝大多数受访者认为不宜接受"消息来源安排的免费旅游",但不同网站从业者的态度差异也较大($F=5.23$,$p<0.01$)。政府网站(24.6%,均值为 2.81)和商业网站(26.7%,均值为 2.84)均有 1/4 左右的人员表示可以接受免费旅游,但媒体网站中,持肯定态度的人仅占 7.4%。

受访者对"消息来源的现金馈赠(含各种代金券)"的态度最否定,仅有 18.6% 的人表示可以接受。相对而言,商业网站(33.3%,均值为 2.84)和政府网站(22.0%,均值为 2.78)从业者的接受程度较高,而媒体网站从业者的接受程度仅有 2.9%。

通过对上述四项的雪费氏(Scheffe)分析显示,媒体网站从业者和其他两者的态度均有显著差异,但政府网站和商业网站从业者的态度均没有显著差异。

表 1　对免费馈赠和兼职的态度与认知

	全体 $n=231$	政府网站 $n=118$	媒体网站 $n=68$	商业网站 $n=45$	F 值 Sig.
新闻网站编辑 记者可以接受:					
消息来源的招待 用餐	31.6%(2.97)	37.3%(3.08)	14.7%(2.68)	42.2%(3.11)	4.91**
消息来源安排的免 费旅游	19.9%(2.69)	24.6%(2.81)	7.4%(2.40)	26.7%(2.84)	5.23**
消息来源赠送的 礼品	23.8%(2.82)	26.3%(2.91)	10.3%(2.43)	37.8%(3.18)	10.46***
消息来源的现金馈 赠(含各种代金券)	18.6%(2.59)	22.0%(2.78)	2.9%(2.10)	33.3%(2.84)	12.04***
为自己的单位联系 广告业务	35.9%(2.95)	33.9%(2.92)	29.4%(2.82)	51.1%(3.22)	2.27
新闻网站编辑记者 可以接受:					
消息来源的招待 用餐是否普遍	48.1%(3.42)	50.9%(3.44)	39.7%(3.26)	53.3%(3.62)	2.27

	全体 $n=231$	政府网站 $n=118$	媒体网站 $n=68$	商业网站 $n=45$	F 值 Sig.
消息来源安排的免费旅游是否普遍	26.4%(3.06)	31.4%(3.08)	19.1%(2.99)	24.5%(3.13)	0.47
消息来源赠送的礼品是否普遍	39.8%(3.31)	44.9%(3.36)	30.9%(3.16)	40.0%(3.40)	1.33
消息来源的现金馈赠(含各种代金券)是否普遍	38.5%(3.26)	45.8%(3.33)	26.5%(3.10)	37.8%(3.29)	1.18
为自己的单位联系广告业务是否普遍	30.7%(3.14)	34.8%(3.16)	20.6%(3.07)	35.6%(3.20)	0.42

注：表中的数字为受访者表示同意和非常同意的百分比之和，括号中的数字为均值。* 表示 $p<0.05$，** 表示 $p<0.01$，*** 表示 $p<0.001$。

（二）对免费馈赠的认知

48.1%的受访者表示，网络新闻从业者"接受消息来源的招待用餐"现象很普遍。其中，政府网站和商业网站认为这种现象很普遍的人均超过半数，媒体网站有39.7%的人认为这是普遍现象。

39.8%的受访者认为从业者"接受消息来源赠送的礼品"很普遍。持这一观点的人占各类网站从业者的比例为：政府网站从业者中有44.9%，商业网站从业者中有40.0%，媒体网站从业者中有30.9%。

38.5%的受访者认为"接受消息来源的现金馈赠（含各种代金券）"很普遍。持这一观点的人，在政府网站从业者中比例最大（45.8%），媒体网站从业者中比例最小（26.5%）。

相对而言，受访者认为实际中"接受消息来源安排的免费旅游"情况最少（26.4%）。无论在何种类型的网站，均只有不到1/3的受访者认为这一现象在业内很普遍（见表1）。

总体上看，除了"免费旅游"外，其他三种现象都是网络新闻业较为普遍的现象。尽管不同属性网站从业者的认知在均值和百分比上有所差异，政府网站从业者认为最普遍，媒体网站从业者认为最不普遍，但这种差异在统计意义上不显著。

23

新闻生产与新闻工作者

（三）对免费馈赠态度与认知的差距

研究发现，网络新闻从业者对免费馈赠的态度和认知有相当大的差距。受访者认为可以接受"免费馈赠"的比例较低，但认为"免费馈赠"是网络新闻界普遍现象的比例较高。表 2 为我们清晰地呈现了这种现象。其中的数据为受访者对该题描述情形的认知均值减去态度均值后的得分。其中，对"消息来源的现金馈赠（含各种代金券）"的态度/认知差距最大，对"消息来源安排的免费旅游"的态度/认知差距最小。就不同属性网站来看，媒体网站从业者的态度/认知差距较大，政府网站和商业网站从者的态度/认知差距较小。但三类从业者的态度/认知差距，仅在"礼品"和"现金馈赠（含各种代金券）"两项上有显著差异。这说明，媒体网站从业者具有较高的伦理观，但这种伦理观和日常工作中的实际差异较大，而政府主办机构网站和商业网站从业者的伦理观更接近于"知行一致"。

表 2　对免费馈赠和兼职的态度与认知的均值差距

	全体 $n=231$	政府网站 $n=118$	媒体网站 $n=68$	商业网站 $n=45$	F 值 Sig.
消息来源的招待用餐	0.45	0.36	0.58	0.51	1.33
消息来源安排的免费旅游	0.37	0.27	0.59	0.29	2.54
消息来源赠送的礼品	0.49	0.45	0.73	0.22	3.89*
消息来源的现金馈赠（含各种代金券）	0.67	0.55	1.00	0.45	6.10**
为自己的单位联系广告业务	0.19	0.24	0.25	−0.02	1.40

注：* 表示 $p<0.05$，** 表示 $p<0.01$，*** $p<0.001$。

三、对兼职的态度和认知

以往对新闻从业者"兼职"的研究，主要考察"企业兼职"、"政府部门兼职"、"担任商业机构公关工作"和"为本机构拉广告"四方面。在前期的访谈中我们发现，网络新闻从业者普遍工作时间长、压力大，在企业、政府部门等本机构外兼职的情况较少。针对这种实际，我们仅设计了"机构内兼职"这种情形来测量受访者对兼职的态度：新闻网站编辑记者可以为自己单位联系广告业务。受访者用"非常不同意"、"不同意"、"不确定"、"同意"、"非常同意"五级量表来表达他们的态度。

对于受访者的认知,仍然采用是否同意"新闻网站编辑记者为自己单位联系广告业务的现象很普遍"这种说法的方法来测量。

(一)对兼职的态度

网络新闻从业者大多数都认为不宜为自己的机构联系广告业务(均值为2.95)。其中,商业网站从业者对这一点最为宽容,有51.1%的受访者表示可以接受;媒体网站从业者的态度最否定,仅有29.4%的受访者认为可以接受,政府网站从业者的态度位于两者之间。尽管三类网站从业者的态度不同,但均不具有统计上的显著差异(见表1)。

(二)对兼职的认知

30.7%的受访者认为"为自己单位联系广告业务"的现象很普遍。其中商业网站和政府机构网站从业者持这种观点的人较多(分别为35.6%、34.8%),媒体网站从业者中最少(20.6%)。方差分析显示,三类网站从业者的认知并无显著差异(见表1)。

(三)对兼职态度与认知的差距

我们采用和"免费馈赠"同样的方法计算对兼职态度和认知的差距(见表2)。其中有两个现象值得关注:第一,相对于"免费馈赠",从业者对"兼职"的态度和认知差距较小,体现了"知行如一"。第二,商业网站从业者的均值差距为负,说明他们对为本机构拉广告的态度较之于实际情况更为宽容。但三类网站从业者的态度和认知差距均没有显著差异。

四、影响对免费馈赠及兼职态度的相关因素

从已有文献看,对新闻从业者利益冲突的研究,基本上停留于描述层次。为了更好地发现影响对免费馈赠和兼职的态度的显著因素,我们以组织变量(自我认同度、工作满意度、工作自主性、传统媒体经历、职务、对市场化态度)、网站属性为自变量,人口变量(包括性别、教育程度、现单位工作年资、专业背景)为控制变量,对免费馈赠和兼职的态度,分别进行多元回归分析。

(一)影响对免费馈赠态度的因素

将属于免费馈赠内容的四个题目得分取均值,把该值作为因变量。从表3

的分析结果看,性别、工作满意度、对市场化态度、网站属性是影响对免费馈赠态度的显著因素。女性、工作满意度越低、对市场化越肯定的从业者,对免费馈赠越可以接受。控制了其他变量后,媒体网站从业者对免费馈赠态度的得分比政府网站从业者要低48.1%。具体到不同网站,对市场化的态度均是影响从业者对免费馈赠态度的显著因素。此外,在媒体网站从业者中,有新闻传播专业背景的人对待免费馈赠的态度比非专业的人要更为肯定。

表3　对免费馈赠态度的多元回归分析(非标准化系数)

	政府网站	媒体网站	商业网站	全体
人口变量				
女性	0.178	0.086	0.168	0.250**
教育程度	0.045	−0.048	0.085	0.029
现单位工作年资	−0.003	0.006	−0.004	0.001
新闻传播专业	−0.186	0.436**	0.414	0.088
组织变量				
自我认同度	−0.124	−0.055	0.075	−0.035
工作满意度	0.020	0.062	−0.342	−0.166*
工作自主性	0.014	0.064	−0.101	0.032
有传统媒体经历	0.007	0.047	−0.388	0.005
有领导职务	0.262	−0.207	−0.342	−0.166
对市场化态度	0.238***	0.259**	0.299*	0.237***
网站属性				
媒体网站				−0.481***
商业网站				0.174
Constant	1.769	2.238*	2.588	2.180**
R^2	0.153	0.258	0.424	0.202

注:*** 表示 $p < 0.01$,** 表示 $p < 0.05$,* 表示 $p < 0.1$。

(二)影响对兼职态度的因素

将"对为自己的单位联系广告业务的态度"作为因变量进行多元回归后的结果见表4。我们发现,从总体上看,仅有"对市场化态度"一项达到显著。再看不同网站的内部情况:政府网站中,从业者的教育程度、传统媒体经历是显著因素。教育程度越低、有传统媒体经历的,对兼职态度越肯定。媒体网站中,从业者的专业背景是唯一显著因素,新闻传播专业出身的人,倾向于更认同可以为自己的单位联系广告业务。商业网站中,工作自主性越低、对市场化越肯定的人,越认可兼职行为。此外,网站属性不是影响对兼职态度的显著因素。这意味着,无论是政府网站、媒体网站还是商业网站从业者,对兼职的态度基本是一致的。

表4 对兼职态度的多元回归分析(非标准化系数)

	政府网站	媒体网站	商业网站	全体
人口变量				
女性	−0.123	−0.157	−0.181	0.016
教育程度	−0.162*	−0.074	−0.090	−0.077
现单位工作年资	0.002	0.008	−0.009	0.003
新闻传播专业	−0.129	0.772**	0.638	0.199
组织变量				
自我认同度	−0.102	−0.075	0.006	−0.073
工作满意度	0.119	−0.218	0.200	−0.115
工作自主性	0.103	0.136	−0.317**	0.078
有传统媒体经历	0.390**	−0.395	−0.520	0.057
有领导职务	0.507	−0.240	−0.311	0.085
对市场化态度	0.146	0.318	0.560***	0.270***
网站属性				
媒体网站				−0.095
其他网站				0.100
Constant	4.795***	3.620*	4.729	3.709***
R^2	0.173	0.244	0.455	0.124

注:*** 表示 $p<0.01$,** 表示 $p<0.05$,* 表示 $p<0.1$。

五、结论与讨论

本研究主要关注了新闻伦理中的"利益冲突"问题,侧重于考察网络新闻从业者对"免费馈赠"和"兼职"的态度与认知。主要发现有:

第一,网络新闻从业者对"兼职"较宽容,对"免费馈赠"相对保守,其中媒体网站从业者的职业伦理水平相对较高。总体上看,有三成以上的受访者认为可以为自己的机构拉广告,商业机构中持这一观点的人更是高达五成。对"免费馈赠"的调查中,多数受访者认为,不宜接受现金馈赠(含各种代金券)和免费旅游,但对招待用餐或者礼品则无妨。从另一个角度看,网络新闻从业者对用餐、礼品、兼职等非现金、价值不高的"隐形贿赂"接受度较高,对现金、代金券、类似免费旅游等"显性贿赂"或"大额贿赂"则比较提防。媒体网站从业者在对待"免费馈赠"的态度方面,与其他两类从业者有显著差异,自我约束较强,很可能是由于他们与传统媒体的记者编辑同属于一个组织,或由传统媒体的从业者内部转岗而来,而强调职业伦理和职业道德是传统媒体的优势,因此这部分人也在一定程度上形成了自我约束的认知和习惯。

第二,网络新闻从业者对新闻伦理的态度和认知有较大的差距。总体上看,受访者认为可以接受"免费馈赠"和"兼职"的比例较低,但认为上述情况是网络新闻业的普遍现象的比例较高。在其他针对传统媒体新闻从业者的研究中,同样发现"态度/认知差距"的情况(罗文辉、张璨文,1997;罗文辉、陈韬文,2004)。学者多把造成这一差异的原因主要归结为"自我膨胀"(self-enhancement)因素的影响。心理学家发现,大多数人会倾向于认为自己的能力比一般人高,并认为自己的个性比一般人好。此外,人们也会用比较正面的方式,呈现自己的能力、特质、个性等。"自我膨胀"可以帮助人们保护自己的形象、维护自尊,并强化自我价值。网络新闻从业者的"态度/认知差异",也可以用"自我膨胀"来解释:总是认为自制力比别人强,但最终谁都会被现实的"潜规则"吞噬,尽管如此,个人的自我感觉依然良好。

第三,"态度/认知差距"在"免费馈赠"方面较大,在"兼职"方面较小;媒体网站从业者的差距较大,其他从业者的差距较小。对网络新闻从业者来说,为自己的机构拉广告似乎显得天经地义,因此更加"知行如一"。媒体网站从业者中,和传统新闻媒体的联系最密切,多数具有传统媒体工作经历,而传统媒体更强调职业伦理,这也在媒体网站从业者身上留下了深深的烙印,至少在态度上是有所体现的。

第四,对市场化态度、工作满意度是影响从业者新闻伦理的主要因素,专业背景、传统媒体经历也在一定范围内影响从业者新闻伦理水平。因此,想提升从业者的新闻伦理水平,必须要首先提高他们的工作满意度,"高薪养廉"不无道理。新闻传播专业毕业生、有传统媒体经历的人,对免费馈赠和兼职更宽容,似乎有违我们的常识。按理说,系统接受过新闻教育或从传统媒体出来的人,应该有更严格的职业操守,为什么实际情况反而相反呢?我们认为,这恰恰体现了新闻伦理严峻的现实:尽管新闻教育中反复强调要秉承职业道德,但遇到现实时则不堪一击。招待用餐、礼品、免费旅游、车马费、拉广告等都是新闻业内的普遍现象,新闻专业的毕业生比其他人更有机会进入传媒圈而浸淫于此,深谙此道;和其他从业背景的人相比,有传统媒体经历的从业者则提前进入且适应了收受"免费馈赠"和"兼职"的状态。这给我们带来了巨大的警示:除了多年来一直强调的新闻教育、自律外,要改变新闻从业者对职业伦理的态度和行为,将职业伦理落到实处,更为重要的是应该从组织制度、社会监督、惩罚体系上,有更加严格、明确、可执行的制度规范,否则,"出淤泥而不染",只能是一种美好的愿望而已。

参考文献

[1] Black J, Steele B & Barney R D et al. *Doing Ethics in Journalism*:A Handbook *With Case Studies*[M]. Needham Heights:Allyn and Bacon, 1995.

[2] Davis M. Conflict of Interest[J]. *The International Encyclopedia of Ethics*, 1982.

[3] Goodwin H E & Smith R F. *Groping for Ethics in Journalism*[M]. Ames:Iowa State University Press, 1994.

[4] Wilkins L. Covering Antigone:Reporting on Conflict of Interest[J]. *Journal of Mass Media Ethics*, 1995, 10(1):23-36.

[5] Wulfemeyer K T. Freebies and Moonlighting in Local TV News:Perceptions of News Directors[J]. *Journal of Mass Media Ethics*, 1989, 4(2):232-248.

[6] 罗文辉,张璎文.台湾新闻人员的专业伦理:1994 年的调查分析[J].新闻学研究,1997(55).

[7] 陈力丹,王辰瑶,季为民.艰难的新闻自律:我国新闻职业规范的田野观察,深度访谈,理论分析[M].北京:人民日报出版社,2010.

[8] 罗文辉,陈韬文.变迁中的大陆,香港,台湾新闻人员[M].台北:巨流图书公司,2004:153.

[9] Henriksen L & Flora J A. Third-Person Perception and Children Perceived Impact of Pro-and Anti-Smoking Ads[J]. *Communication Research*, 1999, 26(6):643-665.

[10] Falbo T, Poston D L & Triscari R S et al. Self-enhancing Illusions among Chinese Schoolchildren[J]. *Journal of Cross-Cultural Psychology*, 1997, 28(2):172-191.

数字
未来与媒介
社会2013 2

乌坎事件中的传播行动者研究：
一种社会网络分析①

廖卫民② 何 明③

【摘　要】　基于广东乌坎事件中98个节点的社会网络数据集,本研究结合实地调研,采取了网络科学和社会网络分析方法,呈现了乌坎事件中一群核心的传者群像,揭示了其内在的关系结构。本研究采用度中心性、介数中心性和特征向量中心性三种测量方法,结果都指向了同一个最具影响力的网络节点,同时用K壳分解法侦测发现了一个包含了43个节点的核心群组。乌坎事件之所以能够成功引发全世界关注,并最终走向一种社会和谐的解决方式,与这样一个非常有活力的传播者群体有密切关系,这对于探索群体性事件演化过程的内在传播机制有一定的启发价值。社会维权的行动者往往是信息的传播者,而传播者在一定程度上也是一种组织活动的行动者,他们在为外界传递信息的过程中,也在一定程度上建构了传播者之间的社会关系网络。乌坎事件给人的启示意义在于,在当今时代,任何人都能通过有效的信息传播网络和组织行动方式凝聚力量,发出自己的声音,从而推动社会进步和时代前行。

【关键词】　乌坎事件　传播者　社会网络　社会网络分析　K壳分解法

---

①　本文为教育部人文社会科学研究青年基金项目"网络舆论波的传播动力机制与社会治理对策研究"(项目编号：10YJCZH084)、中国博士后科学基金"网络语言风潮的表达机制、传播影响与应对策略研究"(项目编号：2012M510501)的研究成果。

②　廖卫民,浙江理工大学文化传播学院副教授。

③　何明,辽宁师范大学计算机与信息技术学院讲师。

Studying a Group of Communicators and Collective Actors in "Wukan Incident": A Social Network Analysis

Liao Weimin　　He Ming

Abstract: Based on 98 nodes of the social network data collected in Wukan Incident, this study demonstrates a group of collective actors and the structure of their internal relationship, by adopting the methods from Network Science as well as normal SNA method with the related field work concurrently. Three methods are adopted to identify the most influential spreaders in the network: (i) Degree centrality, (ii) Betweenness centrality, (iii) Eigenvector centrality; however, interestingly, the result is the same. A K-shell core of 43 nodes is also identified after making K-shell decomposition thoroughly. It is found that these core communicators are the most efficient spreaders who play important roles in Wukan Incident, hence the successful communication lead to a happy ending with a harmonic solution for Wukan. The social actors for safeguarding their civil rights usually are also informative communicators, while they share information; they are weaving social connection with each other. Wukan Incident enlightens people that everyone can express his own voice via the social network and devote to the progressive movement of our society and era.

Keywords: Wukan Incident; communicator; social network; social network analysis; K-shell decomposition

　　乌坎事件作为近期发生的一起重要的群体性事件,具有多方面的学术研究价值。从新闻传播学的视角来看,乌坎这么一个默默无闻的村庄,为何能引发社会各方关注,在国际媒体版面上被集中报道,从而在全球范围内被广泛传播?在此事件得到社会广泛关注并产生巨大影响的背后,究竟有哪些人通过网络媒介密集地向外界传播了乌坎事件的信息?这群传播行动者之间结成了什么样的社会网络关系?本文将就此案例进行深入分析,以期借此管窥新媒体在一起群体性事件中的内在传播机制和微观生态。

31

新闻生产与新闻工作者

一、乌坎事件演化过程及其信息传播方式

(一)乌坎事件本身演化过程的时间轴线

乌坎事件本身的演变及其解决过程其实有着一个非常复杂的过程,涉及许多关键的时间点。一位记者概括此事件的若干要素非常精当:"两次集体上访,一次流血冲突,一位村民横死,整整 11 天的设障对峙——在 2011 年的最后三个月中,乌坎以激烈而又不失平和的方式进入全球读者的视野。"①根据大量的新闻报道以及笔者对事件当事人的深度访谈资料分析,乌坎事件最初起源于一小群青年人在网络上的聚集,他们要求归还被占的集体土地,这些少数的年轻村民通过 QQ 群②,在线讨论村里土地流失问题,以及商量如何采取行动要回土地。在他们启动了维权活动之后,到 2012 年春,一系列事态发展的环节如同一幕幕戏剧在乌坎村这个舞台徐徐展开(见表 1)。

表 1　乌坎事件演进过程时间轴

序	时间	主要事件经过及其影响
1	2009 年至 2011 年 9 月 20 日	庄烈宏、洪锐潮等"乌坎爱国青年团"QQ 群成员,多次到广州、汕尾、陆丰等地信访部门上访反映乌坎村"土地流失"问题。
2	2011 年 9 月 21 日	大约有数百名③乌坎村村民到陆丰市政府门口集体上访,回来途中,一些情绪失控的村民前往碧桂园工地及港商陈文清的丰田畜牧场办公室和海上餐厅等处打砸破坏设施设备,发泄怨气。
3	2011 年 9 月 22 日	乌坎村村民和警察之间发生严重冲突,有村民被追赶和殴打。警方打小孩致死的"谣言"在当地当时盛传,引发村民激愤,围攻派出所,6 辆警车受损,并有警员受伤。

---

① 张鹭:《乌坎事鉴》,《财经·Lens》2012 年第 1 期,第 68 页。

② 根据笔者对事件当事人庄烈宏的访谈,他说这个 QQ 群起初取名为"乌坎热血青年团",后来改为"乌坎爱国青年团",系乌坎事件当中最早的网络集群行动和现实上访活动的发源地。

③ 庞胡瑞:《广东乌坎事件舆情研究》,人民网,2012-01-04,http://yuqing.people.com.cn/GB/16788483.html。根据此文数据,当地村民有 400 人参与,但村民访谈及其他媒体报道的人数,有过千之数。

序	时间	主要事件经过及其影响
4	2011 年 11 月 21 日	数千村民参与集体游行到陆丰市政府门口静坐上访,与陆丰市政府官员对话。游行队伍打出"打倒贪官""还我耕地"等标语,至中午游行队伍有序撤回。
5	2011 年 12 月 9 日	汕尾市人民政府召开新闻发布会就陆丰市处置"9·21"事件作情况通报,带头上访和参与打砸行动的若干村民被逮捕。薛锦波、张建成、洪锐潮在村口的人民餐室被便衣警察逮捕。在此前的 12 月 3 日,庄烈宏已在外地被捕。村民为安全起见,开始在村周围设置路障。
6	2011 年 12 月 13 日	广东省针对"9·21事件犯罪嫌疑人羁押猝死"召开新闻发布会,宣布薛锦波12月10日早上7点被送到看守所关押,12月11日去世。
7	2011 年 12 月 14 号	乌坎村村民在村中为薛锦波的去世举哀守夜。
8	2011 年 12 月 16 日	孔庆东教授引述香港媒体报道,就乌坎紧急事态发送了一条微博消息。约 7000 人聚集在乌坎村中,举行悼念薛锦波的仪式。
9	2011 年 12 月 20 日	上午,省工作组在陆丰市政府召开干部群众大会。针对乌坎事件及处置工作,广东省委副书记、工作组组长朱明国在会上做了重要讲话,表示"一定要彻底摸清乌坎村村民的合理诉求,一定要认真回应和解决村民的合理诉求"等。
10	2011 年 12 月 21 日	村民代表和广东省委工作组代表达成协议。
11	2011 年 12 月 22 日	广东省委副书记朱明国带着工作小组进村,并与当地政府官员一起访问乌坎。张建成在当天被取保释放。《人民日报》发表《"乌坎转机"提示我们什么》一文。
12	2011 年 12 月 23 日	洪锐潮和庄烈宏被释放。
13	2012 年 1 月 15 日	乌坎村召开党员大会宣布村党总支部正式成立。东海镇党委依据党章和有关规定,任命林祖恋为村党总支书记。
14	2012 年 2 月 1 日	乌坎村党总支和重新选举筹备工作小组在乌坎学校召开村民选举委员会推选大会,6000 多村民参与无记名投票推选产生了由 11 人组成的选举委员会。
15	2012 年 3 月 3—4 日	3 月 3 日,乌坎村采取无记名投票的方式,成功选举产生村委会 1 名主任、1 名副主任。3 月 4 日选举产生另 1 名副主任和 4 名村委委员。乌坎全村登记参选村民 8363 人,有近 7000 人参与投票。

(二)乌坎村村民之间的传播方式

对于乌坎村这个超过 10000 人口的村庄来说,村民之间的信息交流存在着两个截然不同的世界:一个是传统社会面对面交往交流方式的世界,一个能充分有效利用互联网、手机等现代化信息方式的世界。这两个世界似乎毫不相干,又似乎能水乳交融。这大概是乌坎村让外界觉得不可思议的地方。如果你仔细观察乌坎村的卫星照片,可以看到其周边交通环境和基础设施建设非常良好,绝不像中国其他偏远地区农村那样闭塞。在村中,高密度的乡村道路和便捷的摩托车,可以让你在几分钟之内到达乌坎的任何地方。

对于那些年纪尚小、还在村口的乌坎学校里的中小学生而言,他们都是使用网络新媒体的一代,还有那些稍微年龄大一些的 80 后、90 后青少年群体,他们一般都有自己的 QQ 号、微博,他们通过网络媒介可以与外地人做生意、与上学的同村同龄人之间进行信息沟通。笔者研究分析乌坎事件中的微博使用者时,发现不少乌坎村村民当时已经拥有超过 1 年使用时间的微博账户,他们经常在自己的微博上发些日常生活中的喜悦、感慨和牢骚等等。此外,手机也是他们常用的工具,他们用手机来拍照片、发短信和微博等。

图 1　乌坎村卫星地图①

---

①　图像数据来自谷歌地图。

对于大多数中年以上的村民,他们通过走家串户的方式,在村中自如地交流信息。这些人在这个村子里仍然依赖传统的通信渠道,如面对面谈话、在神庙前的操场上聚集、在串门中互通信息等。笔者在实地调研时非常惊讶地发现,乌坎村的信息基础设施出奇地好,村庄中有网吧多间,有各类大小的祭拜神庙(往往和戏台连着)十多座,还有不少可以集聚大量人群的广场空地,这些广场空地往往是用来举行民间仪式、看地方戏剧、庆祝节日用的,那些是开阔的开放空间。在乌坎事件中,村民集体聚集在一起,这些开放空间成为一个传播信息的空间。有趣的是,敲锣也是一个传统的通信方式,在乌坎被村民经常使用,锣声非常响亮清脆,用以提醒人们危险即将到来,或者紧急情况下要采取行动。

从社会网络分析的视角看,如果把每个住在这个村子里的人都作为一个社会网络中的一个节点,那么,在通常状态下,所有节点之间的链接实际上是非常稀疏的,即相互传递信息的密度是非常小的;但是,在紧急状态出现后,信息网络的链接方式会出现新的情况,因为每个人都可以很快聚集在广场上,人们可以快速从大会上获得信息,这时可以认为这些节点处于一种广播网的状态。对于那些年轻的互联网使用者而言,他们能采用任何形式的新媒体,他们可以被视为能通过互联网与外界节点进行连接,对于他们而言,他们可以迅速收阅并发送互联网信息。

二、界定并寻找社会网络中最有影响力的信息传播者

正如一些学者指出的那样,中国农民在维权的时候,总是想寻求自己的社会网络关系①的支持。这些社会网络关系,除了以传统方式获得的社会资源之外,在互联网时代,他们还可以用转发信息给网络意见领袖和明星等方式,向他们寻求道义支持和信息转发帮助,从而扩大其社会支持系统的范围。因此,社会网络关系视角是考察集群行动的一个重要方面。我们首先希望研究清楚的一个问题是:在乌坎事件的社会网络关系中,谁是最有影响力的传播者?

---

① 高恩新:《社会关系网络与集体维权行动——以 Z 省 H 镇的环境维权行动为例》,《中共浙江省委党校学报》2010 年第 1 期。该论文研究指出,当代中国农村社会成员主要有横向和纵向两类关系网络,如果他们不能够从横向关系网络和纵向关系网络中获得期望的资源,他们就必须借助于组织间联系,整合那些分散在周围的行动资源。

（一）寻找界定最有影响力传播者的理论方法

从社会关系网络的视角来分析，在整个网络中最有影响力的传播者，实际上涉及如何测定网络节点的重要性，或者更进一步说是中心性（centrality）。这在网络科学的研究中，有一些基本的概念界定、测算方法和指标。[①] 对于一个社会关系网络图而言，有以下几种常见的指标：

（1）度中心性（degree centrality），是刻画节点连接其他节点数量多少的能力，越是被更多人连接的节点，跃居于中心地位，也就越可能具有重要性。

（2）介数中心性（betweenness centrality），是刻画节点对于网络中节点对之间沿着最短路径传输信息的控制能力。越是位于其他节点最短距离的必经之路上越多的点，其介数中心性越高。

（3）特征向量中心性（eigenvector centrality），实际上就是把一个节点邻接的所有节点的度中心性数值累积起来之后，进行归一化数值处理。这个数值表明一个节点的重要性不仅与它所连接的节点的多少有关，还与它连接节点的重要性有关，综合考虑以上两个因素。

（4）K 壳分解（K-shell decomposition），这是对大规模的网络采取的一种粗粒化的节点重要性分类方法，如同剥开洋葱一样，把网络连接度数一致的节点从 0（不连接任何节点），1，2，…，一直到最大数值，层层剥离，被剥离的节点属于同一个 K 壳，这样逐步分解，就把整个网络划分成居于核心和边缘的不同地带当中。

K 壳分解是一个行之有效的方法，特别是分析结构比较复杂的大型网络图，具有工具的便捷性和有力的解释性。2010 年著名的《自然》（Nature）杂志上发表了一篇重要的理论研究论文发现，"与普遍常识有所不同的是，在某些合理的情况下，最佳的传播者并不一定对应于与其他人联系最密切的人，或者说最中心的人（高中介中心性）"[②]。这使得我们认为这一方法对本研究有所启示，或者有必要同时运用多种测算方法进行综合分析。

[①] 汪小帆、李翔、陈关荣：《网络科学导论》，高等教育出版社 2012 年版，第 158—166 页。

[②] Kitsak M, Gallos L K, Havlin S, Liljeros F, Muchnik L, Stanley H E & Makse H A. Identification of Influential Spreaders in Complex Networks. *Nature Physics*，2010，6(11)：888-893. 原文表述为："Here we show that, in contrast to common belief, there are plausible circum-stances where the best spreaders do not correspond to the best connected people or to the most central people (high betweenness centrality)."

(二)样本选取方法及数据采集过程

从社会网络分析的视角看,乌坎事件可以被认为是发生在一个复杂的动态网络社会中,该网络中的真实节点之间的连接频繁发生改变,一些节点可能会不时连接到网络,一些节点也可能会突然临时断开,因为经常有一些重要的信息传播者、意见领袖、公共知识分子或其他社会人士,可能会被突然取消账号或被清理出网络,这是中国互联网监管机构进行必要的监控管理所导致的一种自然结果。一些微博使用者往往会因为自我保护的需要,断开与某些节点的联系,或自行注销自己的账号或改用新的账号。

这样的互联网运行环境,确实使得我们的研究遇到了不少困难或麻烦,主要是非常难收集到确定可靠的数据,用以研究乌坎事件的信息传播者之间究竟是如何通过微博或 QQ 即时消息等工具进行互联网信息的传播。所以,为了识别那些真正有影响力的"传播者",最直接、简单、准确的方式,还是进行人与人的直接访谈交流。为此,我们实际上对乌坎村进行了实地考察,参观了这个村庄,并与重要的核心的乌坎事件当事人(有些已经成为新当选的村委会成员)进行了深度访谈。

在此基础上,我们开始寻找网络数据中存留的各种历史信息,特别是对微博中的信息传播路径进行标记,并对有关文本内容进行分析。社会网络的数据收集过程大约开始于 2012 年 4 月下旬,在确定以新浪微博作为网络数据收集的媒介平台后,首先选择若干新浪微博作为种子节点,以这些节点的微博内容涉及的节点以及这些节点关注转发评论等传播路径中出现的节点都统统作为候选节点,从而列举出更多的节点,把这些节点搜集在一起,然后,根据研究数据的适量原则,从中抽取了 100 个节点作为研究样本。按照这样方式选取的样本当中,基本包含了通过实地调研确定的关键人物,同时还近乎随机地选取了与这些关键节点有关系的节点。这些节点的确定过程表明,在乌坎事件信息传播过程中,它们都是身处其间的,都是信息传递过程中的原创者(information creator)、转发者(information transmitter)、受者(information receiver)或者成为信息内容的构成部分。[①] 然而,在研究启动后经常遇到一种情况,即刚刚确立的节点几天之后又被屏蔽,无法正常访问,这给我们收集稳定的数据集带来麻烦。最终我们选出了 100 个节点,但真正到测试其网络连通关系时,又少了 2 个

---

① 例如,@健婉。这就表明只有在微博上有账户的人,才可能是本数据集中的节点。

节点,只好就此作罢,就以 98 个节点数据来描摹其社会网络关系图谱(见图 2)。

这一数据集包含了 98 个节点,笔者为了获取数据的便利,编制了一个短小的程序,使得它能自动获取这些节点之间互相关注的连接信息,用一个数学矩阵予以表示。需要说明的是,这里选取的所有节点,其实只是一个非常小的样本空间,试想一下看,在这个样本中有一个节点是新浪微博"@作业本",他当时就有 260 多万个粉丝,可见,我们选取的这个样本在更大规模的网络数据中来看,确实有"沧海一粟"的感觉。但是,由于这一样本选取方法和程序的特殊性,该数据集包含了乌坎事件当中具有重要影响力的节点,而这些节点在乌坎事件信息传播到更广大现实网络当中,也应该是居于较高或最高 K 壳数值的节点。

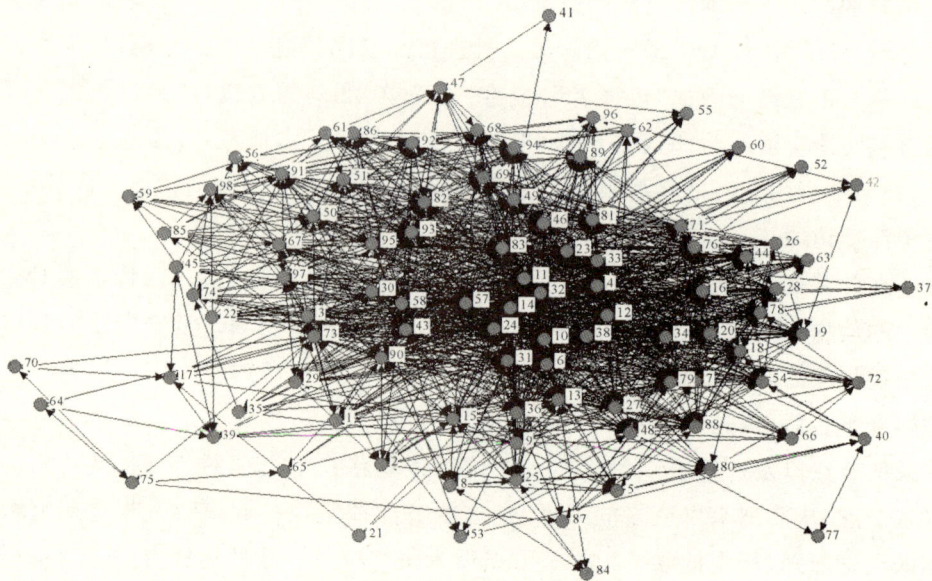

图 2　样本数据集构成的微博关注网络关系

注:数据集包含 98 个节点,密度 $\rho = 0.414$,箭头所示方向的信息流从博主到粉丝。

(三)样本数据的分布特性和结构特征

由于数据样本集包含最高 K 壳数值的节点,那么对这一数据样本做一些统计特征分析,将有助于我们了解分析数据集中节点形成的网络结构。

首先,乌坎村村民节点和外界节点之间的传播行为和模式有显著的差异,对所有节点在不同的维度上进行聚类,可以揭示一些有意思的统计推断。例如,大多数的乌坎村村民发布的新浪微博数较少,一般都少于 1000 条,而乌坎村村民以外的节点往往有大量的粉丝,通常已经发布了非常多的微博消息,至少都在 1800 条以上。其次,在发布与乌坎村相关的信息上,乌坎村村民节点和外界节点之间也存在巨大差异。与外界的微博使用者相比,乌坎村村民们发布的有关乌坎村的信息比例要高得多(如图 3),有相当多微博发布的比例在 20%～40%,还有较多数量集中在 50%～60%,甚至有个别微博发布关于乌坎村的信息的比例接近 100%,成了一个专门发布乌坎信息的自媒体平台。

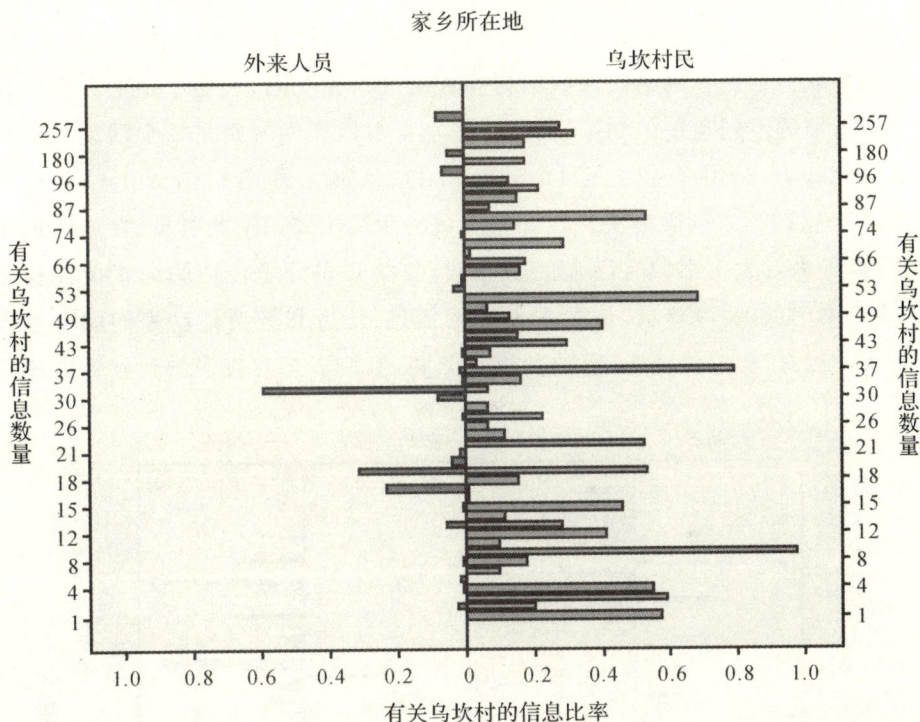

图 3　乌坎村村民所发微博关于乌坎的比例甚高(横轴为比率,纵轴为条数)

在乌坎村由于缺乏农业用地,村民们开始走出村庄,到一些大中城市寻求新的商业机会。工作和生活在外地的村民,大多数都在深圳、佛山、东莞等广东省省内,也有一些人远到上海、北京、东北等地谋生工作。因此,可以看到我们确定的样本数据集里,即使微博博主的注册地为其他城市,其实也很可能是乌坎村村民,笔者通过其微博内容可以确定他们的身份。还有一些历史上的乌坎村村民,早年移居香港后成为香港居民,但依然与家乡事务存在紧密联系,他们关心自己家乡的发展变化,也成为乌坎事件的积极参与者和行动者,他们在微博上的信息传递活动也非常频繁。一些在香港注册的微博,实际上形成了一个虚拟的海外乌坎人的网络社区,他们付出巨大的热情支持自己家乡的发展,在信息传播和资源共享方面发挥了重要作用。

在乌坎村信息对外发布的原创者、转发者当中,除了乌坎村村民外,还有一些重要的外来人员。从职业身份的构成看,首先,有来自世界各地的记者;其次,有怀着极大热情到访乌坎村、积极参与乌坎事务的社会活动家和行动者,还有一些志愿者积极参与其中;最后是公共知识分子,他们从事着一定的专业工作,例如律师、教授、作家等。这三大类人构成了除乌坎村村民之外的外来者,他们与乌坎村村民在网络关注数和粉丝数量的对比关系,表明了他们在微博传播中所扮演的不同角色。如图4所示,从左至右四栏内分别是社会活动家和行动者(activist)、公共知识分子(intellectual)、新闻工作者(journalist)和村民(villager)这四类人的微博关注数和粉丝数的两维比较。由此可见,在本数据集范围内,外来者大多都拥有巨大的粉丝数,公共知识分子往往倾向于关注很多人,能广纳信息,关注热点,传播重大舆情信息;记者和社会活动家们的个性差异较大,有的广泛关注他人,有的则相对低调,但一般都有较多的粉丝数。相比

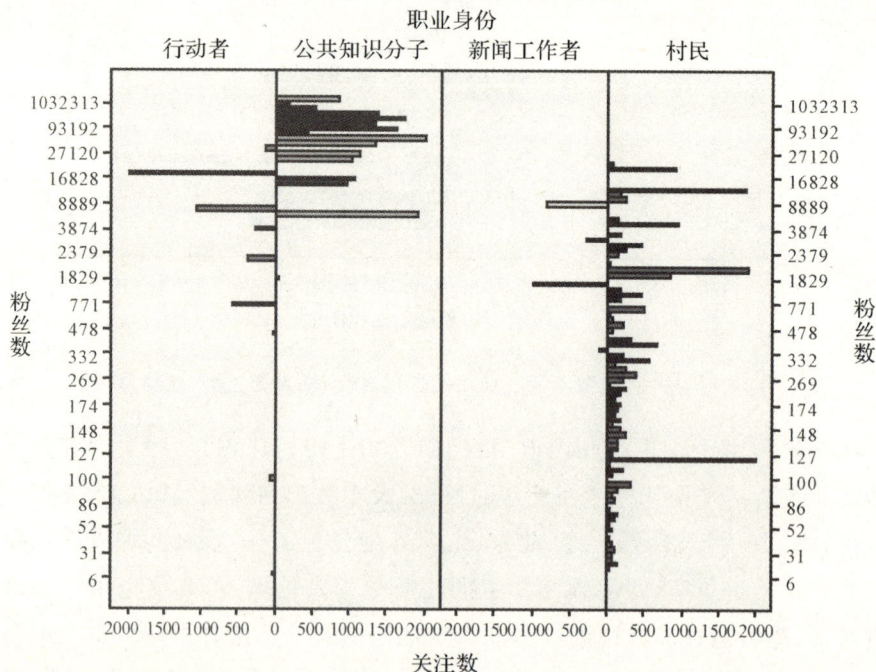

图4 四组不同身份人群的微博数据特征(横轴为关注数,纵轴为粉丝数)

外来的这些微博博主,乌坎村村民则呈现出一种序列分布状态,有粉丝高达数万的意见领袖,他们已经在乌坎事件及后来的事态发展中赢得广泛关注,通过乌坎事件,他们已经成长为舆论领袖;还有相当多的村民仅仅在本地略有影响,也只关注少量微博。

(四)确定乌坎事件中最有影响力的网络传播节点

采用计算机软件或社会网络分析制图软件,可以很容易计算出各个节点的度数、介数和特征向量的数值。这样,我们就可以列举出用不同方法测算出来的 10 大节点(见表 2)。

表 2　用三种方法测算后得到的前 10 位的节点标号及相关数据

中心性的测算方法/结果	前 10 位的节点标号	前 3 位的数据列举
节点度数(degree)	32,14,83,57,24,10,4,31,23,11	80, 69, 62
节点介数(betweenness)	32,73,14,13,83,57,10,49,24,38	466, 332, 220
节点特征值(eigenvector)	32,14,4,57,10,83,24,6,23,11	0.21,0.20,0.18

经过比较分析可以看出,所有这三种方法测算最核心的节点取得的结论是一致的,那就是 32 号节点。它的微博博主的名称是:张建兴,他是摄影师,也是林祖恋[①]老先生最贴身的保镖,他在乌坎事件中负责媒体中心的工作,担任媒体中心的发言人。14 号节点代表的是一个 16 岁男孩,他的网络昵称(绰号)叫"鸡精",有不少传统媒体报道中有关于他的出色表现,他在互联网上通过 QQ 和微博不断向媒体向外界提供乌坎村抗议维权行动的各种消息,能较为全面迅捷地呈现乌坎事件发生的细节。57 号节点是薛健婉,薛锦波的女儿,她是乌坎村村民当中受到粉丝关注数最多的微博博主。在这群核心信息传播人群当中,唯一的一个乌坎村外的人是 83 号节点,他是一个全程参与性观察并深度介入到乌坎村事务当中的人,他的微博名称是"新启蒙熊伟"。他多次到访乌坎村,给乌坎村的村委会民主选举工作和选举程序方面予以村民一些指导和帮助,他从 2011 年 12 月进村后一直住在乌坎村里,并和乌坎村村民共度春节。11 号节点实际上是指洪锐潮,31 号节点表示张建成,38 号节点表示庄烈宏,这三个人都曾经被警方逮捕,并且都当选为新成立的乌坎村村民委员会成员。

----

① 林祖恋,有的报道中写成林祖栾、林祖銮,实际是指同一个人,因这几个名字的当地方言发音完全一致,村民和外界媒体报道时在写法上出现偏差,有的地方还写成林祖峦等。

三、对乌坎事件中的信息传播者及行动者的若干讨论

（一）信息传播的 K 壳核心群组现象

如果使用 K 壳分解的方法，计算的结果会是什么呢？首先，我们建立了社会网络关系图的样本数据集；其次，采用 K 壳分解方法，我们给该网络逐层分级，分别给相应的节点赋予整数的壳值下标 kS，kS 数值代表去掉外壳后剩余的每个节点累积减少的度数。最后，我们发现最高的 kS＝22，总共有 43 个节点具有相同的 kS 值。换言之，所有这些节点都位于相同的 k-核之内，也可以大致理解为它们在对外传播信息方面具有同等的影响位阶，即如果去除掉该 k-核的任一节点，其作用将被位于同一核心的其他节点所代替，其对外传播效果在信息告知层面最终不会受到影响，也就是说，位于这个核心圈的任何一个点发出一则关于乌坎村的消息都能有同样的概率被外界获知。因此，在核心（nucleus）里有一批具有相同地位的节点，表明了在网络中事实上存在"最有影响力的传播者缺席"（absence of influential spreaders）的现象，通俗一点就是说，在此社会网络图中找不到唯一一个最"牛"的顶级传者，国外学者最近的另一项研究也证实了这一点。①

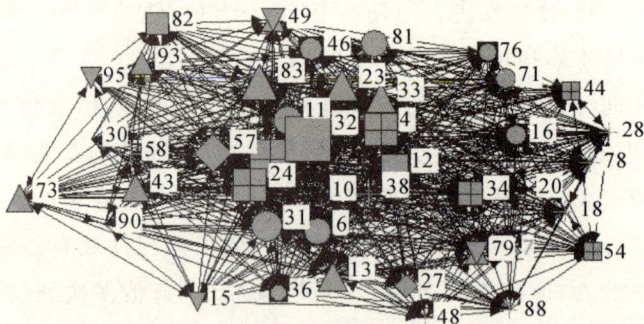

图 5　98 个节点社交网络中 43 个最高层 k-核成员构成了一个强连通的网络②

在本数据集内，用 K 壳分解法无法找到唯一最有影响力的传者，表明其信

---

①　Borge-Holthoefer J & Moreno Y. Absence of Influential Spreaders in Rumor Dynamics. *Physical Review*，2012（E 85）：26-116.
②　统计出来有 43 个节点，此图中 32 号节点恰好覆盖了 14 号节点的标注。

息传播网络具有非常好的稳定性能,即使其中的一个节点被注销或封锁,剩下的节点仍然具有同等的传播能力。在这个群体中不仅包含了在乌坎事件中早期集体行动策划者或领头人(11 号、31 号、38 号),还有一些乌坎少年(16 号、24号)、在外地打工的乌坎村村民(23 号、73 号、49 号)、公共知识分子(83 号)、村民中的积极分子(4 号)等。这些人构成了乌坎事件信息传播者的核心群体,其社会网络关系存在较为密集的"互粉现象"。

(二)乌坎事件信息传播者的微观生态及与其传播行动之间的关系

通过社会网络分析获得的在信息传播网络中的较为活跃节点和关联度较高的节点,经过实地调研后发现,其中有些并不是乌坎事件中的核心组织者,这些成员对于事件有着强烈关注,但主要在于善于利用微博和新媒体发布信息,成为重要的信息二传手或意见评论者,例如图 5 中的 23 号和 24 号节点。对互联网上的信息传播者所形成的乌坎事件社交网络进行分析考察,可以归类出若干有趣的亚群组和微观传播生态。

第一类:乌坎事件的早期组织者和策划者。他们是乌坎事件中坚定的执行者,在维权抗争活动中活跃在第一线上,同时,也是重要的网络信息发布者和传播者。这类节点由于有大量时间投身在维权行动当中,在微博上的信息传播活动的频度和强度相对较多,但并没有明显规律。从网络科学分析,他们居于 K 壳核心群组当中,但其中心性并不特别明显,而其线下组织活动非常频繁。

第二类:乌坎事件的核心信息传播者。他们活跃在维权活动的众多环节,传递各方面信息,有时能用微博直播各种现场信息。这类节点由于有大量时间用在信息传播过程当中,发布的微博数和频度都是最高的,且中心性较高。从网络科学分析,他们居于 K 壳核心群组当中,中心性最高,但年龄相对较轻,在线下参与村中各种组织活动,但不居于乌坎事件的领导层中。

第三类:作为外界人员的乌坎事件核心信息传播者。他们以第三方的视角深度介入乌坎事件当中,参与各种活动,传播所见所闻,发表所感所想,向外界较为全面地呈现乌坎事件的各方面信息。从网络科学分析,他们居于 K 壳核心群组当中,其中心性较高,发布的微博数量很多,内容最丰富多样。

第四类:作为外界人员的乌坎事件中信息传播的扩大效果者。他们往往从各自的专业角度和身份特点,发布对乌坎事件的各种信息和观点评论。这类节点很少有大量时间用在乌坎事件的信息传播过程当中,但发布的微博内容所引发的社会反响和传播范围非常广泛,能够把相对地方性的信息转发传递到更广阔的地理空间和舆论场域当中,起到重要的桥接作用。从网络科学分析,他们大多都不居于本研究样本中的 K 壳核心群组当中,但事实上他们的粉丝数往往非常多,甚至达到巨量的程度,在更广阔的互联网网络世界当中是一些具有更高中心性的节点。

第五类:乌坎事件的重要组织者和参与者。他们年龄一般较大,不擅长使用网络,居于新媒体信息网络的边缘,有的还是在乌坎事件发生时才开始尝试学习使用互联网传播工具,是新的微博注册用户。从网络科学分析,他们不居于 K 壳核心群组当中,连接度和微博发布数都很小,但在现实社会网络中,通过人际传播方式居于重要的组织地位。

第六类:乌坎事件信息的积极传播者。他们的身份往往是村民,有的还在外地居住,都是社会活跃分子和参与乌坎事件维权活动的积极分子,他们往往成为居于本研究样本中的 K 壳核心群组当中,但他们的粉丝数不多,发布的原创信息内容也不多,但网络之间互相关注度较高。

第七类:乌坎事件信息的一般传播者。他们是这个信息网络中的主体,身份都是村民,性别年龄各异,他们不居于本研究样本中的 K 壳核心群组当中,他们的粉丝数不多,发布的原创信息内容也不多,还夹杂着各种生活信息和个人信息,他们之间三五成群的网络互相关注度较高。从网络科学分析,他们不居于 K 壳核心群组当中,网络连接度和微博发布数都很小,在现实社会网络中也居于乌坎事件的非核心位置。

从以上分析当中可以看到,信息传播与现实行动之间并不完全一致,网络信息传播在乌坎事件中主要起到对外传播的效果,引起全社会、全事件的普遍关注,现实维权的信息传递主要是通过广场集会、人际传播方式进行,这些社会网络与互联网新媒体网络在有些人那里是叠合的,而在有些人那里却由于传播技术壁垒、传播习惯和安全隐匿性要求,并不一致。但从公开的信息传播活动和微博社交网络中,我们可以发现微博传播网络中大致呈现了乌坎事件的传播行动者群像。

(三)乌坎事件新媒体信息传播网络中的"隐匿"领导者

在上述社会关系网络研究当中还存在一个缺失,就是无法将没有新浪微博账号的村民包括在内,因此,很可能错失了重要的网络"隐匿"者。根据我们的实地考察和乌坎村在村民中进行选举的结果来看,林祖恋先生其实在整个乌坎事件中是最有影响力的传者。由于他本人没有微博账号,因此他是新媒体信息传播网络中的"隐匿"领导者,也是同类传播行动者的最典型代表。

根据前述分析,具有最大 K 壳数值的"最有影响力的传播者"的 43 个节点,是在新媒体信息传播网络中的核心传者,他们在对外传播乌坎相关事务的信息中居于最高端的地位,然而,考虑到还有网络之下的信息传播活动没有包含在这个社会关系网络当中,也就是没有新浪微博账户的现实意见领袖不属于这个网络当中,假如把其他信息传播方式的社会网络叠加到这个网络当中,林祖恋先生必然属于这群核心节点当中。他同时还具备这 43 个节点不具备的事实影响力,这体现在:

第一,他是那些核心节点的信息来源节点,是核心群体中的意见领袖。在 9 月 21 日乌坎事件突发之后,林祖恋这位本来处于退休养老状态的老共产党员,由于其平时为人处世的社会威望,被早期组织维权活动的几位年轻村民集体拥戴,约请他出面为村民说话。[①] 这也表明他成了核心信息传播群体中的意见领袖。

第二,他直接在广场给村民进行公开演讲,成为广播网络当中的中心节点。正是在一帮年轻的维权组织者的要求下,他答应"出山",引领乌坎村的集体维权和抗争行动;因此才有了他的第一次影响深远的公开演说。[②] 在这个日后被刻录成光盘的影像当中,他鼓舞村民们"一定要斗到底",同时又要求村民"摆事实、讲道理",他成为乌坎事件发生后一些重要群众集会和集体行动的幕后领导者,使得整个后续村民的维权上访活动理性和平地表达诉求,未再度造成暴力冲突的局面。

第三,他是社会关系网络中信息传播的内容,即他的意见、观点和照片、视频等信息在网络中无处不在。虽然林祖恋本身不是一个微博用户,但是他的公开演讲、访谈、照片和视频内容在社会关系网络的所有节点之间进行传播,也就是说他作为符号被微博等"新媒体"到处传播。他是乌坎事件的一个积极的信息传播者,也是乌坎事件社会关系网络中最具影响力的传播者,还是整个乌坎事件最重要的组织者和行动者,是一个既显在又隐匿的领导者。

---

① 笔者采访林祖恋先生时,他本人介绍了他介入此事件的过程。
② 这个演说被拍下成为视频,村民们自己请人做成光盘,广为散发。

四、结　论

　　本研究其实是一个更大更全面研究课题中的一个具体问题,尽管笔者已在国际会议上就乌坎事件信息挖掘层面问题有所发表,但未及详述①,因而在这里集中关注研究的是在乌坎事件信息传播网络关系中的传者群体。乌坎事件之所以能够成功引发全世界的关注,并最终走向一种社会和谐的解决方式,与这样一个非常有活力的传者群体有密切关系。本文通过实地调研和社会网络分析方法相结合的方式,进行了数据信息挖掘和群体形象呈现,对于新闻传播研究者探索群体性事件演化过程的内在传播机制有一定的启发价值。在研究中,我们发现社会维权的行动者往往是信息的传播者,而传播者在一定程度上也是一种组织活动的行动者,他们为外界传递信息的过程中,也在一定程度上建构了传者之间的社会关系网络。例如,在本课题研究过程中也发现外来者在传播乌坎信息的过程中赢得了村民的信任,关心乌坎事件的新闻记者、律师、学者们受到了村民的特别关照,他们之间也由此建立了信息传播的网络关系,而这种网络关系在一定程度上又促进了信息的快速传播和积极响应。限于篇幅,本文对信息传播内容和传播路径没有充分展开分析,但后续研究的结果也呈现了新媒体网络中社会关系建构的重要性、复杂性和行动性特点,传播在某种程度上不啻是一种社会行动。乌坎事件给人的启示意义也在于,当今世界无论是年轻一代,还是老一辈,一样都能通过有效的信息传播网络和组织行动方式凝聚力量,发出自己的声音,从而推动社会的进步和时代的前行。

参考文献

　　[1] Borge-Holthoefer J & Moreno Y. Absence of Influential Spreaders in Rumor Dynamics[J]. *Physical Review*, 2012(E85): 26-116.

　　[2] Kitsak M, Gallos L K & Havlin S et al. Identification of Influential Spreaders in Complex Networks[J]. *Nature Physics*, 2010, 6(11): 888-893.

---

①　Liao W. Strategies for Spreading Information from Local to Global in Social Complex Networks: Cases from a Village in China, Proceedings of Hot Social. The First ACM International Workshop on Hot Topics on Interdisciplinary Social Networks Research, 2012 ACM SIGKDD(August 12-16, 2012, Beijing, China), 2012:57-60.

[3] Liao W. Strategies for Spreading Information from Local to Global in Social Complex Networks，Cases from a Village in China[C]. Proceedings of the First ACM International Workshop on Hot Topics on Interdisciplinary Social Networks Research. ACM，2012：57-60.

[4] 高恩新.社会关系网络与集体维权行动——以 Z 省 H 镇的环境维权行动为例[J]. 中共浙江省委党校学报,2010(1).

[5] 庞胡瑞.广东乌坎事件舆情研究[J].当代贵州,2012(2):54.

[6] 汪小帆,李翔,陈关荣.网络科学导论[J].北京:高等教育出版社,2012.

[7] 张鹭.乌坎事鉴[J].财经:Lens,2012(1).

数字未来与媒介社会 2013 2

48

时空重置下的驻华外国记者
新闻生产常规研究

钱　进①

【摘　要】　关于新闻常规的研究多侧重于对稳定在一个地理空间中对新闻实践的记者进行考察，而这也预设了一种天然的稳定性。本文将以驻华外国记者为例，通过考察构成常规的两个重要因素——时间与节奏，来分析他们在脱离习惯的情境后如何在他地重构常规。研究发现，跨越时区进行新闻采集的外国记者不得不将中国和总部两种工作节奏进行叠加，形成一种新的节奏。其中，时间之于他们来说已非传统的量化概念的时间，而是由日常实践中一个个关键的节点所构成的质化概念的时间。

【关键词】　驻华外国记者　时差　节奏　新闻常规

Resetting the Time/Space：An Analysis of Foreign Correspondents' in China's News Routine

Qian Jin

Abstract：Studies on news routine are limited to journalists working in domestic news space that presumes a pre-existing stability. By approaching from two constituting elements of routine—time and rhythm, this paper tries to investigate how do foreign correspondents in China reconstruct their routine in a new locality. This paper believes that foreign correspondents have to adopt a new rhythm that coordinates two different location-oriented rhythms when operating across time zones. To these foreign correspondents, the

---

①　钱进，上海外国语大学国际舆情研究中心助理研究员。

concept of time in this new rhythm is not confined to chromos, but of kairos that is comprised by concrete and critical event in daily operation.

Keywords：foreign correspondents in China；time zone difference；rhythm；news routine

    与医生、律师和消防队员这样处理专门化和特殊化突发事件的职业人群不同，以对各种不同突发事件进行叙述为主要工作内容的新闻人需要处理来自火灾、医药到法律等方面的各种各样的突发事件。因此专业人士在面对不同类型的、不确定的突发事件时，都试图将一套优先排序和常规加置在这些情境之上。塔克曼揭示了常规如何帮助新闻从业者应对无规律的突发事件，以及他们为保证日常新闻生产工作有序进行所利用的工具，如新闻网的编织、对新闻类型化的使用等。后来一系列关于新闻生产的研究也都试图讨论新闻人如何构建这些新闻常规。尽管考察的维度不同，关于新闻常规的研究都共享了这样一个前提，即常规是在一个单向度时间范畴上所形成的一种工作节奏。所谓单一向度，是指在新闻生产过程中，记者对于时间的分割和安排可能存在差异，但其在展开新闻实践时所依赖的时间参照框架具有稳定性和一致性。基于此基础生成的节奏，便也预设了记者存在一种同质化的对时间的感知。因此，作为一种具体的协调时间和节奏的产物——新闻常规，像其概念本身所表述的那样，亦是具有了一种天然且看似难以抗拒的稳定性。

    然而正如布切在对医学院中社会化过程和权利的研究中所指出的那样，常规实际上是一个协商过程，具体的情境决定着何种常规得以形成。① 显然，在此种对于常规的概念化中，之前那种对稳定性的偏好被悬置了，取而代之的是将一种流动性注入其中。这也意味着当记者被抽离出其熟悉的环境后，其新闻实践的常规可能需被重估。在此过程中，先前单向度的时间在此情境中将如何与工作节奏进行勾连、作为行动者的记者对其进行感知并形成相应的应对策略，都将影响到新闻常规的生成。从事跨国新闻采集的驻外记者群体恰好提供了一个考察这一过程的机会。与在国内进行新闻采集的记者不同，驻外记者不仅需在一个不同的国家和地区开展新闻实践，同时还需与位于国内的总部保持沟

49

新闻生产与新闻工作者

---

    ① Bucher R. Social Processes and Power in a Medical School. In：*Power in Organizations*. Nashville：Vanderbilt University Press，1970.

通与协作。这意味着作为一种客观实在,由于空间位置移动造成的时区差异将渗透至身处其中驻外记者的日常实践之中。驻外记者在新的工作场景中将如何重建自己的新闻常规从而来协调其工作节奏？之前在国内形成的常规在新的情境中将被如何本地化(localized)？为应对时差,驻外记者又将在日常新闻中采取何种策略来处理由此产生的新的不确定性？在此过程中,记者先前在国内进行新闻生产所依赖的单向度的时间观念将发生何种变化？而这种变化又将如何与常规协商过程勾连？本文将以驻华外国记者为研究对象,通过考察他们在中国的日常新闻实践来探讨如上问题。

根据外交部新闻司的统计数据,目前在华常驻的外国记者有 700 人左右,且多分布在北京和上海两地。因此,研究也就集中在这两个地点展开。在具体采用的研究方法方面,本文主要采用参与式观察的方法,考察了位于北京和上海两地几家驻华新闻机构的日常新闻采集流程。此外,深度访谈的方法也被用来帮助进一步理解驻华记者们的新闻实践。

本文将首先对驻华外国记者每天的工作流程和时间分配进行总体性的描述,然后转入对他们每天工作中的关键节点的深描。最后,基于这些经验性材料,文章将进一步讨论驻华记者日常新闻常规中时间与工作节奏之间的关系。

一、日常的新闻生产与灵活的时间表

BBC 上海分社的墙上挂着两个时钟,一块显示着伦敦总部的时间,另外一个显示的则是北京时间。这两个钟时刻提醒着办公室里的记者,他们事实上身处于两个时区和两种时间当中。史莱辛格在对新闻从业者中存在的一种读秒文化的讨论开篇写下了这段比喻:"在新闻人的职业神话中,时间如野兽一般,需要在每天类似战斗的新闻生产中被击败。"[①]在这里,时间不仅仅是一种量化的计时工具存在,它也决定着新闻生产的节奏。[②] 具体来说,它决定着新闻人如何安排一天的工作以及分配为完成各项任务所需要的时间。故而,首先让我们来看一下三位外国记者的每日日程安排。

---

① Schlesinger P. *Putting Reality Together*: *BBC News*. London: Methuen, 1987: 83.

② Tuchman G. Making News by Doing Work: Routinizing the Unexpected. *American Journal of Sociology*, 1973, 79(1): 110-131.

林慕莲:美国全国公共广播电台驻上海记者

09:30　到达办公室

10:00　与新闻助理的晨会

10:30　浏览其他媒体的报道或撰写新闻报道

12:30　午餐

13:00　继续撰写报道或是外出采访

16:30　与总部编辑沟通并一同编辑新闻脚本

17:00　撰写、录制每天的中国股市动态

18:00　离开办公室

23:00　与总部编辑沟通并录制、回传报道①

约翰·贝利:南非 ETV 电视台驻北京分社记者

06:30　起床并浏览当日新闻

09:00　到达办公室

09:30　与新闻助理开会讨论工作安排

10:00　外出采访或是编辑新闻

15:00　完成当日新闻并传回国内

23:00　遇重大突发事件时离开办公室的时间②

约翰·加勒特:澳大利亚《悉尼先驱报晨报》和《世纪报》驻北京分社记者

04:00　起床、浏览当日新闻并回复电子邮件

06:30—8:30　私人事务

09:00　新闻助理到达办公室并与其讨论今天的工作安排

09:30　采访或是撰写新闻

16:00　将完成的稿件发回总部

22:00　完成一天的工作③

---

① 此表根据 2008 年 3 月至 2009 年 7 月间在美国全国广播电台上海分社工作期间观察制成。

② 根据 2011 年 6 月 16 日与 John Bailey 的访谈归纳制作,访谈地点北京 Panino Teca 三里屯店。

③ 根据 2011 年 5 月 31 日与 John Garnaut 的访谈归纳制作,访谈地点在北京 Moss 咖啡店。

让在华外国记者描述一天具体的日程安排并不是一件容易的事情,林慕莲更是直接表示,给出一个严格而稳定的时间表几乎是一件不可能的事,因为在任意时刻,既定计划都可能被调整。[①] 它可能是受访者临时取消采访安排,也可能是突发事件致使原定采访取消,更可能是总部临时决定将记者派往某地进行采访。因此,除了能给出一些关键的时间节点外,大部分时间里的工作安排是"极其随机的"[②]。约翰·贝利在谈到每天的日程安排时也指出,相比于在国内时的工作,他在中国的任务安排和时间分配方面具有更大的自主度,而这直接表现为没有编辑部里的那群编辑"盯着你并时不时地分配任务"[③]。这种自由度恰恰也是驱使许多记者选择驻外的重要因素。尽管外国记者们在一天中的时间安排可能迥然不同,但在一些关键节点上仍然存在着一定的相似性,晨会便是其中一种。

二、作为一种仪式的晨会

与编辑部或是新闻室的编前会上有众多参与者的情况不同[④],外国记者在分社里的晨会参与者人数极为有限,通常只有记者本人和他们的助理。晨会一般并不是在记者一早到达办公室后立即召开,而是等上半个到一个小时。在这段时间内,新闻助理们准备着每天的新闻简报,即摘录和翻译中文媒体中的重要新闻。因为记者以及其新闻助理各自的兴趣不同,这些新闻简报从内容和形式上也各异。从形式上看,它们可能是对新闻做导语式的一句话概括,也可能是一段式的对新闻的复述。从内容上来说,有的记者要求简报侧重于其他英文媒体所没有关注的中国新闻;有的要求简报侧重本地新闻;有的则根据其报道条线需要,对某一类话题的新闻进行特别关注。对外国记者们来说,这些新闻简报可以充实其常规的新闻来源。因为这些新闻多来自于中国媒体的报道,而大部分外国记者并没有时间和精力来阅读中文媒体的新闻,新闻简报便也成为他们把握中国媒体中热点事件以及舆论情况的重要参考。同时,他们也会从这

---

① 2011 年 6 月 17 日与 Louisa Lim 的访谈,访谈地点在北京建国门外交公寓 NPR 办公室。

②③ 根据 2011 年 6 月 16 日与 John Bailey 的访谈归纳,访谈地点在北京 Panino Teca 三里屯店。

④ Clayman S E & Reisner A. Gatekeeping in Action: Editorial Conferences and Assessments of News Worthiness. *American Sociological Review*, 1998,63(2):178-199.

些简报中直接寻找新闻线索。

当新闻助理完成当天的新闻简报后，记者便开始每天的晨会。第一项内容多为对新闻简报的讨论。而新闻简报的另外一项作用也在讨论之中发生，即对新闻助理的新闻价值观念的规训。事实上，新闻助理在进入外国媒体之前大多未受过西方新闻专业主义训练，新闻简报的制作及随后对其的讨论则提供了对其进行培训的实践场所。林慕莲这样评价新闻助理所制作的新闻简报：

> 刚开始的时候，他们一点儿经验都没有。他们在寻找值得放入到简报中的新闻时，会将那些党报上的、宣传性的新闻放进来，比如，某某领导人去哪国出访、某某领导人发表了什么样的讲话等等。每次出现这种情况，我都会和他们说，这是宣传，不是新闻。对他们（新闻助理）进行这样的训练，进而告知他们西方新闻的标准是一个较长的过程，因为你是将一种不同的思路传授给他们。[①]

对于《纽约时报》这样拥有不止一名新闻助理的分社，外国记者更是利用这样的话语机会来完成对其新闻助理在新闻价值观上的统一和协调。《纽约时报》前上海分社社长法兰奇有三位新闻助理和一位实习生，他们被安排每天轮流准备新闻简讯，并在晨会中逐条念出。法兰奇会在每条新闻结束后询问以下问题：为什么要将这条新闻放入简报中？此条新闻的新闻点在哪里？等等。根据他们的陈述，他做出相应的回应，或是指出此条新闻本身在报道方面存在的问题以及可能的、好的切入点，或是对于其感兴趣的新闻向陈述者询问更多的背景并与助理们讨论其成为选题的可能性及可操作性。无论是林慕莲还是法兰奇，他们都没有在讨论过程中明确地给出何为西方新闻专业主义的具体定义或是衡量"好新闻"的标准，而是通过一个个具体的新闻报道来作为例证，进而帮助这些新闻助理完成他们的社会化过程。一位曾经在《纽约时报》上海分社工作两个月的实习生，这样描述她的经历：

> 开始的时候，我很不适应这里的环境，觉得他们所要关注的新闻与我在教科书上看到的和我日常所读到的有很大的差别，比如他们更侧重于负面的新闻。开始我对于要做这些揭露中国阴暗面的新闻感觉不大舒服。

① 2011 年 6 月 17 日与 Louisa Lim 的访谈，访谈地点在北京建国门外交公寓 NPR 办公室。

但慢慢地,也就习惯了,毕竟,这是工作。①

通过这样的学习过程,助理们也逐渐接触、理解和掌握了这些对于他们来说颇为陌生且未被明晰化的西方新闻价值观和新闻专业性,并将其内化为完成工作所需具备的"规范和价值"②。

在完成新闻简报讨论后,记者和助理则会进行较为随意的交谈,内容也多与最近发生的新闻有关。与前面新闻简报中侧重时效性较强的新闻不同,此时较多涉及的是调查性新闻,或者说是"趋势性新闻"。这类信息一方面来自其他媒体的报道,另一方面则来自记者和助理自身的体验和经历。林慕莲经常会以这样的方式将某话题引入到讨论中,如:"瞧,昨晚聚会上遇到一个人,他告诉了我一些事情。我觉得非常有趣,我们应该讨论一下,看看是否可以做这个报道。"同时,新闻助理也会分享其周围发生的"有趣的事情"。这对外国记者来说非常重要,因为它提供了"一个他们所不曾触及的普通中国人的生活世界"③。信息和观点相互交换和碰撞的过程往往也是新闻选题渐渐明晰的过程。

晨会的最后一事项是具体的工作安排和任务分配。这一般分为硬性和弹性两种安排。硬性安排是指在一段时间内或是一定的时间节点之前必须完成的任务,而这一般都与记者的截稿日期有关。它具体包括诸如对稿件中所涉及的事实进行核实、背景资料的补充以及确定采访时间等这些必须完成的任务。另外一种弹性安排则大多不涉及具体的时限,而是涉及一些预期性、计划性的任务。如为选题寻找可能的采访对象便是其中一种。由于在中国寻找采访对象是一件较为复杂和困难的事,通常需要耗费相当长的时间,有时甚至可能因为无法寻找到愿意接受采访的对象而要调整整个选题安排甚至是取消整个计划。对于弹性任务来说,记者们对其可能达到的结果并没有明确的预期。瓦里亚罗在做这些安排时经常会说:"让我们试试运气吧,看看我们能走多远"④,而

---

① 访谈完成于 2010 年 10 月 11 日,访谈地点在上海,访谈对象要求匿名。

② Breed W. Social Control in the Newsroom: A Functional Analysis, Social forces, 1955,33(4):328.

③ 2011 年 5 月 26 日与西班牙电视台 Antenna 3 驻北京记者 Virginia Maria Casado 的访谈,访谈地点在北京建国门外交公寓内。

④ 2011 年 5 月 19 日与墨西哥《改革报》驻北京记者 Angel Villarino 的访谈,访谈地点在 Panino Teca 三里屯店。

原因也在于"相比较其他国家而言,在中国联系采访实在不易"①。

因此,通过晨会,记者与助理可以完成信息的交换、汇总以及工作安排等事务。同时,新闻助理也可以通过这一过程完成新闻观念的社会化过程。更重要的一点是,晨会作为一天工作开始的标志,为外国记者原本流动性较强的日程安排提供一个重要的参照点。记者也通过每天仪式化的晨会为自己缺乏规律性的工作状态提供一定的稳定性。

三、时差、双重时间与截稿时间

"每个记者都会被截稿时间这种事情困扰着"②,外国记者也不例外。由于驻华外国记者与所在媒体的总部所处的时区不同,截稿时间的问题就变得更加复杂。无论是工作还是在中国的生活,时差都带来诸多不便甚至是困难。作为墨西哥《改革报》驻北京的记者,瓦里亚罗需要协调与中国有 13 个小时时差的总部的关系:

> 这(时差)是我整个在中国工作中最糟糕的部分。我需要很早起床,因为墨西哥的编辑希望在那个时间点与我沟通。但结束后也不能继续睡觉,因为我大部分活动都在上午。同时,北京时间的晚间我也需要工作到很晚来准备选题等,有时我需要工作到凌晨四点。这样的时间表太疯狂了,我完全无法过上正常的生活。③

当然,由于各自所属媒体所处时区的不同,受到的影响程度也各异。如来自与中国仅有三个小时时差的澳大利亚媒体的记者较之前面的墨西哥记者,所受到的影响就小得多。

此外,记者们所属媒体介质的差异也使其在受时差影响程度上存在着差别。对于美联社、路透社这样的通讯社以及 CNN、BBC 和半岛电视台这样的 24 小时全球电视媒体来说,在它们的日常新闻采集过程中,并没有一个明确的截

---

① ③ 2011 年 5 月 19 日与墨西哥《改革报》驻北京记者 Angel Villarino 的访谈,访谈地点在 Panino Teca 三里屯店。

② 根据 2011 年 5 月 31 日与 John Garnaut 的访谈归纳制作,访谈地点在北京 Moss 咖啡店。

稿时间概念,而是多采用轮班制以保证"任何重要新闻都不会被漏掉"①。这些平台中的新闻多采用滚动方式播出,总部的"编辑亦是 24 小时轮班"②,所以从实践角度来说,它们的"新闻采集是永不停歇的"③。故而,时差带来的影响只是在于新闻采集节奏的变化,即"白天新闻多时节奏较快,而在没有多少新闻的晚间则较慢"④。

对于那些非全球性媒体,时差问题对截稿时间的影响则变得更加复杂。现以加拿大广播公司驻北京记者杰明为例。因为他需要为早晚两档节目提供报道,分别是加拿大当地早晨 7 点和晚间 6 点。对于前者,在规定时间完成报道并不困难。障碍出现在晚间 6 点(即北京时间凌晨 6 点左右)的截稿时间。如是较为重要的新闻,渥太华的编辑希望他可以从当地时间下午 3 点(北京时间凌晨 3 点)工作到节目播出前,从而可以保证实时更新正在发展中的新闻。此外,由于大部分新闻发生在中国的白天,而此时总部的编辑并没有在办公桌前,所以来自中国的新闻需要过上一段时间才能引起他们的注意,故而新闻的时效性势必也会受到影响。

相比于播出时段较为灵活的电子媒体,有固定截稿时间的报纸受到时差的影响更大。以同在北美的报纸为例,作为几乎都在早间出版的报纸,他们的截稿时间一般在晚间 11 点左右,所以刊登出的新闻距其在中国发生时已过去 24 小时甚至 36 小时。为报纸撰写新闻的记者本已采取一系列策略来应对其在时效性方面的缺陷,如标题中对现在时态的运用⑤。然而面对如此长的时间滞后,记者们需要采取特别的措施来消除其对时效性造成的影响。例如,对新闻具体事实和细节作模糊化处理,而这在重大突发新闻报道时尤为明显。杰明回忆在四川地震报道的初期:

---

① 2011 年 6 月 1 日与 CNN 北京分社社长 Jamie FlorCruz 的访谈,访谈地点在北京建国门外交公寓。

② 2011 年 6 月 1 日与 CNN 北京分社社长 Jamie FlorCruz 的访谈,访谈地点在北京建国门外交公寓。

③ 2011 年 6 月 1 日与 CNN 北京分社社长 Jamie FlorCruz 的访谈,访谈地点在北京建国门外交公寓。

④ 2011 年 5 月 26 日与加拿大广播公司驻北京记者 Anthony Germain 的访谈,访谈地点在北京建国门外交公寓。

⑤ Schudson M. *Discovering the News：A Social History of American Newspapers*. New York：Basic Books，1978：89.

死亡人数一直是在波动之中。开始看起来大约是 5000 人左右，但到地震发生的第二天中午时，数字已经变成了 13000～15000 人。在那一天，记者们都清楚情况很糟。但很多报纸的驻华记者在细节上非常模糊，因为他们不愿意看到这样的情况发生，即当他们写下死亡人数的具体数字并在第二天见报时，数字又发生了很大的变化。事实也证明了这点。①

故对正在发展过程中的重大突发新闻事件，为报纸服务的外国记者尽量模糊化一些处于变化中的细节。与电视和广播不同，他们无法持续修改报道并在下一个整点新闻中播出。尽管报纸的网络版可以弥补时差对截稿日期带来的影响，但报纸还是"非常看重其纸质版以及其时效性问题"②。

事实上，也正因为此，陷入时区转换中的驻华外国记者在组织一天的新闻采集工作和生活时依据着两个时间：一个为本国的时间，一个为中国时间。中国时间是指在中国进行新闻采集的时间，依据的是中国正常的作息时间。记者们所参照的双重时间被用来协调着由于时差造成的诸多不便，而这其中就包括临时的采访安排。《法兰克福汇报》记者格林茨就抱怨法兰克福总部经常会在北京时间晚间 9、10 点左右要求其就某个话题采访中国相关人员，而这几乎是"不可能完成的任务，因为中国很多机构在下午 5 点后办公室就空了"③。因此，记者们会尽量在中国的工作时间内完成中国方面的采访。通过这样的安排，即便是在截稿时间临近时新闻稿件有大幅度改动，也不会因无法完成采访而影响到整篇报道。④

此外，为抵消时差给截稿时间带来的影响，驻华记者们会在其到来前，通过电话、Skype 或是电子邮件与编辑做简短的沟通，内容是向后者介绍正在准备中的选题，听取其意见后再决定是否成为当日进行采集的新闻。然后，在截稿时间到来之前将报道发回总部。事实上，在与总部编辑沟通之前，记者已经做

57

① 2011 年 5 月 26 日与加拿大广播公司驻北京记者 Anthony Germain 的访谈，访谈地点在北京建国门外交公寓。
② 2011 年 6 月 9 号与《华盛顿邮报》驻上海记者 Keith Richburg 的访谈，访谈地点在北京日坛路 Starbucks。
③ 2011 年 6 月 1 日与《法兰克福汇报》驻北京记者 Christian Geinitz 的访谈，访谈地点在北京京润水上花园别墅。
④ 根据 2011 年 6 月 16 日与 John Bailey 的访谈归纳，访谈地点在 Panino Teca 三里屯店。

过背景资料的准备以及前期采访,因为在与编辑的沟通中需要向其说明做此条报道的原因和意义所在。奥班南多通常会在北京时间晚间 10 点通过 Skype 与秘鲁总部编辑通话,讨论她将在明天刊登的报道。实际上,她在北京时间当天早晨就已经确定好了晚间的选题。然后,她会开始收集一些相关资料和背景,并确定下报道需要采访的对象,并通常在下午 5 点之前完成这些采访。因此,在与编辑沟通时,她已经准备好了该报道所涉及的各相关部分。当获得编辑的同意后,她只需一到两个小时便可完成整个报道。

当双重时间嵌入记者的日常新闻生产后,先前被认为会给截稿时间带来障碍的时差恰恰可能成为外国记者们的一种资源。当被问及时差是否会导致他们无法在截稿时间前完成任务时,外国记者们的回答多为否定的,并认为时差尽管给他们的工作和生活带来不便,但同时也为他们提供了更充裕的截稿时间,因此"也有更多的时间来准备和撰写稿件"[①]。但从另外一角度看,双重时间将中国时间和本国时间在外国记者身上进行叠加,而这必然导致工作时间的拉长。当在中国的外国记者结束一天的采访工作后,身处美洲总部的编辑可能刚开始编前会议。从和编辑决定下今日需要的中国新闻到最终完成报道并结束一天的工作,往往已是北京时间的凌晨。而对于那些来自欧洲的记者,由于 6～8 小时的时差,"十七八个小时的工作是稀松平常的事情"[②]。

四、时间的重叠与节奏的重置

索罗金和默顿将时间体系归结为"提供手段来使群体各组成要素的活动和习惯达到同步和协调"[③]。对于身处两个时区中的驻华记者来说,他们需要协调由两套地方性时间所决定的不同的节奏,即中国和本国的节奏。他既需要在中国正常的工作时间内完成基本的采访和信息收集工作,同时还需顾及身处在另外一个时区的编辑的作息时间。这两种地方性时间叠加后,必然导致前文所述

① 2011 年 6 月 14 日与巴西《圣保罗页报》驻北京记者 Fabiano Maisonnave 访谈,访谈地点在北京书虫书店。

② 2011 年 5 月 27 日与丹麦《贝林时报》驻北京记者 Jensen Kim Rathcke 访谈,访谈地点在北京 Nola 咖啡店。

③ Sorokin P A & Merton R K. Social Time: A Methodological and Functional Analysis. *American Journal of Sociology*,1937,42(5):615-629.

的工作时间的拉长,而工作与非工作时间的界限也因此变得模糊。这带来的便是工作和生活难以避免地相互嵌入对方之中,而记者们需要在超长的工作时间中平衡着公私事务的时间分配。他们常常会将两者穿插进行。加内特会在清晨4点起床开始一天的工作,在将近2个小时的时间内完成诸如浏览新闻和回复邮件等事务。而在上午6点到9点之间,他则因照顾孩子而暂停工作。从9点至下午4点是工作的时间,但这其间他有时也会在采访和写作的间隙处理私人事务。当将完成的稿件传回总部后,他会和孩子们在一起直至他们睡觉。这之后,他会继续工作直至休息。因此,传统的工作与休闲的明晰划分已经很难适用于外国记者在中国的生活状态。先前在本国情境中所形成的时间观念及由此协调下的工作节奏在新的环境中需要被重估。正如杰明所说的那样,"在这里(中国),工作和生活的节奏显得没有在国内那么规律"①。

　　工作节奏作为一种协调各部分活动的参考工具,在双重时间叠加的新情境中也发生着变化。尽管作为一种连续的、可以被精密计时器来度量的时间内化于记者的工作之中,如将采访约定在北京时间下午3点、截稿日期为美国东部时间下午4点等,但对于这些需要持续在两种时间之间进行转换的群体来说,一种周期性的、由开端、中间和结尾的事件时间,②对于他们来说是一种更重要的参考。这种时间与前一种之间的区别在于"不是依据在某一时刻序列中的位置,而是其内容"③,前文所述的晨会和截稿时间便是这种时间中的重要内容和参照点。

　　被抽离出习惯的工作和生活节奏的外国记者,在新的情境下需重构一种协调两种地方性时间及其各自所决定的、相异的新的节奏。对于这些在两种时区内转换且工作计划安排本身具有很强流动性的群体来说,熟悉的计时器时间已无法提供有效的参考,他们需要依靠另外一些要素来结构化日常新闻采集工作。当然在这种新的时间观念以及其所决定的节奏中,计量的时间(chromos)仍然在其计划安排中作为一种标记性工具存在,但他们具体实践却是围绕着由事件和内容充满的质性时间(kairos)展开。④

---

　　①④　2011年5月26日与加拿大广播公司驻北京记者 Anthony Germain 的访谈,访谈地点在北京建国门外交公寓。

　　②　Jaques E. *The Form of Time*. New York: Crane, Russak and Co., 1982.

　　③　Marsh J. *The Fullness of Time*. New York: Harper, 1952: 44.

参考文献

［1］福柯. 规训与惩罚：监狱的诞生［M］. 刘北成，杨远婴译. 北京：三联书店，2007.

［2］Behr E. *Anyone Here Been Raped and Speaks English*：A foreign Correspondent's Life behind the Lines［M］. London：H. Hamilton，1981.

［3］Breed W. Social Control in the Newsroom：A Functional Analysis［J］. *Social forces*，1955，33（4）：326-335.

［4］Bucher R. Social Process and Power in a Medical School［J］. *Power in organizations*，1970：3-48.

［5］Clayman S E ＆ Reisner A. Gatekeeping in Action：Editorial Conferences and Assessments of News Worthiness［J］. *American Sociological Review*，1998，63（2）：178-199.

［6］Fishman M. *Manufacturing the News*［M］. Austin：University of Texas Press，1980.

［7］Gans H J. *Deciding What's News*：*A study of CBS Evening News*，*NBC Nightly News*，*Newsweek*，*and Time*［M］. Northwestern Univ. Press，1979.

［8］Hannerz U. Foreign News：*Exploring the World of Foreign Correspondents*［M］. Chicago：University of Chicago Press，2012.

［9］Hughes E C. *Men and Their Work*［M］. Glencoe：Free Press，1958.

［10］Jaques E. *The Form of Time*［M］. New York：Crane，Russak，1982.

［11］Schlesinger P. *Putting Reality Together*：*BBC News*［M］. London：Methuen，1987.

［12］Schudson M. *Discovering the News*：*A Social History of American Newspapers*［M］. New York：Basic Books，1978：89.

［13］Scott M B ＆ Lyman S M. Accounts［J］. *American Sociological Review*，1968，13（1）：46-62.

［14］Sigal L V. *Reporters And Officials*：*The Organization And Politics of Newsmaking*［M］. Lexington：Lexington Books，1974.

［15］Sorokin P A ＆ Merton R K. Social Time：A Methodological and Functional Analysis［J］. *American Journal of Sociology*，1937，42（5）：615-629.

［16］Tuchman G. Making News by Doing Work：Routinizing the Unexpected［J］. *American Journal of Sociology*，1973，79（1）：110-131.

新中国成立初年上海私营报业的人员更替与思想改造[①]

贺碧霄[②]

【摘　要】　1950 年前后的上海新闻界思想改造学习运动,常常被视作中共将旧有报人改造成为中共新型新闻干部的过程。但是,既然思想改造已经完成,为何大量的旧报人依然没有被保留?本研究采用历史文献解读与口述史相结合的方法,探讨思想改造的实际情形。研究发现:真正的"改造",起步于中共1949 年建成的新闻学院里,培养新式新闻干部,将旧报人调离新闻岗位。之后大张旗鼓地进行新闻界思想改造,"枪不打出头鸟",仅仅是一种仪式性的表演。

【关键词】　思想改造　人事整编　仪式性表演

Personnel Cleaning and Ritual Performances
on the Remolding of the Shanghai Journalists in the 1950s

He Bixiao

Abstract：The remolding of journalists around the 1950s in Shanghai is always considered as turning the old newspapermen to new ones. But the question still remains since they had been remolded well, as it was told, then why they were still vanished? The case study focused on this question by using archives and oral history materials to examine the foreplay of the real remolding

①　本文是国家社科基金青年项目"建国初年上海私营报业的社会主义改造"(项目编号:12CXW006)及第 51 批博士后科学基金面上资助项目"建国初期上海私营报业组织改造(1949—1952):历史制度主义的视角"(项目编号:2012M511856)的阶段性成果。

②　贺碧霄,中山大学传播与设计学院讲师。

新闻生产与新闻工作者

movement, which actually began the remolding by training the new generation and personnel cleaning at the same journalism school, and lead to the ritual performance of the movement in 1952.

Keywords: thought remolding; personnel cleaning; ritual performances

如果说"改造"二字几乎可以概括 20 世纪 50 年代中国社会的全面变迁,那么思想改造则是此时中国知识界面临的全面冲击和变动。一场始于 1951 年秋的运动,从高校开始,席卷了全中国。与教育界和文艺界的思想运动相比,新闻界的思想运动开始的时间相对较晚。上海新闻界的思想改造主要针对的是几家有影响力且没有经过"五反"运动的私营报纸,范围不大,对新闻界高层的批判也始终控制在一定强度以内。

就新闻业的改造而言,新闻学领域仅见到为数不多的探讨。这部分文献大都把中国新闻业的变迁视为国家政权变迁与意识形态变迁的产物。[①] 新闻业与政治具有密切关系,向来无可争议,然而这并不等于可以用政治变迁来解释新闻业的全部变迁。建国史领域的学者以上海私营报业改造为中心探讨了新中国成立初年的私营报业改造。历史学家对此问题的研究从个体而微观的角度探讨了新闻业急剧转换过程中新闻从业者和整个新闻业的命运。杨奎松的文章以展示《大公报》主笔王芸生的"投降"和"改造"经历的形式展示了《大公报》在新中国成立后一波三折的命运起伏,探讨了新中国新闻报刊统制的形成经过以及中共对私营报纸的改造政策的实际发生效力的程度和方式,认为该项政策可以概括为对私营报刊加以"改造,控制加利用"。[②] 张济顺的研究以上海《文汇报》为中心探讨了上海私营报业的改造运动,探讨了新中国成立初年国家全面渗透社会生活的过程。[③] 她的研究认为,在新中国成立初期中共新政权对报纸

---

①　施喆:《中国私营报业:共和国初期(1949—1953)的改造和消灭》,2003 年复旦大学硕士学位论文;曾宪明:《解放初期大陆私营报业消亡过程的历史考察》,《新闻与传播研究》2002年第 2 期,第 71—79 页;杜英:《文化体制和文化生产方式的再建立——建国初期对上海小型报的接管和改造》,《中国现代文学研究丛刊》2007 年第 2 期,第 129—148 页;李斯颐:《也谈建国初期私营传媒消亡的原因》,《当代中国史研究》2009 年第 3 期,第 20—27 页。

②　杨奎松:《新中国新闻报刊统治机制的形成经过——以建国前后〈大公报〉的"投降"与改造为例》,第二届中国近现代报刊的自由与实践研讨会论文集,2009 年。

③　张济顺:《从民办到党管:上海私营报业体制变革中的思想改造运动——以文汇报为中心的案例的考察》,《中国当代史研究》2009 年第 1 期,第 40—75 页。

的改造运动中,思想改造是"其中最重要的一环"。在此过程中,"党管报纸的报业国家化"又是最为关键的一步。此类研究在呈现思想改造的过程和衡量思想改造的效力时,有一种前提预设,即:上海新闻界1952年的改造中的思想改造的面向,是将旧有报人改造成为中共新型新闻干部,在此过程中,需要对其价值观和新闻从业理念进行全面的再造。

但此类研究遗留了一个问题:如果报人的改造应该是个将"旧报人"塑造为"新报人"的过程,那么为何这些被改造的人作为新闻工作者最终还是消失了?他们是在历史的哪个环节上消失的? 如果结果是他们消失了,那思想改造的意义何在?

一、从《人民日报》、新华社新闻培训班到华北记者团

说到新闻业的改造,不能不从中共新闻机构的设置与新闻教育的理念说起。在延安根据地时期,新闻教育受到教育资源、师资、人才、规模等严重匮乏的制约,对1949年以后中国的教育产生了深远的影响,塑造了中国教育的基本性质和面貌,并影响了几代人的知识结构和认知方式。[①] 中共解放区曾相继出现过延安中国女子大学新闻系、延安大学新闻系、华中新闻专科学校、华北联大新闻系、山东大学新闻系、中原大学新闻专修班、华中新闻干部学校、苏南新闻专科学校等各种党的新闻教育组织。1942年10月,延安《解放日报》对通讯员进行的新闻业务教育,也成了党的新闻教育工作的一种补充形式。[②]

新中国成立前夕,为抽调骨干力量,进入北平、天津等大城市创办党委机关报,甚至还向华北地区的一些大报派出骨干,创立了短期新闻培训机构。就《人民日报》的创刊而言,虽然华北《人民日报》创刊时集中了原来解放区的两大日报,人员显得富余,但是因为1948年以后党报很快就面临要进城和大量扩展的问题,因此依然需要培训大量的办报人员。为此,人民日报开办了培训班。后来,新华社也想办一个类似的培训班。经过中宣部的协调,将这个班改由新华社来主办。新的培训班称"干部培训班",学员毕业后,人民日报社和新华社各

63

---

① 高华:《革命年代》,广东人民出版社2010年版,第162页。

② 叶青青:《从农村办报走向城市办报:中共执政初期的党报新闻制度构建——以〈人民日报〉为例(1948—1953)》,2011年复旦大学博士学位论文,第159页。

新闻生产与新闻工作者

分配一半。该班由梅益负责,张纪明主持日常工作。在此班讲课的大多是中共宣传和新闻部门负责人。新华社社长廖承志主讲中共党史,新华社总编辑胡乔木讲授新闻学,副总编辑范长江、石西民讲新闻采访与写作。副总编辑梅益也负责业务课程讲授。培训班为期不足 3 个月,在 1948 年年底平津战役全面展开前结束。学员于当年 12 月 25 日分配工作。

在开办《人民日报》培训班的同时,中共还将《人民日报》的老新闻战士和骨干集中起来,由中央领导人和新华社负责人亲自讲课。这个培训班就是后来大名鼎鼎的华北记者团。这个培训班参加的学员分为两期,开始为 13 人,后增至 20 人(一说为 21 人)。[①] 钱江认为,"华北记者团"成立的原因是因其记者编辑与延安《解放日报》的记者编辑不同,后者从创办之日起,其编辑部就和中央机关在一起,中共领导人对《解放日报》的编辑记者队伍都相当熟悉。然而《人民日报》则主要是中共中央北方局的报纸,对中央领导人和延安的情况都不够熟悉。《人民日报》既然被确定为定都北平之后的中央级党报,那么必须加强其编辑高层与中共高层的联系。[②] 实际的情况也许并不完全如此。据叶青青的研究,华北记者团与中共其他的几次记者团的任务有所不同,"从采访生产和土地改革的收尾工作,变成接受政策、理论和新闻业务能力集中培训","是党报新闻工作有史以来内容最全面、级别最高的一次新闻干部集中学习"。[③] 这事实上成为了一种新闻制度创新,为中共进城以后培养新新闻干部确立了模板。

二、新新闻干部与旧民间报人:1949 年的上海华东新闻学院

华东新闻学院是新中国成立前中国共产党在上海创办的一所培养新闻专业人才的革命干部学校。早在解放军渡江南下之前,1948 年年底在山东济南,中共中央华东局宣传部考虑到,随着解放战争的胜利,有必要在新解放区的上海办一所新闻学校,培养中共新闻干部。[④] 当时济南《新民主报》社社长、济南新

---

① 钱江:《战火中诞生的人民日报》,人民日报出版社 2008 年版,第 94—101、104—114 页。

② 钱江:《战火中诞生的人民日报》,人民日报出版社 2008 年版,第 104—105 页。

③ 叶青青:《从农村办报走向城市办报:共执政初期的党报新闻制度构建——以〈人民日报〉为例(1948—1953)》,2011 年复旦大学博士学位论文,第 55—56 页。

④ 根据丁剑华回忆,在当时上海还没有一所新闻学院。有的只是民治新闻专科学校和中国新闻专科学校,以及江湾路上海法学院的新闻专修班。

闻学校校长,新中国成立以后上海《解放日报》社社长恽逸群接受了筹办新闻学院的任务。他提出,上海不仅是全国最大的工商业城市,而且是全国的新闻中心。上海一解放,就要立即着手招收一批受过高等新闻教育或有大学文化水平、曾经从事过新闻工作的知识分子,进行短期政治学习,树立为人民服务的观念,分配去华东和全国各地从事新闻工作。1949 年 7 月,华东新闻学院正式成立。恽逸群成为该学院第一任院长,王中任教务长。后华东新闻学院院长改由华东军政委员会新闻出版局副局长张春桥接任。王中后来调任复旦大学任新闻系主任,华东新闻学院不再设教务长。1951 年冬,华东新闻学院宣告结束。

对中共来说,华东新闻学院并不是一个全新的机构。它的存在,参照了前文所提及的中共的新闻短训班模式,正如华东新闻学院教务处副主任余家宏所言,华东新闻学院的办学目的是"出人才",办学方法是"短、平、快"。① 与此同时,它也是适应 1949 年新局面的新产物。除了保留培养新式新闻干部这个目标之外,还加上了改造旧有报业人员,将其清除出新闻岗位的作用。

院长恽逸群提到的"受过高等新闻教育或有大学文化水平、曾经从事过新闻工作的知识分子",在进入华东新闻学院之后,其实是进入了不同的班次和不同的学习训练系统,他们将来的出路也各不相同。这一点,该学院刊登在 7 月初的《解放日报》上的招生简章写得很清楚:"招考学员分甲、乙两种,甲种:年龄自廿岁至廿五岁,大学毕业或新闻系三年级以上,或正式新闻专科学校毕业,或具有同等学力者;乙种:年龄自廿三至卅岁,大学毕业或具有同等学力,曾任新闻工作两年以上者"。招生宗旨为"在短时期树立为人民服务的基本观念,为新民主主义新闻事业工作"。经考试后于 7 月 19 日发榜(名单刊登于《解放日报》),共录取讲习班学员 548 人②,分 5 个班进行学习,每班均有政治辅导员,由来自解放区的新闻干部担任。

当时讲授课程主要是:国内外形势、辩证唯物主义、新人生观、中国革命问题、新闻业务与政策等。授课教师有:冯定、黎玉、刘瑞龙、徐畲、范长江(著名记者)、恽逸群、金仲华、胡曲园、胡风、张明养、王芸生(上海《大公报》总编辑)、王

---

① 余家宏:《目标:出人才;方法:短、平、快——华东新闻学院专修科办学方法的回顾》,载《华东新闻学院纪念文集》,上海社会科学院出版社 1999 年版,第 9—10 页。

② 华东新闻学院讲习班学员分班名单(按照原学院花名册摘录)引自华东新闻学院纪念文集委员会:《华东新闻学院纪念文集》,上海社会科学院出版社 1999 年版,第 21—24 页;通讯录中华东新闻学院简史部分统计数字为 540 人。

中(本院教务长,后任复旦大学新闻系主任)、顾执中(民治新闻专科学校校长)等人。

讲习班学员系供给制待遇,一般皆住读,睡地铺,过集体生活。学习期限原定 5 个月,后因工作需要,1949 年 11 月即全部结业。因系干部短期培训性质,分配工作随形势发展与工作需要而定。1949 年 12 月,继讲习班之后,华东新闻学院又举办了专修科与研究班。

专修科的学员,主要来自随军南下分配尚未分配工作的原济南新闻学校部分年轻学员、讲习班中极少数年纪很轻、业务上尚待提高的学员,以及原中国新闻专科学校部分年轻学生三个方面,共 68 人。教务处副主任余家宏任班主任,徐学明任政治辅导员。主要讲授政治时事与文化、新闻业务等课程。1950 年 6 月,专修科奉命结束。7 月,除个别学员外,其他人全部进入华东革命大学,去皖北参加土改后分配工作。可以说,这个班基本是讲习班的继续。

研究班是根据"包下来"的政策,为适应接管后对旧新闻单位的某些人员组织学习、提高认识的需要而设立的。参加学习的主要是旧上海原有各报编采人员、管理人员及少数职工,共有 267 人。① 研究班分 4 个班进行学习,各班均有辅导员,由教务长王中亲自领导,夏培根为秘书。学习课程主要是:国内外形势、社会发展史与各种政策讲座。

根据对原华东新闻学院学员的访谈和部分学员的回忆录②,结合华东新闻学院简史③,大概可知这三个班级的学生来源和分配去向差异。讲习班基本来自于受教育程度相对不高、政治履历单纯的青年学生和社会青年,专修班学员则是随军南下的原济南新闻学校、中国新闻专科学校的年轻学员和部分讲习班成员。研究班主要是针对旧有报纸成员。讲习班的绝大部分成员都可以视作新政治权力结构中的"新型行动者",也正是后来中共新闻干部当中新鲜血液的

---

① 华东新闻学院研究班学员名单(1949 年 12 月至 1950 年 8 月)引自华东新闻学院纪念文集委员会:《华东新闻学院纪念文集》,上海社会科学院出版社 1999 年版。

② 陈之平:《回顾"华东新闻学院"讲习班》,《嘉定文史》第 15 辑,第 92 页;丁剑华:《忆华东新闻学院》,《文史苑》第 2 辑,第 83 页。2012 年 10 月 9 日,原华东新闻学院讲习班学员、原复旦大学新闻系教师、现复旦大学图书馆离休干部曹宠先生的访谈、2012 年 10 月 21 日原华东新闻学院研究班学员、原《大众夜报》记者、现上海黄浦区房管局离休干部秦源昌的访谈,以及《华东新闻学院纪念文集》所录的余家宏、徐学明、储玉坤、黄鸿森等人的回忆文章。

③ 华东新闻学院纪念文集委员会:《华东新闻学院纪念文集》,上海社会科学院出版社 1999 年版;《华东新闻学院讲习班学员通讯录》(未出版)。

主要成分;而研究班成员则是逐渐淡出新闻行业的被改造的"旧有行动者"。

　　根据通讯录中提及的讲习班人员(仅仅统计两百多人的去向,接近当年讲习班总人数的一半左右,且是尚健在的学员)的分配情形可知:去向为北京新华社各部门的讲习班学员包括王理、戴静之、张文硕、沈毓强等共14人,分配至人民日报社各部门的包括马鹤清、吴培华、叶幼琴等7人,分配至上海《解放日报》社、新华社上海分社的有6人,其余的大多去往国家各部委、高等院校、各地市党报、出版社等文化教育机构。[①] 当时分配到这些部门和机构的人数,应该远多于此数字。

　　讲习班学员黄鸿森在回忆录中提到,1949年11月从华东新闻学院结业后,他"随同四五十位学员分配到了北京新华总社"[②]。通讯录上的名单之所以不完整,既是由于部分人员已经离世,更是因为后来又有相当部分的人在历次政治运动中离开了新闻岗位。讲习班的学员中还有大量学员进入了陕西(如陕西日报社、陕西人民广播电台),宁夏(宁夏人民广播电台)、甘肃(甘肃日报社、甘肃人民广播电台)、广西(广西日报社、广西人民广播电台)、福建(福建日报社)、河南(河南日报社)等地区的新闻机构。[③] 当然,他们当中也有相当一部分,后来从事的是和新闻行业无关的职业,如在1950年参加土改的一部分学员(主要是专修科学员)[④]和参加入朝作战的部分学员。[⑤]

　　研究班情况大为不同。根据原研究班成员秦源昌的回忆,在考入华东新闻学院的前几年,他是在《大众夜报》工作,负责经济报道。他的一个同事黄鸿森动员他去报考华东新闻学院。后来,他与黄鸿森都被录取,一个在研究班,一个在讲习班。从华东新闻学院讲习班毕业后,黄鸿森被分配到北京新华社总社工作,再后来去了中国大百科全书出版社。同是旧有报人,为何秦去了研究班,黄

---

　　① 《华东新闻学院讲习班学员通讯录》(未出版)。

　　② 黄鸿森:《为〈中共大百科全书〉奉献余热》,载《华东新闻学院纪念文集》,上海社会科学院出版社1999年版,第359页。

　　③ 引自2012年10月21日对秦源昌的访谈。

　　④ 上海近郊土改始于1959年秋冬,12月中旬与华东土改一并全面展开,计划3个月完成。参杨奎松:《上海镇反运动的历史考察》,载《中华人民共和国建国史研究》,江西人民出版社2010年版,第228页。

　　⑤ 余家宏:《目标:出人才;方法:短、平、快——华东新闻学院专修科办学方法的回顾》,载《华东新闻学院纪念文集》,上海社会科学院出版社1999年版,第9—10页,以及2012年10月9日对曹宠作为朝鲜战场战地摄影记者的经历的访谈。

去了讲习班？按照秦源昌的回忆,可能是因为黄鸿森是中共地下党员。在旧报人里,也有为数很少的一部分人,从华东新闻学院毕业后,仍然留在新闻岗位,这样的人一般都有中共地下党员的身份。至于华东新闻学院研究班究竟是做什么的,秦源昌认为,"我们到华东新闻学院学习,说到底就是思想改造。在华东新闻学院,(研究班)不是研究新闻问题的"。①

秦源昌认为,"在华东新闻学院学习,大家的思想都搞通了,知道服从组织分配"。据秦回忆,从研究班毕业后,还回到新闻岗位上的,基本没有,除非新中国成立前在报社就是地下党的。从研究班出来、还回到原来报社的,印象中更是没有。毕业后,倒是有很多人去北京从事图书编撰等工作,比如说图书公司、出版社之类。他回忆起自己被分配的情形:"学到后面,快要分配了,大家还得先考试。考完试,就等待分配。那时候有单位来招生,不是谁想去报考就可以去报考的,需要经过大家的民主推荐。而且,正好赶上上海最困难时期,3个人的饭5个人吃。毕业没工作可分,只好等着。每天学校是要去的,但迟迟没有工作的消息。有一天,他在北四川路(今四川北路)家里吃饭,有个同学来叫我,告诉我,上海军事管制委员会下属房屋管理处是个新设机构,他们的人事处处长黄金萍当天下午要到华东新闻学院招人,可以报名,马上面试。房管处肯定是管房子的,我当时想,有工作做就好,于是到学校报了名。下午口试,轮到我最后一个。面试完毕,我看见大本子上打了个五角星,应该是录用的意思,不过,当时不晓得罢。没几天就通知录取了,房管处在华东新闻学院只录用了7个人。对于我们这些新生血液,房管处很看重,认为我们是经过思想改造的积极分子,比起国民党时代留下来的旧人更进步。"②像秦源昌这样被分配到和新闻岗位毫不相关的位子上的人还有很多。③

正如访谈所证实的那样,大多数研究班的学员都没能再回到新闻岗位上去。当然也有例外情况。例如,讲习班的学员、后来在《文汇报》工作几十年的编辑、作家徐开垒,曾是1938年《文汇报》创刊时期和1945年抗战胜利《文汇报》复刊以后的副刊编辑。1949年9月15日,他听从安排,调至《文汇报》担任编辑,重点负责文教新闻。从报社岗位来,回到报社岗位去,徐开垒应该是华东

---

① 根据2012年10月21日在秦源昌家中的访谈整理。
② 根据2012年10月21日对秦源昌的访谈整理。
③ 《华东新闻学院讲习班学员通讯录》(未出版)。

新闻学院中从"民间报人"转变为"党的干部"的一个极少数的典型例子。①

中共对待两者的不同态度，可以从两处细节看出来。一个细节是，1999 年华东新闻学院编辑的纪念文集中，用相当大的篇幅汇集了当年部分学员的回忆录。作者主体基本是讲习班学员，而研究班学员的回忆文章却很少；另一个细节是中共刊发的一则关于该学院学员工龄待遇计算方法的文件："华东新闻学院在新中国成立前举办'讲习班''专修科'的学员，凡原非我在职工作人员，学习后即分配干部工作的，其参加工作时间即从入校之日算起，其中一部分随军南下的济南新闻干校学员，可从入济南新闻干校之日算起。"这条批复被中共上海市委组织部刊登在《上海组工通讯》1984 年第 4 期上，并函告各省、市、自治区党委组织部。②可见，这群"新型的行动者"是被作为党的新式新闻干部加以重视和使用的，而对来自研究班的学员，则基本采用了使其离开新闻岗位的做法。

三、思想改造：仪式性的表演

既有的对中共知识分子在新中国成立以后的工具化进程的研究认为，中国知识分子工具化是在 1957 年之后真正开始成形并在以后的历次政治运动中得以确立和巩固的，这个过程直到 1989 年之后才发生逆转，而 1949 年的思想改造运动本身并没有达到真正使大多数的知识分子真心认同自身的政治工具角色的效果③。冯筱才教授对 1956 年以后中共对资产阶级工商业知识分子的研究则表明：为了完成思想改造的任务，工商界人士被卷入频繁的政治学习运动。在这种政治学习过程中，仪式则成为一种强制的合法性认同的机制。当政治学习与教育仪式化之后，究竟受教育者是否能从内心接受说教便不再重要，过程中的表态比内心认同更受当局重视。通过这种表态，中共能够建立一套强制性

---

① 徐开垒：《半世纪跋涉的起点》，载《华东新闻学院纪念文集》，上海社会科学院出版社 1999 年版，第 223 页。

② 参见中共中央组织部 1984 年 2 月 21 日以"【84】老干二字第 5 号文件"对中共上海市委组织部的批复。华东新闻学院纪念文集委员会编：《华东新闻学院纪念文集》，上海社会科学院出版社 1999 年版，第 30 页。

③ 魏承思：《共产党中国知识分子的工具化——上海知识分子群体的社会学研究：1949—1978》，2001 年香港中文大学博士学位论文，第 3 页。

认同,并进而将其统治及政策合法化。①

既然如此,那么 1949 年到 1952 年这一段思想改造,其目的为何？如果思想改造的目的真的是将人改造之后重新使用的话,那么为何这些被改造的人作为新闻工作者最终还是消失了？如果结果是消失了,那改造的意义何在？

在新闻业改造过程中,有一个重要的方面,那就是思想改造。这个改造过程几乎卷入了涉及不同领域的各类知识分子,新闻业知识分子只是其中的一类。

学术界关于思想改造的文献中,相当多的研究将该运动开展的时间定于1951 年秋。② 其标志性事件是 1951 年 9 月以马寅初领衔的北京大学 12 名教授响应中共中央的号召在北京大学教师中开展政治学习运动。作为响应,周恩来于当年 9 月 29 日在京津地区高校教师学习会上做了《关于知识分子的改造问题》的报告,将北大的经验推广至京津高校,并最终推广至全国范围的高校。至此,政府主导的有组织、有计划的全国性知识分子思想改造运动才如火如荼地开展起来。③ 崔晓麟认为,还应该将 1952 年的院系调整列入思想改造运动的一部分,因为院系调整是知识分子思想改造的基本动因。只有实现了院系调整,才能保证实现中共提出的转变知识分子立场、使其服务于新中国工业化建设的目的。中共对知识分子的态度受到时事的影响:在新中国成立之初,美国发表白皮书宣称扶植第三种力量来推翻中共领导的新政权;中共"一边倒"的外交政策引发了亲美反苏者的不满,引发了知识分子阶层内部的分歧并导致了 1950年高教改革的流产。在此种情形之下,知识分子思想改造运动要产生的效果可以归结为以下几个方面:一是将思想改造与社会实践运动(如土改和抗美援朝战争)相结合以增进知识分子阶层的政治认同;二是将思想改造与思想批判运动(如电影《武训传》的批判)相结合,以增进其思想认同;三是将思想改造运动

---

① 冯筱才:《身份、仪式与政治:1956 年后中共对资本家的思想改造》,《华东师范大学学报》(哲学社会科学版)2012 年第 1 期。

② 对此学界也有不同的看法,认为该运动实际从 1949 年上半年就已经开始了,其标志是进行马列主义思想学习以肃清欧美文化侵略,并巩固对新政权的认同,此为思想改造运动的第一阶段;第二阶段是 1951 年 5 月到 1951 年 8 月,以批判《武训传》为标志;第三阶段是1951 年 9 月到 1952 年 6 月,此为知识分子思想改造阶段。参见孙丹:《建国初期知识分子思想改造运动研究述评》,《当代中国史研究》2008 年第 3 期,第 89—96、92 页。

③ 谢涛:《1990 年代以来关于建国初知识分子思想改造运动研究综述》,《党史研究与教学》2002 年第 5 期。

与忠诚老实运动相结合,以增进知识分子阶层的组织认同。①

新闻业思想改造运动与其他类别知识分子思想改造的过程、步骤有所不同。如果说高校院系调整作为高等院校一项重大的组织和人事变动,成为高校知识分子思想改造运动的终点的话,那么从某种意义上来讲,新闻业的改革在步骤上刚好相反。与 1952 年 9 月高校院系调整顺利结束进行对比可以看出来,新闻界知识分子改造启动的时间比较晚。如果以上海新闻业的改造来看,可以知道其开始改造的确切时间是 1952 年 8 月 21 日(参见《解放日报》、《大公报》当时的报道,这已经是高校院系调整、知识分子思想改造接近收尾的时候)。而在此之前,新闻界还是高校知识分子思想改造大批判的展台和战场。② 但是,在思想改造尚未进行之前的新闻界,已经在组织和人事上完成了一次相当大的调整。在这样的调整之后,新闻界的思想改造更多地具有仪式的意味。

上海新闻界整风运动于 1952 年 8 月 21 日正式开始。③ 在《上海新闻界思想改造学习计划(草案)》中明确规定了新闻业思想改造的要求:以检查与批判新闻工作中的资产阶级思想作风,树立工人阶级思想的领导地位,在提高思想

---

① 崔晓麟:《重塑与思考——1951 年前后高校知识分子思想改造运动研究》,中共党史出版社 2005 年版,第 100—170 页。

② 1952 年 8 月间,为配合宣传上海地区高校院系调整运动,《大公报》大肆刊登著名高校知识分子的自白书。如:8 月 12 日第二版刊登震旦大学理工学院院长金同尹的自白文章《拥护院系调整方案做好院系调整工作》,批判自己"主要错误思想几乎无一例外是个人主义……";8 月 19 日第二版刊登上海医学院教务长徐丰彦《检查"清高"、保守思想给我工作中的危害》,批判自己"从个人兴趣出发,进行脱离实际的研究,用英文发表许多论文";8 月 28 日第二版刊登上海市圣约翰大学教授潘世兹的《我的初步思想批判》,批判自己"宗派主义,感情用事,搞小圈子","名利地位思想严重";9 月 1 日第二版刊登上海工专校长周玉坤的《清算我的买办思想》一文;9 月 2 日第三版刊登三篇自我批判的文章,分别为交通大学机械系教授沈三多《我初步认清造成教学工作错误的思想根源》,上海工专教授黄蕴元《批判我自私自利向上爬的思想》,同济大学土木系教授吴之翰《名利思想支配了我的大半生》。与《大公报》集中刊登高校知识分子的批判不同,《文汇报》主要刊载的是中学教师的思想改造。7 月 30 日第三版刊登南阳师范中学历史教师沈起炜《我初步树立了一切为祖国的思想》,用近四分之三的报纸版面,在批判了自己过去的旧思想后,表明要"认真进行思想改造,为办好人民教育事业而斗争"。同日第六版刊载了署名"吉林"的《检查我错误的学习观点和态度》。7 月 23 日第三版刊登五爱中学校长李象泽的《检查我的超阶级、超政治思想》,以配合正在开展的中学教师思想改造运动。

③ 《上海新闻界思想改造运动学习计划(草案)》,上海市档案馆 A[22-1-47];《市委宣传部关于上海新闻界思想改造总结》,上海市档案馆 A[22-1-47]。

觉悟的基础上,联系检查贪污、浪费、官僚主义,以改进与提高工作。至于这次思想改造的时间,原来的想法是"估计一个月至四十天全部完毕"。计划草案拟定了一个十七人的负责人名单,王芸生、徐铸成等各大私营报纸的头面人物都位列其中。① 这个计划草案中有很关键的一条,事关这次改造的底线,这个条款即是确保几位主要的民主人士过关:"负责人中的民主人士应坚决保护过关。对严宝礼这样的资方,或资方代理人,不进行'五反'。"对于这次改造的打击重点对象和打击程度,也有相当明确的规定:"思想改造学习以编辑部为重心,再去推动经理部;工场不搞,⋯⋯注意团结绝大多数,打击极少数,适可而止"。② 到任不久的上海市委宣传部部长谷牧在思想改造学习动员会上做了长篇动员报告,指出此次改造的根本任务,是将报纸变成"马克思列宁主义以及毛泽东思想的旗手",使之"更好地成为整个革命机器中的一个组成部分"。报告认为此次思想改造就是为"肃清资产阶级办报思想",并由此而开展"批评与自我批评"。③

这次新闻界的思想改造在文艺界整风运动进行到晚期的时候才开始进行。而在上海报业内部,也只有《新闻日报》、《大公报》、《文汇报》、《新民报》和《亦报》等五家私营报纸是进行思想改造的对象。中共上海市委宣传部明确指出,《解放日报》、上海人民广播电台等机构,已经进行过"三反"、"五反",因而不在此次报业思想改造的对象之列。

与此前不久在上海进行的"三反"、"五反"不同,中共对新闻界的思想改造,无论在对象圈定上,还是改造效果底线的厘清上,都显得宽松许多。因而思想改造所依托的开会和写检查汇报、思想总结等环节,也就更多带有表演性和仪式性的特征。这种表演,尤其针对的是报纸的上层从业人员。

与上层报人相比,中下层报人在各种会议上对改造的抵触比较直接。甚至有极端者,直接在思想改造会议上发泄不满:"×的,我参加过文艺整风,为什么还要参加思想改造?"④还有的人干脆在思想改造会议上开小差,磨洋工。这样的表现也被记录了下来,如"马赓伯在金(仲华)报告时还拿出显微镜来玩,毛益

---

① 《上海新闻界思想改造学习计划(草案)》,上海市档案馆[A22-1-47]:7。

② 《上海新闻界思想改造学习计划(草案)》,上海市档案馆[A22-1-47]:8。

③ 《谷牧同志在上海新闻思想改造学习动员大会上的讲话》,上海市档案馆[A22-1-47]。

④ 《联络员汇报会议记录》,上海市档案馆[A22-1-1551]:1-2。

平打瞌睡,会场气氛很轻松"。① 在《漫谈讨论中发现的问题》的记录中,有这样一条,有人在为自己的采访编辑技术作辩护时这样说:"毛主席《在延安文艺座谈会上的讲话》中曾说到可以批判吸收封建文艺,那么现在我们是不是可以批判接受资产阶级办报技术(如广告套红色,排大字标题等)?"②当时的记录认为"工作人员中极端民主、自由散漫的作风也很严重。镇反前主张无领导的民主,许多编辑、记者组成集团,出版墙报。专门攻击领导,对某些行政措施不满时,就发动签名运动,以为对抗,对领导上的说明教育,认为是压制民主;对任何行政措施,不经群众讨论,就拒绝执行。……编辑部的工会活动一直展不开,学习难坚持,政治空气淡薄,旧思想、旧作风很浓重,不断在俘虏人,当初尚有人以'无党无派'为荣,公开宣扬超阶级、超政治的论调……视'活动分子'为阴谋家,劝人'避而远之'。"③

与中下层的新闻从业者相比,各报纸的大人物虽然也被列为改造对象,开会时对其大加批评,但是这种批评最终并未造成对大人物们实际性的损害。当时的会议记录留下了大量关于报业上层人士会上的表现。

《新闻日报》的编辑人士刘思慕,被认为在思想改造学习会上常常采用阳奉阴违的策略,当时的记录者认为其往往借口"不误生产","在支委开会还没有把问题谈透时,就要求散会去看稿子,如是者数次。而且现在他每天仍然拼命写稿,撑起'学习生活'和'每日读报'的门面,对思想改造不无影响"。④

《文汇报》的总主笔徐铸成则是"重生产而轻视学习领导,分会提出'学习生产两不误',说九月份各校开学,是推广文汇报的'旺月',要各业务组连夜赶出总结,并且提出不仅要维持生产,而且要提高生产……在这种主导思想支配下面,迫使各学习组订出的公约是'工作、学习十一小时(工作仍然是八小时,再加学习三小时),支会形成无领导状态,严重影响了学习的开展,使思想改造和生产主次不分"。⑤

而对于《大公报》的王芸生,当时的思想改造文件则有这样的描述:一方面,

---

① 《对各报领导同志检查报告的反应》,《思想界改造情况(十八)》,上海市档案馆[A22-1-1551]:123。
② 《思想界改造情况(十七)》,上海市档案馆[A22-2-1551]:115。
③ 《上海各报中的资产阶级思想影响》,上海市档案馆 A[22-2-1551]:5。
④ 《新闻界思想改造情况(六)》,上海市档案馆[A22-2-1551]:45。
⑤ 《新闻界思想改造情况(六)》,上海市档案馆[A22-2-1551]:45。

"王(芸生)也很积极地每天下午满身大汗地按时赶来学习(大公报上午休息),他在小组中,一面暴露,一面批判",承认自己的问题除了在《我到解放区来》和《大公报新生宣言》中已经批判过的东西之外,还有"进行再批判的必要"①,但是一说到具体的问题,又无法坐实。这种做法,为后来历次政治运动中的王芸生所采用。他对一切批判会、声讨会、斗争会中一切提到《大公报》的人和事,"都采取大包大揽的态度"。

王芸生是作为张季鸾的继承人来主持《大公报》的笔政。新中国成立以前,他是写社评的高手,《大公报》因为他写的社评而巩固了作为中国民营报纸"龙头老大"的地位。然而,在思想改造期间,思想工作汇报对他写社论的情况是这样总结记录的:"……近来不能维持每天一篇的社评了,就索性不写。有了应该写社评的新闻,也偷懒不写。到非有社评配合不可的时候就又摆出空架子,写空洞无物的文章"。②

《文汇报》管理委员会副主任兼总经理严宝礼以"拖延"的方式面对那些强烈要求他进行思想检查的人:"在经理部进入检查阶段时,要他作检查报告,推动大家,他表示很愿意,但在准备时一再拖延。在互助小组中,他对大家提的意见,表面上很镇静,未表示抗拒;但只笼统地接受,对一些具体意见不接受,加以辩护。他不承认他的投机性,他强调办报的效果,他不愿意否定他的进步包袱。……一般认为他检查得不深刻,不虚心,对大家提的意见逐条强辩。"③这种抵触情绪,引起部分党员的强烈不满。即使如此,严宝礼在私下上交了《文汇报》股权之后,也在思想改造中顺利过关。④

阅读上海新闻界思想改造会议的记录,王芸生、徐铸成的思想汇报在档案中有着明确的标识,告知查阅档案者哪些是作者的原文,哪些是修改过的句子。对比两个版本,发现修改后的版本明显比作者的原本更加"上纲上线"。从反复的改动和用词的斟酌来看,这些思想检查应该不是一次两次缮写的,而思想改造的会议记录也说明了王和徐等人是参加了多次改造会议之后才顺利过关。

王芸生在弥留之际为早年这些检讨翻过案是一回事⑤,但是当时思想改造

---

① 《新闻界思想改造情况(七)》,上海市档案馆[A22-2-1551]:50。
② 《新闻界思想改造情况(十七)》,上海市档案馆[A22-2-1551]:115。
③ 《新闻界思想改造情况(六)》,上海市档案馆[A22-2-1551]:43。
④ 《姚溱在严宝礼致陈虞孙信上的批示》,A[22-2-1545]:41—44。
⑤ 王芝琛:《一代报人王芸生》,长江文艺出版社 2004 年版,第 250 页。

的重点恐怕不在于他们是否是真心信服了党的一套新闻观念,是否真心彻底改造了自己的"资产阶级新闻观",而在于这种政治表现是否为自己换来了一个相对较为安全的人生处境。而对中共来说,重点则在于在这样一种仪式化的政治运动之中,自己的政治权威是否已经得以树立。

后来的情况表明,这次花费了两个多月时间完成的基本改造,正如中共政策制定时的规定:"民主人士人人过关。"如果说,其他的人文知识分子在1952年前后的改造中面临的仅仅是初步的规训,要直到1957年之后才表现出全面臣服的话,那么,新闻界的大多数从业者则多数早在1952年就从新闻行业消失了,剩下的仅仅是作为符号意义存在的"出头鸟",如王芸生、徐铸成等民间大报的头面人物。

四、结　语

新闻史研究有一个观点认为,新闻界思想改造的普遍开展是在1952年,而大多数知识分子也正是从这个时候开始被改变命运的。与其他行业和领域的知识分子相比,新闻界知识分子的思想改造是比较后期时才开始的。在这个改造开始之前,已经有很多的旧有新闻从业人员被驱逐出新闻业;在这个改造进行之中,"枪不打出头鸟",重要的民主人士都在政策保护下平安过关。同时,对中下层的新闻从业人员采取了严厉态度,并将其投入下一轮的组织人事清洗之中。

中国共产党对知识分子的改造一直都在进行中,1952年对新闻业的改造既不立足于其起点,也不是其终点。1952年以后,还有大量新闻界知识分子被斗争、被流放,但他们当中相当一部分早在1949年时就已经被清理出局。在这一轮的改造中保住了自己的报纸并"过关"的私营大报昔日知名报人,在接下来的1957年和"文革"风暴袭来时,并未能逃离厄运。20世纪50年代初期对待他们的相对温和的方式,类似于仪式的"思想改造"与"思想检查",与后来的改造情形相比,都显得太过温和与轻描淡写。

这场相对轻描淡写的思想改造的目的,并不在于像中共所宣称的那样,是为了"检查与批判新闻工作中的资产阶级的思想作风,树立工人阶级思想领导,在思想提高的基础上,联系到检查贪污、浪费、官僚主义,以改进和提高工作"(这种说法的潜台词是保留报人,就地改造,重新使用),而更多的是配合组织清

75

新闻生产与新闻工作者

洗的仪式表演策略。无论是被保护的不被枪打的出头鸟,还是被清理的小人物,这种仪式策略虽然是在强制的语境下进行的重复参与的集体行为,但在这场表演之后,后来的思想改造则更相对减少了仪式性的特征,而增加了强制性的成分。

(感谢华东师范大学历史系冯筱才教授、上海社会科学院新闻所白红义助理研究员和上海《文汇报》要闻部编辑傅鑫鑫女士提供的帮助。)

参考文献

[1] 钱江.战火中诞生的人民日报[M].北京:人民日报出版社,2008.

[2] 王芝琛.一代报人王芸生[M].武汉:长江文艺出版社,2004.

[3] 华东新闻学院纪念文集委员会.华东新闻学院纪念文集[M].上海:上海社会科学院出版社,1999.

[4]《华东新闻学院讲习班学员通讯录》(未公开出版)。

[5] 魏承思.共产党中国知识分子的工具化——上海知识分子群体的社会学研究:1949—1978[D].香港中文大学博士学位论文,2001.

[6] 叶青青.从农村办报走向城市办报:中共执政初期的党报新闻制度构建——以《人民日报》为例[D].复旦大学博士学位论文,2011.

[7] 冯筱才.身份、仪式与政治:1956年后中共对资本家的思想改造[J].华东师范大学学报(哲学社会科学版),2012(1):32—38.

[8] 杨奎松.上海镇反运动的历史考察.中华人民共和国建国史研究[M].南昌:江西人民出版社,2010:228.

[9] 黄旦."新型记者":延安《解放日报》时期的编辑部[C].第二届中国近现代报刊的自由理念与实践研讨会,2009.

[10] 贺碧霄.建国初期私营报业从业者的整编与改造——以上海两所新闻学校为中心(1949—1953)[J].新闻记者,2012(4):81—88.

[11] 上海新闻界思想改造运动学习计划(草案).上海市档案馆:A[22-1-47].

[12] 市委宣传部关于上海新闻界思想改造总结.上海市档案馆:A[22-1-47].

[13] 思想改造学习计划(草案).上海市档案馆:[A22-1-47]:7.

[14] 谷牧同志在上海新闻界思想改造学习动员大会上的讲话.上海市档案馆[A22-1-47].

[15] 联络员汇报会议记录.上海市档案馆[A22-1-1551]:1—2.

[16] 新闻界思想改造情况(六).上海市档案馆:[A22-2-1551]:45.

[17] 新闻界思想改造情况(七).上海市档案馆:[A22-2-1551]:50.

［18］思想界改造情况（十七）.上海市档案馆［A22-2-1551］:115.

［19］对各报领导同志检查报告的反应.思想界改造情况（十八）.上海市档案馆［A22-1-1551］:123.

［20］上海各报工作中的资产阶级思想影响.上海市档案馆［A22-2-1551］:5.

［21］上海各报中的资产阶级思想影响.上海市档案馆:A［22-2-1551］:5.

［22］姚溱在严宝礼致陈虞孙信上的批示.上海市档案馆:A［22-2-1545］:41—44.

数 字 未 来 与 媒 介 社 会 2013 2

新 闻 话 语 与 形 象 建 构

"富二代"、"官二代"媒介话语建构的共振与差异(2004—2012)①

张 洁②

【摘 要】 "富二代"和"官二代"(下文简称"×二代")既是近年来公共空间中充满想象和情绪的话语符号,又指向社会中承袭财富和权力的真实群体或个人,同时也映射出资源分配、阶层流动、公平正义等重大现实问题。本文以社会建构主义为研究视角,将 2004—2012 年有关两者的媒介话语进行比较分析,发现:从共性看,两者的造词方式和报道模式相互呼应,报道内容都有符号化和标签化特征,报道主角与社会真实群体相比趋于边缘化和年轻化。从差异看,媒介对"富二代"的报道主题较为多样,而对"官二代"的负面评价更加突出,"富二代"污名在某种程度上得到了消解,而"官二代"的污名却很难去除。本文还从新闻生产、污名化、道德恐慌等理论角度分析了造成上述异同的社会政治文化原因。

【关键词】 "×二代" 社会建构 污名化 标签效应

Similarities and Differences of the Media Discourse Construction of "The Rich Second Generation" and "The Officer Second Generation"

Zhang Jie

Abstract: In recent years, the rich second generation and the officer second generation (short for "X second generation" in the paper) are discourse

新闻话语与形象建构

---

① 本文为中山大学文科青年教师培育项目"'×二代'现象的媒介话语建构与变迁(2004—2012)"(项目编号:17000-3161121)及中山大学 985 工程"全媒体时代的新闻传播创新基地"(项目编号:900273284200)的研究成果。

② 张洁,中山大学传播与设计学院讲师。

symbols filled with imagination and emotions in public space. They not only represent real groups or individuals who inherit wealth and power in society, but also reflect some major realistic problems such as resource distribution, social class mobility as well as fairness and justice. From the prospective of social constructivism, this paper compares and analyzes the media discourses concerning these two phenomena from the year 2004 to 2012 and finds that there are both similarities and differences between these discourses. With respect to similarities, the ways of word formation and the report patterns of these two correspond closely. Symbolization and labelling effect exist in both kinds of the reports. And the protagonists of the reports tend to be younger and more marginal compared with the social groups in reality. In regard to the differences, it is found that report themes of the rich second generation are more diverse while negative remarks are more prominent in the media for the officer second generation. The stigma of the rich second generation has been reduced to some extent; however, the stigma of the officer second generation is very difficult to remove. In addition, this paper also analyzes the social, political and culture factors giving rise to the similarities and differences discussed above using the theories of news production, stigmatization and moral panic.

Keywords: "X second generation"; social construction; stigmatization; labelling effect

　　"×二代"既是近年来公共空间中充满想象和情绪的话语符号,又指向社会中承袭财富和权力的真实群体或个人,同时也映射出资源分配、阶层流动、公平正义等重大社会问题。从社会建构主义的角度看,"×二代"并不是一种固定不变的外部世界客观存在,它是一种被建构的社会现实,是一种"虚拟的社会身份"(virtual social identity)。① 该话语之所以与各种公共议题产生勾连,既有其深厚的现实基础,又存在于媒体及其他社会行动者主动赋予的意义之中。研究这一媒介话语的原初意涵、演变路径及其背后的社会互动状况,有助于我们了

---

　　① 欧文·戈夫曼:《污名——受损身份管理札记》,商务印书馆 2009 年版,第 3 页。

数字
未来与媒介
社会 2013 2

解群体形象的社会建构过程,管窥媒介话语所反映的社会现实问题并把握社会舆论变化的动态规律。

一、文献回顾与问题提出

(一)媒介话语建构

从"社会建构"的观念来看,所谓的"现实"是人们根据自己的解释和有意识或者无意识的认知行为再生产出来的。[①] 传播学领域"建构主义"研究的重点在于,"分析媒介如何将各种符号、意义、政治议题及文化因素通过小到遣词造句,大到选题、确定编辑方针等方式组合建造成一个有机的整体。"[②]

社会群体形象的建构是国内外传播建构主义研究的重点,其中污名化(stigmatization)和道德恐慌(moral panic)是常用的两种理论工具。社会学家埃利亚斯首先提出了"污名化"概念,即一个群体将人性的低劣强加在另一个群体之上并加以维持的过程。[③] 污名研究表明,被污名的程度完全视社会、经济和政治权力的可得性而定,劣势群体因其在上述条件中的弱势地位,而被主流群体"毁誉",从而被歧视、丧失地位。传统的污名理论在新媒体环境下受到了现实的挑战,"×二代"是一类具有优势社会资源的群体,在不断寻求突破的媒体和获得了网络赋权的公众面前被一再"污名化",甚至被塑造为道德恐慌中的"民间恶魔"(folk devil)。

《关键概念》一书认为,道德恐慌是"一个凸显社会反应及控制、大众媒介与某些异端行为等种种势力相互作用之过程的重要概念"。[④] 景军指出,"集体道德恐慌是公众对其愤怒对象的标签化过程。愤怒的公众不但将某些群体定义为有道德问题并对社会有威胁的群体,而且预言这个群体在将来对社会可能造

---

① 彼得·伯格、托马斯·卢克曼:《现实的社会构建》,汪涌译,北京大学出版社 2009 年版。

② 邱林川:《多重现实:美国三大报对李文和的定型与争辩》,《新闻与传播研究》2002 年第 1 期。

③ 李红涛、乔同舟:《污名化与贴标签:农民工群体的媒介形象》,《二十一世纪》2005 年 7 月号,总第 40 期。

④ 约翰·费斯克等编撰,李彬译注:《关键概念:传播与文化研究辞典》,新华出版社 2004 年版,第 170 页。

成更大的危害。"①笔者认为,从研究角度上,污名化和标签理论分析了贴标签者的动机和策略,关注污名的内涵以及污名对被标识者心理行为产生的影响;而道德恐慌理论则提供了一个"主体—过程"的交叉视角,试图分析社会多个主体如何互动,共同生产道德恐慌,以及仇视、共识形成、升级、挥发到产生社会遗产的过程。

(二)"×二代"现象研究

2009年下半年,研究者开始从社会学、政治学、犯罪学等角度解读"×二代"现象。2010年下半年至今,"×二代"媒介形象研究成为一个热点,已有15篇相关论文发表。张莹以"李刚门"事件为例,认为媒体报道框架与深层次的社会问题有关,但标签化报道有违事实真相和媒体责任。②"富二代"研究则多对报纸报道进行定量分析,并结合文本分析,考察大众传媒塑造的"富二代"是何种形象,不同媒体有何差异。③ 同时,运用标签理论④、刻板印象、拟态环境、媒介奇观⑤等理论等分析报道呈现的特点,并从媒介报道方式⑥、社会背景、受众心理等角度分析其原因,探讨"富二代"议题传播的社会效应。⑦

总体来看,现有研究较为全面、深入地分析了"×二代"媒介形象的特征及其成因,但也存在一定薄弱环节:第一,未能充分、全面地展现"×二代"媒介话语在历个时态中的发展变化。80%以上的论文的研究时段是2009年至2011年,或以某一事件为研究重点,仅有少数研究时间跨度较长。第二,对媒介报道与其他社会主体之间的互动关系探讨不多,容易出现"媒介中心主义"倾向,将报道中出现的问题仅仅归结于媒介操作。第三,对"×二代"媒介形象的解释以理论推理为主,对宏观的社会政治经济文化原因分析不够,也缺乏一定的实证调研支持。

---

① 景军:《艾滋病谣言的社会渊源:道德恐慌与信任危机》,《社会科学》2006年第8期。

② 张莹:《"官二代"的媒介形象分析——以"李刚门"事件媒体报道为例》,《新闻世界》2011年第6期。

③ 葛孟玲:《社会精英还是纨绔子弟——国内五大报纸报道中的中国"富二代"形象》,《新闻世界》2011年第11期。

④ 谢季康、曾艳梅:《新闻报道中的"富二代"标签效应》,《新闻世界》2012年第2期。

⑤ 冯莉:《"富二代"媒介形象建构研究》,《新闻记者》2012年第2期。

⑥ 杨方:《浅析大众传媒对"富二代"形象的建构》,《传媒观察》2012年第2期。

⑦ 钟一彪:《"富二代"的媒体形象》,《当代青年研究》2012年第1期。

基于以上文献回顾，本文在历史的、比较分析的思路之下提出以下研究问题：从 2004 年至 2013 年的九年间，"×二代"媒介话语的主题和性质发生了哪些变化？两类群体的媒介形象与社会现实中的群体特征有何异同？包括媒体、政府、社会组织、当事人、公众在内的不同行动者对媒介话语的生成和变化产生了什么影响？两类媒介话语的共振和差异反映出哪些深层次的社会政治文化结构原因？

二、研究方法

本文采用内容分析、文本分析和深度访谈相结合的方法，从媒介内容与意义、新闻生产过程和社会主体互动三个层次上分析"×二代"的媒介话语建构。

内容分析的样本取自香港慧科新闻搜索，时间范围为 2004 年 1 月 1 日至 2012 年 12 月 31 日。选择《人民日报》、《中国青年报》、《新京报》、《新民晚报》、《南方都市报》、《南方周末》和《第一财经日报》七家报纸，分别以"富二代"、"官二代"为关键词搜索"标题及内文"，共下载"富二代"报道 1976 篇，"官二代"报道 476 篇。剔除其中重复、无关（如电子产品"富二代"）或只提及该词但对"×二代"无任何具体描述的报道，最后获取"富二代"报道的有效样本 1141 篇，"官二代"报道有效样本 373 篇。通过随机预读共计 200 篇报道，根据研究问题设置七个研究变量进行编码统计，包括：报道时间；媒体；作者类别（媒体从业人员，专业人士，普通网民/读者，其他）、报道体裁（新闻、评论、其他）；报道"×二代"时采用的信源（仅统计新闻类，分别为官方信源，专业人士和机构，"×二代"主角及其主要亲属，网络信源）；围绕"×二代"的报道主题（公务员选拔，教育培训，中外古今比较，生活与品行，产业交接，求职创业，消费市场，娱乐与明星，违法犯罪，社会服务，宏观分析，其他）；报道内容对"×二代"的评价（正面，中性，负面）。

与内容分析相配合，文本分析主要考察媒介话语的产生情境、文本结构、符号运用、情感倾向等问题。同时，笔者对十余位学者、媒体从业者、宣传部门官员和社会组织人员进行了深度访谈，以了解以下几方面问题：一是媒体从业者在"×二代"报道中的具体流程、操作方式，做出的反思和遇到的困境。二是学者、媒体从业者对"×二代"群体和网络民意的基本态度，对"×二代"现象所反映的社会问题的理解。三是政府与媒体互动的心态、方式，对"×二代"报道的管理规定,对网络舆论的态度①。四是"接力中国"青年精英协会对"富二代"群体的看法,协会所做的主要工作等。

三、研究发现

　　通过考察全国媒体"×二代"报道的总体情况发现,"富二代"话语最早出现在 2004 年 9 月 27 日《中国新闻周刊》的《富人二代》专题报道中。"富二代"话语从这一较为主流的媒体上生发出来,并首先集中地被民营经济发达的长三角和珠三角区域媒体所采用。在最初的三四年里,"富二代"主要是一个专业性的经济议题,相关报道展示出媒体对中国民营经济顺利交接班的良好期待和部分质疑,加入讨论的多是专家、企业家和其他业内人士,社会公众的参与度并不高。2004—2008 年,国内媒体关于"富二代"的报道总量已有近 600 篇,主要涉及"产业交接"、"教育培训"和"生活与品行"三大主题,中性评价居多,负面评价多针对"富二代"接班能力和其他综合素养,涉及群体道德和背后特权的很少。2009 年 5 月,在杭州飙车案激发的对"富家子弟"的网络民愤中,"富二代"瞬间转换为极富争议的社会性话语,"富二代"成为当年全国 80 多家媒体的"年度热词"。2009 年 8 月,媒体主动将河南固始县选官黑幕的网络爆料也嵌入了"二代"的框架,运用"官二代"话语质疑权力因何沾染上私有属性成为家族传承。此后,网民爆料、媒体跟进,社会借助"官二代"标签揭发了一大批干部选拔过程中的问题。2010 年年末的"我爸是李刚"和"药家鑫"事件更是把"×二代"塑造成为了冲击道德和人性底线的"民间恶魔"。与此同时,"富二代飙车,官二代飙官"的戏谑之词广泛流行。随着"贫二代"、"蚁族"、"拼爹"等话语的相继出现,"×二代"不再只是特定群体的符号,而成为媒体话语中标志着特权泛滥、阶层固化和社会焦虑的宏观语汇,承载了媒体对诸多转型期社会问题的叩问和反思。

　　下文将根据七家媒体报道的内容分析和深度访谈的结果对两类媒介话语进行比较分析。

---

　　①　本文共采访了八位来自北京、上海、广州、河南等地报纸或网站的记者编辑,三位来自广东和湖南省的宣传官员,应部分被访者的要求在正文中隐去其姓名。

(一)"×二代"媒介话语的联系与共振

1. 造词方式和报道模式的相互呼应

仔细观察杭州飙车案初期的网络热帖可知,网友们原本多以"富家子弟"、"有钱人"、"纨绔子弟"等来指代案件主人公胡某,并非"富二代"。三天后,网民和媒体集体使用"富二代"一词来质疑警方信息"欺实马","富二代"开始成为社会讨论此事的通用词汇。由上文可知,"富二代"并非完全由网络原创,传统媒体主动将特定事件嵌入了公众原来已有所了解的"富二代"话语中,在标签整合、改造和重新定义的过程中起到了重要作用。

梵·迪克曾指出,增强新闻话语劝服效果的有效策略之一就是建立新闻事实之间的联系。具体包括在熟知的情境中插入新闻事实,使用该领域广为人知的说法或概念,以及尽量把新闻事实组织到大家熟知的结构中等。[①]"官二代"话语的生成,就是媒体对社会已熟知的"富二代"话语进行仿词、类推的结果。特定新闻概念的使用极大地吸引了社会的注意力资源,使原来存在已久的社会问题成为新热点。

再考察"×二代"报道主题的变化趋势可见,"富二代"从最初的经济话题演化为社会话题,"宏观分析"主题报道的比例逐年升高(2009年34篇,占15.9%;2010年62篇,占17.1%;2011年93篇,占23.1%;2012年37篇,占26.4%),"官二代"报道也从公务员选拔晋升(2009年为61.5%,2012年降至12.8%)这一特定话题转为更多的社会、政治、司法领域的宏观分析(2009年为15.4%,2012年升至33.3%)。"×二代"的报道模式都是从专门领域的探讨进入整体性的对政治经济社会结构和制度的分析,且"官二代"媒介话语进入宏观分析的速度更快。"官富二代"马上被媒体并用,将矛头指向了由身份带来的特权及由社会流动不畅造成的阶层固化问题。

2. 报道内容的符号化与标签化

在"×二代"变成一种流行话语之后,它就与"弱势群体"一样,变成了可以形容边界模糊的不同人群的叙事策略。首先,这种符号的建构明显地受到了传统观念(如为富不仁、富不过三代)、历史"原型"(prototype)及新时代集体记忆(如暴发户)的影响。部分记者娴熟地运用历史传统文化中的"纨绔子弟"、"衙内"原型来建构"×二代"形象,还主动对古今中外的"×二代"进行了比较和反思。

---

① 梵·迪克:《作为话语的新闻》,曾庆香译,华夏出版社2003年版,第87页。

87

新闻话语与形象建构

同时,"×二代"的符号建构是一个动态变化的过程。借助科恩对道德恐慌的分析,可以更为清晰地看到符号化的三个过程。科恩在分析媒体如何建构起对摩登青年(the Mods)和摇滚青年(the Rokers)的道德恐慌时,指出了这样三步:"首先是一个单词(摩登族)成为某种身份的标志(罪犯或异常者),继而是对象(发型、服饰)成为单词的符号,然后是对象本身成为身份的符号(以及附着于身份上的情感)。"①我们可以看到,"富二代"这个词首先成了民营企业家第二代或有钱人家子弟这一人群身份的标志,继而豪车、奢侈品、年轻又成了判定谁是"富二代"的标志,然后胡某等人成了"富二代"的标志人物,媒体对"富二代"的报道中体现并影响了公众对"富二代"们"羡慕嫉妒恨"的复杂情感。"官二代"亦是如此,媒体并没有准确界定过"官二代"在人口学、社会学上的特征和评判标准,只是以一些身份符号(如年轻,通常是80后,高职位,开好车)来为某个新闻主角贴标签。"贴标签对于新闻媒体来说,可以用最少的文字传递最大量的信息,符合了新闻报道的简洁性原则;另外,标签的模糊神秘效应能引入联想甚至起煽情效果,易引起读者的兴趣。"②

虽然媒体对标签化和舆论的非理性做出了一定反思,但很多时候媒体并未坚持"客观、超然、平衡"的新闻专业主义原则。在笔者的访谈中,一些记者提出应从两方面改进:一是重新认识媒体功能。现代媒体最重要的角色应是传递信息,报道事实,应把更多精力放在对事实真相的还原上,而不是急于充当道德审判官。二是要提高报道操作的专业水平,避免对新闻简单化处理,不应以偏概全,也不能为了所谓惩恶扬善的动机就忽视专业的报道手法。媒体在药家鑫父亲诽谤案后的集体反思和对安徽少女毁容案的理性报道正是媒体改良的明证。

3.报道主角的边缘化和年轻化

在2008年以来的媒介话语中,很多"富二代"主角的家境并不是特别富有,其家中资产可能只有几百万元(如典型人物杭州飙车案主人公胡某)。在"违法犯罪"和"生活与品行"议题中出现的负面主角,很多也并非民营企业家的后代。什么是中国的富人?《2011胡润财富报告》将富人的门槛定为拥有1000万元人民币以上资产的个人。媒介话语中并未对"富二代"的资产做清晰界定,大量被

---

① 阿雷恩·鲍尔德温等:《文化研究导论》,陶东风等译,高等教育出版社2004年版,第331页。

② 谢季康、曾艳梅:《新闻报道中的"富二代"标签效应》,《新闻世界》2012年第2期。

报道的"富二代"只是真实"富人群体"中非常边缘的一部分。

何以如此？至少存在四方面原因。一是"富二代"中边缘群体的行为与社会对富人群体的高期待不相符,富有争议性的更容易被媒体报道。二是真正富人的子女相对低调,他们对优越的物质条件习以为常,一般不会故意"炫富"。他们从小接受较好的教育,违法犯罪的可能性较低。司法统计数据也已证明青少年犯罪中"富二代"所占的比重的确很小。三是记者编辑对话语标签的主动选择。一位《南方都市报》的编辑说,鉴于"富二代"已成为相对负面的身份标签,只有在三种情况下,她才会考虑使用"富二代"一词:事件中有激烈的社会冲突,如"富二代"欺负穷人;人物有明显的、故意的炫富行为;发生了重大恶性事件。另一些记者表示,如果有富人子女的正面典型,一般只会用"新一代企业家"、"创业者"、"民营企业接班人"等更为褒义的话语。四是当社会对"富二代"形成不良的刻板印象后,真正的富人子女会对媒体的采访持谨慎态度,他们所感受到的"刻板印象威胁"会驱动其尽量减少与媒体的接触。当事人信息源的减少也使媒体呈现的"富二代"更多的只是"小富"。

而"官二代"主角边缘化的现象则更为明显,被爆料、批判的官员子女基本都来自二三线城市,更多的是某不知名的乡、县区域的处级、科级以下的官员子女。恶名昭著的"李刚"虽是保定市市北区公安局副局长,但也只是科级干部,"官二代"陶汝坤的父亲陶文,也是科级干部。为何媒体"只打苍蝇不打老虎"？记者认为严密的政治监控和媒体的"自我审查"是主要原因。

"×二代"主角的年轻化也是一个非常明显的特征。从统计数据看,主要民营企业家继承人的年龄在 20 至 45 岁不等,离休或在任官员的子女年龄也应是参差不齐。从本文收集的媒介文本看,被报道的"×二代"主角多为二十出头,"官二代"基本都是"80 后"甚至"90 后"。主角越年轻,事件就越具有新奇性,引发的舆论质疑也越大。究其原因,无论中西,"年轻人"和"青少年"都是公共政策和家庭关注的双重焦点,媒体以他们为报道主体,会在政治正确和受众兴趣两方面获得双赢。"年轻人既被视为变化的催化剂又被视为未来道德的监护人,他们将进步、革新、实验的需要人格化,但同时又成为社会对付变化和未知的所有恐慌的管道。"[①]

---

① 伊冯·朱克思:《传媒与犯罪》,赵星译,北京大学出版社 2008 年版,第 89 页。

(二)"×二代"媒介话语的差异及其原因

1. 报道主题的分布差异

媒体对"富二代"做了较为全面、多元的呈现,报道量从 45 至 227 篇不等(宏观分析占 19.9%,"生活与品行"占 19.4%,娱乐与明星占 13.9%,教育培训占 11.7%,违法犯罪占 6.1%,消费与市场占 6.2%,产业交接占 6.9%,求职创业占 4.4%,中外古今对比占 3.9%,社会服务占 3.9%),而"官二代"则集中在"宏观分析"(36.2%)、"公务员选拔晋升"(28.2%)、"违法犯罪"(16.9%)和中外古今对比(7.0%)四大主题,其他各主题的报道量都在 15 篇左右。可见,媒体话语兼顾了常态和非常态情境下"富二代"形象的呈现,而对"官二代"的报道则仅局限于他们"出事"(选官黑幕、违法犯罪)或需要拿他们"说事"(宏观分析)的时候。

两者报道主题的分布差异可以从其论述机会结构(discursive opportunity structure)的差异来解释。米拉·马克思·费里(Myra Marx Ferree)、威廉·安东尼·甘姆森(William Anthony Gamson)等人在分析美德两国有关堕胎问题的公众论述时提出这一概念,认为一个社会的基本文化价值观、社会形态、政治环境、同时发生的其他事件等因素,会使某些议题较为受人关注,某些观点较容易被表达出来,某些说法较能够产生共鸣。[①]

比较"×二代"的论述机会结构可发现以下差异:首先,"富二代"是一个更为民间的话题,讨论空间相对自由。笔者访问的官员表示,只要不涉及对社会主流价值观的影响、不造成巨大的舆论动荡,政府一般不会出面干涉。"官二代"则绝对属于官方重点监控的范围,只要所涉及的官员达到一定层级或数量,媒体对制度的讨论上升到一定高度,这个问题马上会从个别官员的行为不端转变为政治问题,论述机会就会变得非常狭窄。第二,"官二代"的报道比"富二代"更依赖于"网络爆料"。选官黑幕以"小量级,高频率"的状态持续被曝光,跟密集的"网络爆料"直接相关。被访记者认为,中国各地选官的腐败应该说是一直存在的,但媒体很难将其作为常规化选题。一是各种调查可能有越权之嫌(媒体并非公安、纪委和反贪局),记者们疲于奔命也不见得有重大收获;二是可

---

① Ferree M M, Gamson W A, Gerhards J & Rucht D. *Shaping Abortion Discourse: Democracy and the Public Sphere in Germany and the United States*. New York: Cambridge University Press, 2002.

能会遭到巨大的阻力而难以深入。但当网络舆论对某个案形成热议,并已为媒体提供了很多有价值、可追溯的信息资源时,媒体的跟进就有了"民意"的保护伞,可用较低的报道成本,借"民意"汹涌之势,迫使相关部门做出回应。三是在日常情况下,各机构信息发布、组织活动和个人炒作等自主行动为"富二代"报道提供了更多新闻由头和话语资源。例如,2006年来各种影视剧和综艺节目制作单位看到了"富二代"可能带来的商机和社会注意力资源,他们对相关题材的多次演绎有力地推动了"富二代"话语的持续升温和大众化。

2. 媒体话语的倾向性有别

媒体对"官二代"质疑和抨击的力度明显大于"富二代"。报道对"富二代"的负面评价比例为31.2%,且"富二代"有128篇正面报道(11.2%),而对"官二代"的负面评价达61.7%,且几乎没有正面报道。笔者认为这种评价的差异首先来源于社会对财富和权力之原罪的不同理解。财富本身可以是中性的,只要财富来源正当、合法,财富的继承就是合理行为,只要不在使用过程中损害他们利益(如飙车撞人、炫富鄙视穷人),财富的使用就是个人选择和自由。而权力的世袭则是对公共资源的剥夺,在官员选拔和司法审判中出现一点点权力的阴影,都将被公众视为是不可接受的,是对社会公平正义的违背,甚至损坏国家的政治根基。

从符号学意义上说,代表财富继承的"富二代"是一种"开放文本",代表权力继承的"官二代"则更像是一种"封闭文本"。有关"富二代"的报道中正负评价皆有,媒体也褒奖"富二代"投身公益、艰苦创业、见义勇为的行动。2012年8月,民企接班人周江疆在火灾中救人牺牲,网民称其"最美富二代",《人民日报》、新华社等中央媒体撰写多篇报道,用"高在人品,富在心灵,帅在行为"重新解读高富帅,树立正面青年典型。反观"官二代",则几乎特指高官后代权力世袭的现象,以及官员后代的种种不良行为。陈韬文认为,一件事件有多开放或封闭,可能取决于事件本身的复杂性、事件的过程有没有被准确地记录下来、事件有否触及社会的基本价值观,以及事件在发生时有没有给人留下深刻的"烙印"等。媒体对"富二代"的包容度较高,源于其对该群体中不同个体的报道的还原,以及社会对个性自由、个人选择的尊重。而"官二代"问题冲击了公平正义这一不可违逆的基本价值观,"官二代"群体难免遭到严厉批判。

3. 污名消解的程度不一

从前文可见,"×二代"都存在被污名化的状况,但"富二代"污名化的程度低于"官二代"。污名需要持续的信息模糊来维持,只有出现明确的、令人信服的信息,才可能打破这种循环。那么,"×二代"在媒体中定义自己身份的话语权有多大呢?其污名消解能力是否一致呢?从新闻报道的信源统计结果看,"富二代"的出现频率明显高于"官二代"。"富二代"及其主要亲属信源出现的比例是37.4%,高于其余三类信源("官方信源"16.9%、"专业人士及机构信源"26.3%、"网络信源"10.9%)。"官二代"及其主要亲属信源的出现比例则是21.6%,低于其余三类信源("官方信源"为41.1%,"专业人士及机构"为26.7%,"网络信源"为26.7%)。数据显示,"富二代"主角及其主要家属信源的出现与报道的正面倾向呈正相关,与负面倾向呈负相关。

同时还需注意的是,"官二代"负面事件中出来澄清信息的多是政府部门等官方信源,而"富二代"信源多以民间、个人身份出现,后者更容易被信任。另外,社会组织在为"富二代"正名的过程中发挥了很大作用。2008—2012年,"接力中国"协会通过各种形式促使媒体反思"富二代"标签现象。他们接受个人专访;在主流媒体上发布"创二代"口号,倡议更名;与上海市团委共同调研,发布首份"富二代"调查报告;举行各种经济论坛和公益活动,展示"青年领袖"的经济、社会贡献等。

笔者在对"接力中国"协会前秘书长陈雪频的访谈中发现,此协会具备的一定的社会资源和话语策略是他们能在媒体上发出正面声音的前提。协会的发起者是一批优秀的民营企业家接班人,有很多正面"故事"可供媒体发掘;他们中有来自媒体界的精英,善于跟媒体沟通,可接触到高端、主流的媒体资源;他们有较高的政治敏锐性,会运用各种方式保持自己的政治正确性。相比之下,"官二代"们则没有机会,或者说也不愿意主动成立类似的民间组织。心理学研究表明,污名群体成员经常会遭遇消极的社会后果继而产生消极的自我知觉。为了避免偏见和歧视,人们可能会有意识地隐匿污名。在中国语境下,"官二代"隐匿污名,不仅是心理层面上为了避免偏见,更可能是为了在社会层面上避免被监督。

四、结　语

研究表明,"×二代"这一特定媒介话语的建构与变迁,植根于中国转型社会的大局中,是一个复杂而深刻的过程。它既与媒体从业者的新闻生产过程相关,也是社会现实宏观变化的反映;既是当下不同社会主体利益诉求博弈的结果,又是历史原型和集体记忆的跨时空回响。围绕"×二代"的理性传播,有赖于开明且尊重民意的政府,负责任且敬畏事实的媒体,追求正义且自我节制的公众,有理想且管理良好的社会组织,具有精英素质且尊重常识的专业人士。新媒体的发展正在为不同社会主体的表达提供越来越便利的渠道,但渠道本身并不能解决所有问题,理性共识还有待建立。

字幕组在国家形象传播中的作用

——以中/英文电视剧在英/中语言国家间的双向扩散为例

雷蔚真[①]

【摘　要】　在全球化不断深入迅速发展的背景下,跨国传播与交流已不仅仅是国家政府之间的交往,民间力量在跨文化传播中扮演着越来越重要的角色。尤其是在互联网不断发展的今天,网络极强的互动性使更多人由被动接受信息转变为主动搜寻信息并积极参与传播活动,这些自发的、积极的受众在促进信息跨越地域限制的传递、增进具有不同文化背景的族群之间的相互了解、弥合文化间的误解和裂痕、形成对异国国家形象真实客观全面的认知等方面发挥着越来越积极且有效的作用。本文将以字幕组活动为例,探究其在新媒体环境下通过跨国视频的选择、制作和传播,对本国观众异国国家形象认知的建构发挥的作用。

【关键词】　字幕组　国家形象传播　双向扩散

一、国家形象的概念及构成因素

关于国家形象的定义,国内外学者见仁见智,提出了许多不同的看法。管文虎认为:"国家形象是一个综合体,它是国家的外部公众和内部公众对国家本身、国家行为、国家的各项活动及其成果所给予的总的评价和认定。国家形象具有极大的影响力、凝聚力,是一个国家整体实力的体现。"[②]孙有中认为:"国家形象是一国内部公众和外部公众对该国政治(包括政府信誉、外交能力与军事

---

① 雷蔚真,中国人民大学新闻学院副教授。
② 管文虎:《国家的国际形象浅析》,《当代世界》2006 年第 6 期。

准备等)、经济(包括金融实力、财政实力、产品特色与质量、国民收入等)、社会(包括社会凝聚力、安全与稳定、国民士气、民族性格等)、文化(包括科技实力、教育水平、文化遗产、风俗习惯、价值观念等)与地理(包括地理环境、自然资源、人口数量等)等方面状况的认识与评价,可分为国内形象与国际形象,两者之间往往存在很大差异。"[1]

在《国际形象建构中的传播策略》一书中,作者段鹏将国家形象分为实体形象、虚拟形象、公众认知形象。该书认为实体形象是一国的客观面貌,其本质为综合国力。虚拟形象,也即媒体形象,是通过国际信息交流所塑造的国际舆论对某国的总体评价和总体印象。公众认知形象,也就是主观形象,其本质是虚拟形象对外部公众的影响。作者认为虚拟形象是国家形象的主要方面,是媒体拷贝的世界,对公众认知形象有定型作用。而公众认知形象是信息流动的一个终点,也是最后作用点。

二、国家形象的跨国传播

在国家形象的塑造和传播方面,不少学者同意"多主体说"。如,程曼丽认为:"国家形象塑造是一项由上到下的系统工程,需要全方位的参与,其主体不但包括政府,还应包括企业和全体国民。"[2]

政府代表国家行使管理职能的权力,在国家形象塑造方面,它发挥着重要作用。政府作为国际传播主体,一方面主动传播政治、经济、军事、外交等方面的各种信息,实施对外宣传,塑造国家形象;另一方面通过对入境信息和出境信息的控制,管理国家的国内形象和国际形象。政府主导的传播,将国家形象传播纳入国家利益轨道,旨在通过提升国家形象,创造良好的国际环境。

随着全球经济一体化的不断深入,企业通过国际经贸交往,特别是通过其产品与服务也参与到国家形象的塑造中来。对于国际化的产品与服务,其品牌形象是与人们对这个国家的印象紧密联系在一起的。比如人们通过福特、波音、IBM 认识了美国,通过奔驰认识了德国,通过索尼、日立、卡西欧认识了日本,通过三星、大宇、现代认识了韩国……人们在使用这些产品的同时,感受到

① 孙有中:《国家形象的内涵及其功能》,《国际论坛》2002 年第 3 期。
② 程曼丽:《大众传播与国家形象塑造》,《国际新闻界》2007 年第 3 期。

产品生产国的技术水平和现代化程度,并对整个国家产生相应的认知与评价。[1]

民间交往中的国民也是国家形象的有机组成部分。随着民间国际交往在各个领域不断走向深入,国民通过旅游等在与国外公众的交往中,塑造着他们对中国的印象。在自媒体时代,人们在跨国网络社区的互动广泛而深入,国民交往对国家形象的塑造尤为明显。

三、字幕组与跨国传播

字幕组(fansub group)是指将外国影片配上本国字幕的爱好者团体,是一种诞生于互联网时代的新事物,属于一种民间自发的个人团体组织。

由于近年来美剧和日本动漫在中国国内的流行,现在中国国内主要的字幕组有美国电视剧字幕的"美剧字幕组"和制作日本动漫的"动漫字幕组"。经过字幕组的翻译,网友自发地将外国文化产品通过互联网传播到国内。

随着中国文化软实力的提升和国际影响力的扩大,越来越多的外国人开始关注中国的影视作品。在国外也出现了类似的中国字幕组翻译中国电视剧并在互联网上进行传播的现象。与中国网络论坛上的美剧、韩剧字幕组类似,在国外网站上,中国电视剧迷群体主动组织形成字幕组,对热门中国电视剧的字幕进行翻译和制作。

字幕组是国际传播中积极主动的受众群体。在网络环境下,字幕组围绕异国的文化进行话题讨论和互动,将他国文化产品在本国虚拟空间进行本地化生产和二次传播。由于网络环境的无边界性和使用的普遍性,以及群体内部的共同生产,不同国家的字幕组成为影响国家形象的重要力量。

四、字幕组框架与国家形象建构

字幕组成员作为主动性受众,依据其既有的认知框架对外国影视作品主动进行选择、理解、翻译、制作和传播;而外国影视作品的不断传入,又改变着本国受众既有的认知结构,从而影响本国受众对外国国家形象的认知。因此,研究

---

① 程曼丽:《大众传播与国家形象塑造》,《国际新闻界》2007 年第 3 期。

字幕组在国家形象传播中的作用,需理解跨国影视作品与字幕组的认知结构,即"框架"(frame)的关系。

(一)跨文化传播中框架的作用

框架的概念最早由社会学家 E. Goffman 提出,他在 *Frame Analysis* 一书中,将框架定义为"人们用来认识和阐述外在客观世界的认知结构"[①]。框架的功能在于帮助人们定位、感知、理解、归纳众多具体的信息。因为文化的影响,不同国家的受众的既有认知框架有着显著的差异。在跨文化传播中,不同的认知框架影响着受众对外来文化信息的理解,同时也被这些外来文化的新信息所影响。

1.框架的形成与建构(framing)

Goffman 认为,框架源自人的实际生活经验,而人们根据既有的框架来建构对新事物的认识。

框架的架构与"选择"(selection)和"凸显"(salience)有关。架构框架的过程即选择事实的某些方面并且使其在传播文本中更为凸显,从而促进对特定问题的界定、解释、评估和描述的过程。

框架的建构过程是一个转换(transformation)的过程,将散布各处的信息,转换成与个人内在心理有关的主观认知。因此,框架的建构机制实质上是个体处理信息的前提和规则,通过这个过程,个体得以在混沌的真实世界中找到解释时间的方向和视角,形成对世界的主观认知。

2.跨文化传播下的跨框架传播

主观认知依据认知主体所建构的规则而形成,与真实的客观世界存在差距。不同的认知主体之间也会因为不同的文化经验背景而产生主观认知上的差异。

在跨文化传播的过程中,不同文化的巨大差异决定了传受双方在信息沟通过程中框架建构的差异。受众在根据在本民族文化下形成的既有框架对由另一文化框架建构出的文本进行理解时,会产生理解上的障碍、偏差或反抗,其程度由两种文化下的认知框架差异的大小决定。

中国与西方文化的差异形成的成见导致了跨文化传播的障碍。要打破这

[①] Goffman E. *Framing Analysis: An Essay on the Organization of Experience.* New York: Harper and Row, 1974:21.

种障碍,需要跨越不同认知框架的鸿沟,使信息的传播适应目标受众的认知框架,进而影响对方原有的认知框架,最终改变对彼此的刻板印象。

(二)字幕组活动对国家形象认知框架的重构

字幕组作为主动性受众,依据其既有框架选择性接受新的外来信息。在字幕组对外来信息其进行理解的过程中,外来信息也通过丰富字幕组的认知内容,推动其认知框架的重构。以下用框架研究的两个维度来解释字幕组在重构对国家形象的认知结构中的作用。

1.字幕组框架对国家形象建构的特殊作用

组织框架是指一个组织信息处理的认知结构或定性准则,根据这种认知结构或准则对信息处理的结果,则体现了一个组织对该信息性质的基本判断以及其动机、立场、倾向和态度。

由于文化框架的鸿沟,包括政府和企业在内的官方组织,在跨国传播中不可避免地会遇到一定的阻碍。例如,中国政府在美国设立孔子学院推广汉语和传播中国文化,就遭到美方的抵制,美方要求孔子学院撤出美国。

相对于官方机构,自媒体是草根的、自发的、不带经济和政治上的功利目的的传播组织,受国家间政治经济利益、意识形态冲突相对较小,更多的是从组织及其成员的个人经验、偏好出发,对跨国视频内容进行理解并调整自身对外国国家形象的理解框架。这样一种个人和小群体层面的扩散,对国家和社会系统层面的思维、概念敏感度较低,意识形态和商业利益入侵成分较少,文化单元被还原为本真面目,个人得以更为真切地接触其他族群的文化。

除此之外,字幕组作为"网络迷群",与其他所有对异国文化感兴趣的跨国视频的迷群相同,对跨国视频以及其来源国家的形象的态度基本上是相对积极、正面的。美国的中国电视剧字幕组 Heaven and Earth Fansubbing Group 成员 Zily 在访问中表示,来自世界各地的字幕组成员都是中国电视剧的粉丝(fans),她说:"我们对剧集有着共同的喜爱,我们大多数人只是想把好的剧集和这里的每个人分享。"①

因此,在以字幕组为代表的网络迷群组织的组织框架下对外国国家形象的建构,与政府、企业等官方组织的构建机制有着显著的区别,这一主动、自发的

---

① 原文是:"We all have the love of drama in common and most of us just want to share a good drama with everyone out here."

建构过程既规避或减少了功利因素的影响，并受到个人经验、兴趣、对外国文化的态度的影响，形成对认知对象国家的国家形象相对客观、真实且偏向正面的建构效果。

2.认知框架的重构与国家形象的重塑

认知框架是在信息交流中相互作用、建构与重构的动态过程。新的外部信息的传入首先被既有框架建构，在此框架作为自变量；信息的不断输入又在丰富原有认知的基础上修正既有框架或形成新的框架，在此框架作为因变量。把框架视为自变量的研究关注的是框架建构的效果，而把框架作为因变量的研究考察的则是各种因素对创造或修正框架的作用。

在国家形象的跨文化传播过程中，字幕组的认知框架的作用机制需要从跨国视频的传播对框架的重构过程及重构后的框架对国家形象的建构效果两方面进行综合分析。

中国与西方国家字幕组的产生和发展，促进了不同国家影视作品的跨国传播。这些承载着国家政治、经济、社会、文化等丰富信息的影视作品在跨国传播的过程中，丰富着作为受众的字幕组成员既有的对于该国国家形象的认知结构、形成或改造着他们既有的认知框架，而受众在新的框架作用下形成框架效果，即框架构建出的对国家形象的新的主观认识。

(1)题材的多样化与受众对国家形象认知的全面化

字幕组受到对一国形象的总体认知以及接触该国影视作品的经验的影响，观看、翻译和传播的影视作品的题材偏向于某几个类别，如中国的美剧迷热衷于悬疑、犯罪以及家庭喜剧等题材，西方国家的中剧迷偏爱武侠题材。但是，随着网络海量信息的传播以及字幕组成员对外国形象了解的深入，更多的题材受到字幕组的关注，多样性题材的影视作品的传播有助于帮助受众建构对认知对象国家形象更全面的认知。

一方面，随着中国的美剧迷群的迅速扩大，字幕组对美剧翻译的增多，越来越多样的美剧被字幕组翻译到中国，对美剧题材具有不同偏好的观众逐渐细分。在对美剧迷的问卷调查中，犯罪悬疑剧最受观众的欢迎，有 23.9％的被访者选择了这类剧集。其次是情景喜剧类和家庭类，所占比例分别为 17.3％和 12.9％。在其他的类型中，校园爱情和科幻类达到 10％的选择率。而其他类型的美剧亦有一定比例的受众(见图 1)。

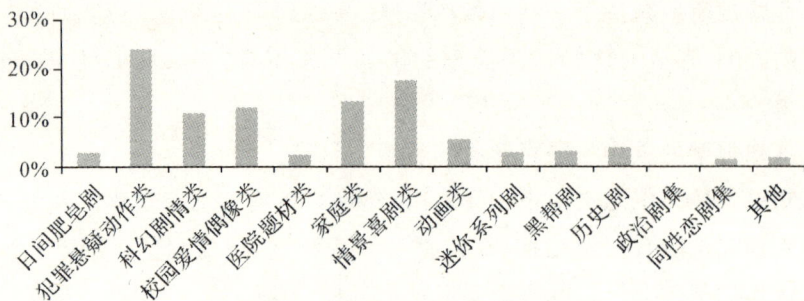

图1 中国观众对美剧类型的喜好①

在字幕组和美剧迷活跃的网站"人人影视"上传播的美剧类型已有30余种（见图2）。在相关论坛中，对外国影视作品的讨论进行相当细致的分类，形成了多个讨论专区（见图3）。

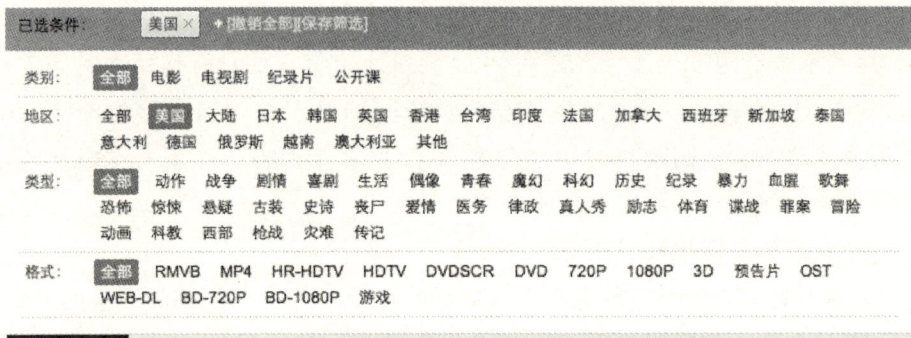

图2 "人人影视"网站片源分类

可见，中国的美剧迷由仅关注悬疑、家庭喜剧等少数几类题材转变为更多样性的题材，涉及美国社会生活的各个方面。除此之外，中国字幕组的翻译工作已不局限于影视剧，还包括娱乐节目（如美国偶像、奥普拉秀等）、重大事件（如总统演讲、大选辩论等）、学习资料（如美国名校公开课等）等内容，这些题材的拓展有助于丰富中国人对美国政治、经济、社会、文化等方面的整体认知，使其对于美国国家形象的建构更为全面。

---

① 文卫华、王圆：《从美剧的流行看中国观众对外来节目的接收》，2008年中国传媒大学第二届全国新闻学与传播学博士生学术研讨会论文集。

主题演影视讨论区

『电影讨论区』   热门专区:0个
主题数：今日0 总:517
最　后：1天前 adrek 发表
管理者：★0000★ 圣诞节 爱迪奥

『美剧讨论区』   热门专区:16个
主题数：今日0 总:534
最　后：5小时前 爱看乔布斯 发表
管理者：梁良

『绝命毒师讨论区』 　『吸血鬼日记讨论区』 　『都市侠盗讨论区』 　『烟熏游戏讨论区』
『疑案追踪讨论区』 　『嗜血魔晨讨论区』 　『诉讼双雄讨论区』
『美少女的谎言讨论区』 　『单身毒妈讨论区』 　『十三号仓库讨论区』 　『少狼讨论区』
『犯罪心理讨论区』 　『真爱如血讨论区』 　『权力的游戏讨论区』 　『天堂执法者』

『日剧讨论区』   热门专区:4个
主题数：今日0 总:158
最　后：1天前 a38480912 发表
管理者：raidwave 棒棒儿

『初恋讨论区』 　『麻辣教师讨论区』 　『美雨讨论区』 　『平清盛讨论区』

『韩剧讨论区』   热门专区:6个
主题数：今日0 总:65
最　后：8天前 sancky520 发表

『绅士的品格讨论区』 　『韩国综艺讨论区』 　『韩国电影讨论区』 　『韩国连续剧讨论区』
『仁医讨论区』 　『我是歌手讨论区』

『真人秀讨论区』   热门专区:6个
主题数：今日1 总:60
最　后：16小时前 gtt9999 发表
管理者：梁良

『美国之声讨论区』 　『抗子之予讨论区』 　『舞魅天下讨论区』 　『地狱厨房讨论区』
『特效化妆师大对决讨论区』 　『流言终结者讨论区』

『纪录片讨论区』   热门专区:0个
主题数：今日1 总:85
最　后：3小时前 jlkun2002 发表
管理者：冥王哈迪斯 ms.mark

『英剧讨论区』   热门专区:4个
主题数：今日0 总:62
最　后：2天前 破烂熊vs人人 发表

『梅林讨论区』 　『英国达人讨论区』 　『囧城记讨论区』 　『唐顿庄园讨论区』

图 3   "人人影视"论坛分区

而西方的中剧字幕组和迷群对中国电视剧的关注也逐渐由单一的武侠片、古装片拓展到更多题材。2012 年 6 月 3 日网络数据表明：中国电视剧字幕翻译网站 wiki 网上最受欢迎的各国电视剧中，中国大陆、台湾地区的现代题材的作品亦成为热门剧集。美国的中剧交流论坛（www. asianfanatics.net）细分为现代剧和古代剧两个分论坛，可见中国现代题材的电视剧也拥有一定规模的受众（见表 1）。

表 1   wiki 网中国电视剧受关注情况(2012 年 6 月 3 日)

电视剧名称	类型	字幕翻译语言种数	关注人数
《就想赖着你》（台湾）	现代爱情剧	29	2256
《我可能不会爱你》（台湾）	现代爱情剧	17	2230
《泡沫之夏》（大陆）	现代爱情剧	25	1510
《步步惊心》（大陆）	古装穿越剧	18	1245
《一不小心爱上你》（大陆）	现代爱情剧	18	1150

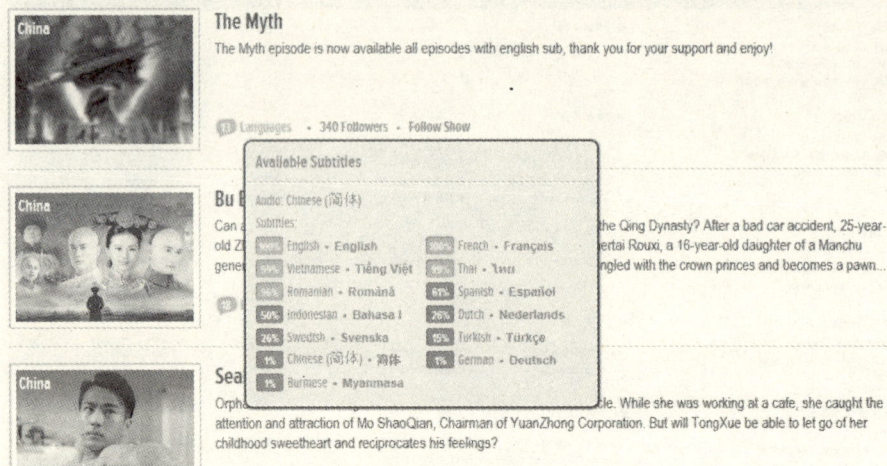

图4　wiki.com 上中国热门电视剧的多国字幕翻译

　　跨国传播的视频题材的多样化对丰富受众对一国国家形象的理解具有积极的作用。在对美国的中国电视剧字幕组 Heaven and Earth Fansubbing Group 成员 Zily 的访问中，她认为电视剧应该关于梦想与现实等各种问题，各种电视剧都有其受众。她还说她喜爱武侠片，但也很关心中国人的日常生活和在现实生活中遇到的一些问题。

　　这些变化表明，中国电视剧，尤其是表现现代人生存状态的电视剧能够丰富西方国家受众对中国国家形象的认知，让他们的认知框架逐渐接近当今中国的真实情况。

　　（2）视角的思辨性与受众对国家形象评价的多元化

　　如果说跨国视频题材的多样性丰富了受众的认知框架，促进一国受众对外国国家形象的全面理解，那么具有思辨性的影视内容的传播对受众既有认知框架则具有颠覆性的重构作用，这种重构足以彻底改变受众对认知对象国家的形象在某些方面的认识。

　　在此以美剧《新闻编辑室》（*The Newsroom*）为例，它讲述了一群电视新闻人打破常规实践新闻理想的故事，该剧是美剧中极为稀有的对美国电视新闻业进行深度剖析，切中时弊，能跟观众进行观点交锋、思想碰撞，给人以启迪和教益，促使观众反思现实、重新认识社会并采取行动的剧集。该剧被字幕组翻译进入中国后，得到了中国观众的追捧，在豆瓣网上评价高达 9.2 分，这个评分略低于电影《肖申克的救赎》，已经超过了电影《泰坦尼克号》。

中国普通观众对于此剧的追捧，多少有些对国内媒体"怒其不争"的意味。微博上的激烈言论不断，诸如"每当刷微博刷出'新闻已死'的绝望，我就看一集《新闻编辑室》提神"；"做新闻的人，希望多看看《新闻编辑室》，播的是良心是事实，还是收视率、炒作？"

然而，网络言论的多元化使更多观众开始对这部标榜着"新闻理想"的美剧所反映出的美国新闻界及美国言论自由进行反思。从业四年的报社编辑张小飞说："我相信这不是美国的事实。这也是美国同行的理想，西方媒体的自由也有束缚。比如在第三集中，威尔的评论触及了电视台高层的利益，他们决定解雇他。其实国外的舆论环境并不比我们好多少，他们在报选题的时候，也会说'苹果公司新一代手机发布，众人熬夜排队购买'。威尔代表的，其实是一种已经消失或即将消失的新闻理想。"①豆瓣网友对第四集关于美国提高债务上限的投票的情节评论说："看到这我最大的感慨就是民众有常识无知识，很好哄……美国提高债务上限的投票就和当年的 4000 万亿一样。"还有网友评论："这是美国的主旋律电视剧吧？原封不动的台词搬到中国，一定会被观众骂五毛骂死的。这个国家的人，已经以爱国为耻了。"这些具有争议性的电视剧内容，在一定程度上颠覆了中国观众对美国新闻自由乃至整个民主政治的既有认知框架，让他们开始用辩证的视角来看待美国的国家形象。

因此，更丰富的视频内容的跨国传播，能重构受众原有的认知框架，让他们以多元、辩证的视角来构建视频来源国的国家形象，使自己的判断更接近于客观事实。

综上所述，从宏观上分析，在字幕组主导的影视作品的跨国传播过程中，字幕组成员的认知框架是其选择、理解、翻译和传播媒介信息的重要机制。字幕组作为异国影视作品的迷群组织，其成员积极地选择性接受外国影视剧，并用其认知框架构建出对影视剧及其反映的该国国家形象的主观认知，而越来越多的影视剧的传播促进了字幕组成员及其他相关受众既有认知结构的修正与重构，从而作用于对该认知对象国的国家形象认知的改变。

---

① 蒋肖斌：《〈新闻编辑室〉为什么这样红》，《中国青年报》2012 年 8 月 14 日第 9 版。

五、自媒体在国家形象传播效果扩散中的作用

字幕组的翻译和传播是影视作品跨国传播的重要一环,在扫除语言障碍之后,通过网络的传播扩散过程,影视剧能为更多的受众所理解并形成对该国国家形象的认知。

美国社会学家罗杰斯在《创新与普及》报告中把大众传播过程分为两个方面:一是作为信息传递过程的"信息流",二是作为效果或影响的产生和波及过程的"影响流";前者可以是"一级"的,即信息可以由传媒直接"流"向一般受众;而后者则是多级的,要经过人际传播中的许多环节。

跨国视频在网络的传播正是在经历这样一个过程。字幕组由国外获得视频资源后,先经过其内部的组织传播制作出本国语言的字幕版本,再通过网络进行大众传播,而这个传播过程便是"创新与扩散"理论所描述的过程。

(一)自媒体的混合文化身份与文化裂痕的弥合

同一个个体也会有不同的兴趣,会同时参加多个群体,细化的群体文化会导致个体同时具备多重的文化身份。个体通过控制进出各种文化群体的分界线,形成相对固定而又动态的文化身份。网络的扩散参与了这个过程,人们在网络上社会交往的增多,增加了复杂身份认同的机会。网络互动的便利性,给人们带来了创造不同虚拟社群的机会,新的文化身份由此产生。

在网络扩散的机制下,各个世界族群的文化身份建立更加多元,其本身同时杂糅了网络传播中所接触到的多个族群的文化。由此带来的影响是个体身上多元文化身份的混合,身份认同的碎片化导致身份认知的混淆,淡化本民族文化对其建构认知的影响,从而一定程度上消解了对其他文化的刻板印象,促进了文化裂痕的弥合。

字幕组以及传播跨国视频的自媒体多为塑造对象国家的迷群,他们的价值取向虽然与大众媒体相同,受到本国社会价值观的影响,但又比本国大众媒体更为贴近对象国家的价值取向。

以字幕组 Heaven and Earth Fansubbing Group 为例,成员 Zily 在访谈中表示,字幕组成员是来自世界各地的对中文及中国文化感兴趣的中剧迷,他们在观看中国电视剧时虽然不能抛弃他们以往的经验,但是愿意以更开放的态度来接受中国电视剧。对于中国文化的了解与热情促使他们在网络上向更多人

传播中国影视作品及其反映出的中国国家形象。

在中国古装电视剧《步步惊心》的论坛讨论区中，该剧的外国粉丝自发地贴出了康熙末年"九子夺嫡"的历史资料，对四阿哥、八阿哥等剧中关键历史人物进行详细的解释，甚至对剧中所犯的史实错误进行纠正。由此可见，关注中国电视剧的外国观众，对中国历史文化有一定的兴趣与了解，而观看中国电视剧亦可激发粉丝对中国文化的进一步了解与探究。

又如在美剧《生活大爆炸》的百度贴吧中，该剧粉丝 jutilove（网名）发表帖子《生活大爆炸美剧口语精髓句型》，将电视剧中常见的、有特点的口语句型列出，并且用中文中意义相近的流行语作为释义，如"miss speaking for the couple now：妻管严"、"lose my cool：哥不淡定了（怎么觉得只有 Sheldon 能说出来）"等等。具有多元文化身份的美剧迷通过这种方式，把中西方文化的元素相联系，拉近两国文化的距离。

另外，中国的美剧迷虽然身处中国文化之中，但是对异国的文化有相当深入的了解，甚至对其怀有崇拜心理。他们关注美剧中各个细节所反映出的美国文化元素。如在时光网的讨论社区中，网友就发布了《电影美剧中的华丽服装》一帖，整理并详细介绍了《穿 Prada 的女魔头》、《欲望都市》、《绯闻女孩》等多部美剧中女主角的服饰品牌、风格及对美国乃至世界时尚潮流的影响等。语言、服饰等文化符号背后体现的是该国的国家形象，迷群对其的整理和传播对于构建和传播对国家形象的认知发挥着积极的推动作用。

因此，字幕组及其他跨国影视剧的迷群既受本国文化的影响，又对异国文化有一定了解并且持积极开放的态度，这种混合、多元的文化身份对于促进跨文化交流、弥合文化裂痕发挥了积极的作用。

（二）自媒体传播消解制度阻隔

网络机制下的文化扩散偏向于主动寻求输入对象，而且由于自媒体这样一种个人和小群体层面的扩散，对国家和社会系统层面的思维、概念并不敏感，意识形态和商业利益入侵成分大大减少，文化单元被还原为本真面目，个人得以真切地接触其他族群的文化。

与传统的大众媒体相比，自媒体是主动的、自发的、不带功利目的的传播组织，受国家间政治经济利益、意识形态冲突相对较小，更多的是以组织及其成员的个人经验、偏好、价值取向出发，对跨国视频内容进行理解并形成对国家形象的建构框架。

由于网络多渠道、多向性的快速扩散能力,基于网络的自媒体传播过程在最大程度上剥离了固有文化体系对其他族群的刻板印象,减少了国家政权、利益集团等政治力量和经济因素在"把关"环节的干扰,直接进入对文化信息本身的理解。这为跨国视频在国内影响力的扩散扫除了制度上的障碍。

中国政府在美国设立的孔子学院受到美国政府的审查,这一事件表明,由官方高调推动的跨国传播在政治上较为敏感,易受到别国政策和意识形态的制约。而电视剧在网络上传播则不同。Heaven and Earth Fansubbing Group 字幕组负责人 Zily 在访谈中说:"中国电视剧在美国网站的传播处于美国版权法律的灰色地带,因为大多数美国人和法律没有在管理网络的问题上达成共识。"而作为文化产品,中国电视剧并没有很明显的官方背景和意识形态的表达。因此,中国电视剧在海外的网络传播几乎没有政策法律及接受者心理上的障碍。

除电视剧外,网络的及时性和开放性也为其他领域视频的跨国传播开辟了相对自由的渠道。北京时间 2012 年 10 月 23 日播出的美国总统选举第三场电视辩论,10 月 24 日便有中文字幕版本的视频由网友在优酷、土豆、腾讯等中国主流视频网站发布并被广泛转发。这些无法在中国电视台完整播出的视频内容却得以在网络上有完整的展现,对于传播美国民主政治、塑造美国国家形象具有积极的作用。

(三)自媒体传播活动的说服效果

说服是指通过传播以使信息接收者按照传播者的意向改变态度。霍夫兰通过对说服性传播现象的研究发现,影响说服效果的因素有信源、信息内容的组织和情感诉求等说服技巧。

首先是信源的影响。霍夫兰通过实验发现,信息来源的可信性影响说服效果。一般来讲,可信性越高,说服效果越大。跨国影视剧通过字幕组翻译和制作,并由字幕组开始传播扩散,因此字幕组可视为外国影视剧在国内传播的信源。由于一国字幕组成员与受众处在同一文化环境下,具有相近的价值取向和认知框架,因此经过本国字幕组挑选并翻译制作的影视内容更容易得到本国受众的接受和理解,因此在视频中所体现的影响认知对象国的国家形象的传播效果也更好。

字幕组在网络传播过程中,由于传播者缺乏明确的个人身份的表征,加上网络迅速、大规模的扩散,原始的信源无法查证,因此信源的信息被不断弱化。

由于传播的说服效果与信源相关联,信源的弱化使说服效果受信源的影响减小,从而使传播的内容本身得以凸显,受众不会追求视频的制作者、传播者,而更关注视频内容所传达的信息,这有助于受众更客观地接受和理解视频传播的信息,构建更客观的对国家形象的理解。

与以中国官方主导的在海外建立孔子学院传播中文及中国文化在美国受到相关政策和当地民意的反弹相比,中国电视剧在美国的网络传播则顺利很多。Zily发现,通过看中国电视剧来提高中文水平最有效果:"我和另外一位创建者在看邓超版《倚天屠龙记》的时候,发现一些翻译字幕存在问题,于是产生了自己组建团队来给中文电视剧配上英文字幕的想法。"可见,通过互联网传播的无官方参与的信息可以最大限度地消除接收国家相关政策和接收者心理的抵触,减少国家形象传播的障碍。

其次是信息内容组织的影响。这一点与上文提到的框架建构(framing)类似。字幕组的不断扩大、影视剧资源的海量增加,对重构受众的认知框架,以更全面、辩证的视角构建认知对象国家的国家形象发挥着积极的作用。上文已做具体分析,不再赘述。

最后是诉诸情感等说服技巧的影响。在说服性传播中,诉诸理性、感性、幽默等技巧对于说服的效果和受众态度的改变发挥着作用。一方面,影视作品用娱乐的方式来传递一个国家的政治、经济、社会、文化等各个方面的信息,受众在娱乐、休闲过程中潜移默化地接受了其传递的与国家形象相关的信息;另一方面,视频具有的直观性、生动性,通过视听符号的传播,以人类共同熟知的方式传递着情感和观点,以更加感性的方式对受众进行感官上的刺激,具有极强的传播力。好莱坞电影风靡全球对美国国家形象的推广、日本动漫的流行对日本文化的传播等都是典型的例子。

(四)自媒体利用网络互动推动跨国视频影响效果的扩散

Web2.0时代最显著的特点就是网络的互动性。正如格尼洛庞帝在《数字化生存》一书中所描绘的那样:"数字化会改变大众传播媒体的本质,推送(Pushing)比特给人们的过程将变为允许大家(或他们的电脑)拉出(Pulling)想要的比特的过程。"①通过网络的互动性,观众改变了传统的被动收看行为,转变为主动收看并且主动传播的行为。

随着视频网站、社交网络的迅速发展,观众可以根据个人的需要和兴趣,通

新闻话语与形象建构

---

① 转引自王长潇:《电视影像传播概论》,中山大学出版社2006年版,第234页。

过搜索功能寻找到感兴趣的视频,通过分享功能传播给自己的好友或关注者,通过评论功能表达自己的观点和态度。

与由电视台播放的电视剧不同,美剧在中国的传播主要是通过点对点的传播进一步扩大美剧的受众群。QQ、MSN 等即时通讯软件,BBS 发布、社交媒体转发等分享方式,使得人们可以更方便地和朋友一起分享影视资源和观看的感受,而 BBS、贴吧、QQ 群、微博等,也为人们观看美剧提供了很好的交流场所。

在美国,中国电视剧的迷群活动主要集中于 BBS 论坛,他们在论坛上发布电视剧主题帖,由中剧粉丝在帖子下发布来自 YouTube 的视频链接或网盘下载链接,供其他粉丝观看或下载,所有论坛用户都能对电视剧发表评论。

在这些过程中,受众已经不再只是信息接收者,更是开始掌握信息传播环节中的主动权的传播者。更多的网友参与到视频的传播过程成为主动的传播者,极大地促进了跨国视频及其传播效果在国内的扩散。

六、结论与启示

字幕组及与其传播活动相关的自媒体作为积极的、自发的传播主体,在跨文化传播过程中最大限度地剥离了本国制度和功利因素的制约,且在网络跨文化传播过程中具有多元文化身份。它们选择、制作并传播大量直观生动的跨国视频信息,重构本国受众的认知框架,建构对认知对象国相对全面、客观、真实的国家形象,并通过网络大规模扩散。这对增进不同国家、不同文化、不同族群的相互理解,消解刻板影响,弥合文化裂痕发挥着其他传播主体无法替代的作用。

日本制造:中国报纸 2001—2010 年的对日产品报道研究[①]

李 莹[②] 林功成[③]

【摘 要】 中国消费者对于日本制造的产品时常表现出复杂的态度,一方面,"日本制造"意味着质量可靠;但另一方面,受中日关系影响,中国民间时常会传出抵制日货的声音。尽管有大量文献研究了消费者对产品的态度,但对产品形象本身的构建与形成过程的研究却相对有限。因此,本研究试图对中国媒体如何塑造"日本制造"的形象进行分析。通过对六份报纸在 2001—2010 年间对"日本制造"的报道的内容分析,本研究发现,报纸在塑造"日本制造"的形象时以中立或正面态度为主,但正面报道比例逐年降低;中国报纸偏向于使用官方信源以及来自中国的信源;在报道框架方面,"日本制造"主要被塑造为中国学习的榜样,但同时也有不少的报道涉及"日本制造"的衰落。

【关键词】 日本制造 内容分析 党报 都市报

Made in Japan: How the Image of Japanese Product is constructed in Chinese Media, A Content Analysis of Mainland Chinese Newspapers, 2001—2010

Li Ying   Lin Gongcheng

Abstract: Chinese consumers usually exhibit a mixed attitude toward products made in Japan. On one hand, "Made in Japan" is associated with reliable

109

① 本文受日本住友财团 2010 年日本关联研究项目(项目编号:108097)以及中央高校基本科研业务费专项资金"财经新闻在中国的发展与影响研究"(项目编号:12WKPY36)的资助。
② 李莹,深圳大学传播学院讲师。
③ 林功成,中山大学传播与设计学院讲师。

新闻话语与形象建构

quality; on the other hand, there is a calling for resisting products made in Japan among Chinese consumers from time to time. Although the importance of consumer attitude has been well established, research on the construction process of product image is relatively limited. For consumers, mass media is major information source that constructs product image. This study attempts to understand how Chinese mass media construct the "Made in Japan" image. Based on a content analysis on six Chinese newspapers, this study found that, Chinese newspapers mainly adopted a neutral or positive attitude toward "Made in Japan", however, articles that adopt a positive attitude decreases over years; the most frequently used sources are from a government viewpoint and within mainland China; with regard to the news frames, the majority of newspaper articles praise "Made in Japan" as a model or exemplar, but quite a few articles emphasized a trend of downturn or decay of "Made in Japan".

Keywords: Made in Japan; content analysis; party newspaper, metropolitan newspaper

自 20 世纪 80 年代以来,"日本制造"逐步在中国市场取得了巨大的成功,它代表着上乘的质量和良好的信誉。但是,随着中国制造业的进步和中日政治关系的演变,日本制造的在华形象发生了变化。一方面,越来越多的中国本土企业具有了与"日本制造"一争高下的实力;另一方面,中日关系的起伏影响着中国消费者的选择,例如在 2012 年 8 月因钓鱼岛争议引发的中国民众示威游行中,那些在日本生产、或由日本企业与中国企业合资生产的产品被统称为"日货"而受到抵制,日企产品在华销量锐减。

由于日本对于中国的重要性以及中日关系的复杂性,不少研究都以中日之间的新闻报道作为研究对象。一些日本学者认为,中国媒体受政府影响,一旦出现政治、经济方面的问题或者摩擦,对日报道的数量就会急剧增加;媒体站在政府的立场,对日本的报道突出过去的军国主义内容,而对日本现状与未来、日本社会多样化的报道较少;市场化媒体常有情绪化的文章,具有明显的煽动效果。不过,日方学者的这种观点多以政治、外交等领域的新闻为对象,其答案并不一定能用来解释日本产品在中国的形象变迁,以及这一形象变迁是否受到中日关系紧张程度的影响。国家间的政治关系变动是否会影响一国媒体对以另一国为产地的产品议题的报道？这一问题涉及因果关系层面的机制，由于对因果关系的探讨是个较为复杂的问题，我们在本研究中转而先提出一个描述层面的问题：在两国政治关系变化的不同阶段，一国的媒体对原产于另外一国的产品的报道是否也存在不同？

为了试图回答这一问题，本研究选择了"日本制造"这一代表日本产品的核心概念，这是因为日本产品和品牌标示自己身份的最重要之处就是其包装上的"日本制造"字样。虽然这一产地信息并不等同于产品品牌，但是它却行使着类品牌的功能，不同程度地影响了消费者的选择行为，从而形成了产地品牌效应。因此，"日本制造"在一定程度上可以代表日本产品，而中国媒体对于作为产地品牌的"日本制造"的报道可以反映出媒体对于日本产品的态度。

同时，笔者也注意到中国媒体的风格差异。中国的报业系统大致可以分为党报与都市报两个系统，它们分别代表着弱市场和强市场的报纸倾向。党报的报道取向更多受到国家意志和新闻价值的共同影响，其主要功能体现为党和政府的喉舌。而都市报更强调对市场的追求，在激烈的市场竞争中，面向普通市民读者的都市报在报道对象的选择与新闻内容的生产方面形成了与党报迥异的风格，去政治化的新闻、本地议题以及人性化的内容均成了报道的重点（潘忠党，1997；潘忠党、陈韬文，2004）。因此，本研究还试图探析党报和都市报在报道"日本制造"这一议题上的差异，希望比较不同价值取向的报纸在"日本制造"报道内容上分别呈现出怎样的特点，它们各自在报道中强调了"日本制造"议题的哪些面向，不同信源又如何推进了两类报纸的报道。我们的基本假设是：由于党报更容易受到政治因素的影响，其对"日本制造"的报道会更多体现政治周期的影响，党报在建构"日本制造"议题时，更侧重讨论宏观环境层面的因素；而都市报主要面向广大消费者，将会较少受到政治关系变动的影响，更多讨论产品或企业层面的问题。

一、研究问题与方法

本研究旨在探讨日本制造在中国媒体上的呈现，主要以新闻报道文本作为研究对象。主要的研究问题包括：第一，总体而言，中国媒体有关"日本制造"的报道呈现出怎样的特点？第二，在2001—2010年间，"日本制造"在中国媒体上的形象是否发生了变化？第三，党报与都市报在报道"日本制造"时是否呈现出不同？在研究方法方面,我们采用了内容分析法,它可以帮助我们了解传播内容的发展趋势,追溯其发展脉络。

(一)报纸的选取

为了比较党报和都市报在报道"日本制造"时的异同,本研究依据报纸的发行量和影响力,分别在党报和都市报类别中进行了报纸抽样。

本研究在党报中选取了《人民日报》、《经济日报》和《解放日报》。其中,《人民日报》是中共中央机关报,因其言论往往被认为直接传达了政府的声音而备受关注。《经济日报》是国务院主办的中央直属党报,而《解放日报》是中共上海市委机关报。以上三份报纸在中国的党报系统具有很高的地位。都市报中选取了《南方都市报》、《北京晚报》和《新民晚报》,这三份报纸分别立足于广州、北京、上海这三个中国一线城市,发行量和影响力在全国都市报系统中位居前列。其中,《南方都市报》是广东省内最大的综合类日报之一,《新民晚报》是上海历史最悠久的晚报,《北京晚报》是北京地区发行量最大的都市类报纸。因此,这六份报纸基本可以代表最有影响力的中国报纸媒体。

(二)时间段选择

2001 年 12 月,中国正式成为世界贸易组织(WTO)成员国。入世代表着中国全面融入经济全球化的大潮中,中国市场也成为全球市场的重要组成部分。这种巨大的变化给中日关系带来更多的发展和挑战。鉴于入世带来的巨大变化,我们选择了自 2001 年 1 月 1 日至 2010 年 12 月 31 日十年间涉及"日本制造"的报道作为研究对象。我们将 2001—2010 年间的中日关系分为三个阶段:

第一个阶段,2001—2005 年中日关系冲突频发。以 2001 年小泉纯一郎当选日本首相为标志,五年内中日关系矛盾不断,如 2001 年 4 月,李登辉以治病为名赴日得到日本政府允许,随后中方冻结高层往来、取消军舰访日;同年 12 月,日本海上保安厅巡视船追逐不明国籍船只进入中国专属经济区水域,双方发生交火。2002 年 5 月,偷渡来华的朝鲜人闯入日本驻沈阳总领馆,中国警方进入日总领馆将非法闯入者带出。2003 年 8 月,齐齐哈尔发生侵华日军遗弃化学毒剂伤人事件。2004 年 12 月,日本为李登辉赴日访问发放签证。2005 年 3 月底至 4 月下旬,中国各地发生了较大规模的抵制日货运动。小泉在任期间还多次参拜靖国神社,每次都引发颇大争议。因此,有学者将此阶段称为"政冷低谷期"。

第二个阶段,2006—2009 年中日关系缓和。以大陆媒体所称的"破冰之旅"、"融冰之旅"、"迎春之旅"、"暖春之旅"为标志,中日关系重新缓和。2006 年安倍晋三当选日本首相,当年 10 月安倍晋三访问中国,此次访问被大陆媒体称为"破冰之旅"。随后,温家宝于 2007 年 4 月访日("融冰之旅")。2007 年 9 月,福田康夫接任日本第 91 任首相;当年 12 月,福田康夫访华("迎春之旅")。2008 年,中日友好和平条约缔结 30 周年。2008 年 5 月,胡锦涛对日本进行访问,这是中国国家元首十年来首次访日,被称为"暖春之旅"。2009 年 4 月,时任日本首相的麻生以首相身份访华,建立了中日两国领导人每年互访的机制;2009 年 9 月,以鸠山为首相的日本民主党政府成立,2009 年 10 月鸠山访华。

第三个阶段是从 2010 年开始,中日关系再次陷入紧张局面。以菅直人内阁上台并改变日本对外政策为标志,中日关系再次紧张。2010 年菅直人内阁成立,逐步改变鸠山内阁的对外政策,积极推进日美同盟关系的发展并加强日美军事合作。2010 年 9 月发生的日本在钓鱼岛海域抓扣中国渔船和船员事件,使两国关系跌至 2005 年以来的最低点。同年末日本出台防卫计划大纲,将中国作为首要防范对象。其后围绕东海油气资源开发、稀土贸易而产生的摩擦,不仅领导人会晤和高层交往受到影响,民间交流也陷入停滞(孙承,2011)。

(三)分析类目

依研究目的和需要,根据文献回顾以及实际搜集报纸新闻过程中的阅读经验,我们将分析的类目确定如下。

1.报道来源

本研究对报道来源进行了编码,依次为:(1)中国政府;(2)日本政府;(3)第三方政府及跨国组织(如联合国、欧盟委员会等);(4)中国企业;(5)日本企业;(6)第三方国家的企业;(7)中国专家;(8)日本专家;(9)第三方国家的专家;(10)中国消费者;(11)日本消费者;(12)第三方国家消费者;(13)中国媒体(如新华社、中国新闻社);(14)日本媒体(如《读卖新闻》、《日本经济新闻》等);(15)第三方国家媒体;(16)其他来源。同一篇报道中常会出现多个来源,对于这样的报道,本研究选择主要的前三个来源进行编码,其优先顺序由以下标准决定:在报道中所占篇幅比例最大者;报道中提及次数最多者;出现在引言或第一段者;先出现在新闻中者。如果同一篇报道中出现两个或两个以上的同类型来源,则只计算一次。

2.报道倾向

报道倾向包括:(1)正面报道;(2)中立报道;(3)负面报道。报道内容对日本国家及企业有利或能提升其形象的为正面报道,如赞扬两国合作、经济发展等。而报道内容有可能产生不利影响或者有损形象的,则被归为负面新闻,如批评日本企业态度傲慢、隐瞒信息的做法等。如果报道不带有褒贬态度或者态度不明显,则被归为中立报道,中立报道重在表述事实,很少或没有评论性内容。

3.报道框架

通过对报道的分析,我们采用自下而上(bottom-up)的方法对报道的框架进行了探索式的总结。我们认为,在民族主义和全球化的两条线上,日本制造在中国的媒体表述中扮演着不同的角色,这些角色可以被分为:(1)日本作为学习榜样;(2)日本作为竞争对手;(3)日本作为合作互补的伙伴;(4)日本制造正在或已经衰落;(5)其他框架。采用前三类框架的报道主要从中国的视角出发,将日本制造分别视为中国产品的学习榜样、竞争对手或者平等的合作互补伙伴。其中,若一篇报道同时涉及多个框架,我们选取报道中占据篇幅最长的一个框架作为最主要框架进行编码,这一编码方式所依据的假设是:篇幅越长,则报道所产生的框架效果就越为明显。第四类报道框架不涉及中国,它们仅描述了日本制造由于某些原因已经或正在陷入衰退之中。不属于前四类框架的报道框架被归入"其他框架"之中。

(四)信度检测

在正式编码前,两位研究助理分别就所有的新闻报道进行了编码。信度计算公式是求相互同意的编码次数与总编码数的比例。少数相互同意度较低的项目由两名研究人员相互讨论,取得共识后,在不违背研究设计的前提下,合并或扩充某些类目,并依次对编码表加以修订。最后,本研究的主要变量编码员间信度分别是,报道来源(0.89)、报道倾向(0.87)和报道框架(0.86)。题项求得的编码员间信度都在 0.85 以上,符合内容分析的基本要求。

二、研究发现

(一) 报道频次的变化

以"日本制造"为关键词,我们在慧科新闻数据库中针对 6 家报纸进行了检索,所得文章数量共计293篇。去除与"日本制造"无关的文章以及重复报道,最后确定223篇有效样本。其中以《南方都市报》的报道数量最多,有92篇(41.3%),其余依序为《经济日报》36篇(16.1%)、《解放日报》28篇(12.6%)、《人民日报》26篇(11.7%)、《北京晚报》23篇(10.3%)和《新民晚报》18篇(8.1%)。从报纸类别上看,党报有90篇(40%),都市报有133篇(60%),都市报的报道数量约为党报报道数量的1.5倍。在报道数量的历年变化上,报道量的最低谷出现在2004年(9篇),从2005年到2010年,报道数量有所起伏但呈总体上升的态势。

对比党报和都市报,我们发现党报的历年报道量变化不大;都市报的报道量则从2001年至2004年一路下降,2005年后数量又开始上升。从报道篇数上看,日本制造越来越成为中国的主要报纸关注的报道议题,这样的趋势在都市报中更为明显,党报的关注程度则变化不大(见图1)。

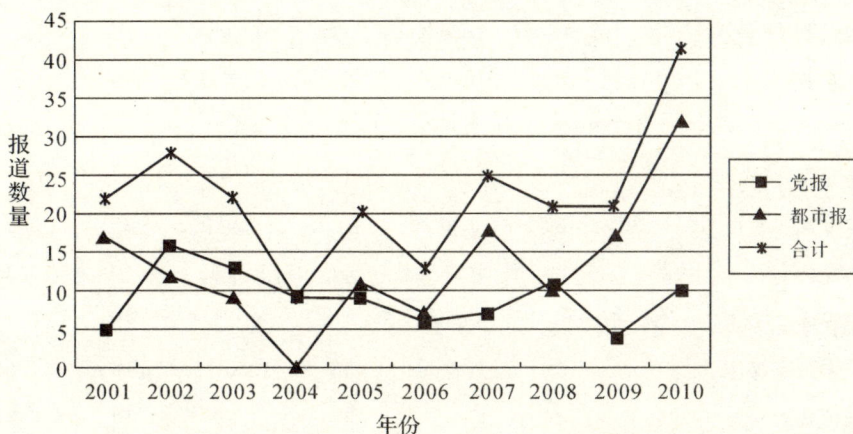

图1   2001—2010年6份报纸"日本制造"报道的篇数

(二)报道来源的比较

在223篇文章中有80篇报道并没有提及任何报道来源。剔除掉没有提及任何信源的文章后,本研究针对余下143篇报道进行了信源频次分析,总体而言,样本中的消息来源以"日本企业"(14.7%)、"中国企业"(12.7%)和"中国专家"(12.7%)为主,而"第三方国家政府或国际组织"(2.0%)、"日本专家"(3.4%)和"第三方国家企业"(3.4%)被引用的频次最低。

党报与都市报所使用的信源存在不同,党报的信息来源最多来自于"中国

新闻话语与形象建构

企业"和"中国专家",而都市报使用最多的信源是"日本企业"和"中国专家"。此外,一个值得注意的不同是,党报对"中国消费者"的重视程度很低,党报中仅有2篇引用了"中国消费者"这一信源,但都市报对"中国消费者"这一信源的使用频次与对"中国企业"和"中国媒体"的使用频次相当。整体而言,来自中国方面的信源被提到的次数最多,而日本信源被引用得较少,这说明报纸主要依赖于中国本地的信息。具体的信息来源分布如表1所示。

表1 "日本制造"报道的信源分布

信息来源	党报		都市报		合计	
	次数	百分比	次数	百分比	次数	百分比
中国政府	8	10.0%	9	7.3%	17	8.3%
日本政府	8	10.0%	2	1.6%	10	4.9%
第三方政府或国际组织	4	5.0%	0	0.0%	4	2.0%
中国企业	15	18.8%	11	8.9%	26	12.7%
日本企业	8	10.0%	22	17.7%	30	14.7%
第三方国家企业	2	2.5%	5	4.0%	7	3.4%
中国专家	10	12.5%	16	12.9%	26	12.7%
日本专家	3	3.8%	4	3.2%	7	3.4%
中国媒体	8	10.0%	11	8.9%	19	9.3%
日本媒体	5	6.30%	10	8.1%	15	7.4%
第三方国家媒体	3	3.8%	13	10.5%	16	7.8%
中国消费者	2	2.5%	11	8.9%	13	6.4%
其他信源	4	5.0%	10	8.1%	14	6.9%
合计	80	100.00%	124	100.00%	204	100.00%

(三)报道倾向的比较

表2显示了总体的报道倾向以及报道倾向与报纸类型的交互分析结果。党报和都市报对于"日本制造"的报道不存在倾向上的差异,两类报纸中占比例最高的报道均是"中立",其次是正面报道,负面报道的比例最低。不过,内容分析的结果也显示,都市报的正面报道比例略低于党报,而其负面报道比例略高于党报。

表 2　报道倾向与报纸类型的交互分析

报道倾向	党报		都市报		合计	
	频次	百分比	频次	百分比	频次	百分比
正面	38	42.2%	45	33.8%	83	37.2%
中立	42	46.7%	61	45.9%	103	46.2%
负面	10	11.1%	27	20.3%	37	16.6%
合计	90	100.0%	133	100.0%	223	100.0%
$\chi^2 = 3.754$, $d.f. = 2$, $p = 0.153$						

对报道倾向与时间段的交互分析发现,在不同的时间段,"日本制造"报道的倾向有所不同(见表3)。2001—2005年,正面报道与中立倾向的报道比例相近,中立报道略多于正面报道,负面报道所占比例最低;2006—2009年,中立报道占据了超过一半的报道量,其次是正面报道,比例最低的是负面报道;2010年,负面报道所占比例最高,约四成的报道都是负面倾向的,中立报道也占据了三分之一的比例,正面报道的比例则是最低的。总体而言,2001—2009年,正面报道以及中立报道占据了"日本制造"报道的大部分,负面报道较少,然而中立报道所占比例上升,正面报道所占比例下降;到了2010年,负面报道则占据了"日本制造"报道的最大比例,正面报道的比例进一步下降。虽然2006年后两国关系较为缓和,但"日本制造"的报道倾向愈发偏向中立和负面,到了2010年,由于丰田事件被大量报道,"日本制造"的形象愈发负面。

表 3　十年间报道倾向的变化

报道倾向	2001—2005 年		2006—2009 年		2010 年		合计	
	频次	百分比①	频次	百分比	频次	百分比	频次	百分比
正面	42	41.6%	30	37.5%	11	26.2%	83	37.2%
中立	44	43.6%	45	56.3%	14	33.3%	103	46.2%
负面	15	14.9%	5	6.3%	17	40.5%	37	16.6%
合计	101	100.0%	80	100.0%	42	100.0%	223	100.0%
$\chi^2 = 25.080$, $d.f. = 4$, $p < 0.001$								

(四)报道框架的比较

在223篇报道中,48%的文章(107篇)被归入"其他框架",22.4%(50篇)的报道将日本视为中国的学习对象,6.7%(15篇)将日本塑造为合作伙伴,

---

① 因四舍五入,百分比之和可能不是100.0%,略有出入,下同。

4.9%（11 篇）将日本作为竞争对手，17.9%（40 篇）认为日本制造"正在或已经衰落"。"学习对象"与"正在或已经衰落"是两个最突出的报道框架。

对报道框架与报纸类别的交互分析显示（见表 4），两类报纸在报道日本制造时所使用的报道框架是有所不同的，党报主要将"日本制造"视为学习对象（30.0%）；都市报使用最多的框架是"日本制造正在或已经衰落"（23.3%），同时也有一部分报道将日本制造视为学习对象（17.3%）。

表 4 "日本制造"报道的框架与报纸类别的交互分析

报道框架	党报		都市报		合计	
	次数	百分比	次数	百分比	次数	百分比
学习对象	27	30.0%	23	17.3%	50	22.4%
竞争对手	6	6.7%	5	3.8%	11	4.9%
合作伙伴	10	11.1%	5	3.8%	15	6.7%
正在或已经衰落	9	10.0%	31	23.3%	40	17.9%
其他框架	38	42.2%	69	51.9%	107	48.0%
合计	90	100.0%	133	100.0%	223	100.0%

$\chi^2 = 15.442$, $d.f. = 4$, $p = 0.004$

在不同时间段，报纸所使用的报道框架是不同的。不考虑"其他框架"，2001—2005 年，日本产品主要被作为"学习对象"来报道（23.8%），不过，日本产品"正在或已经衰落"（16.8%）以及它是中国的"合作伙伴"（12.9%）也都占据了一席之地。而在 2006—2009 年，日本产品作为"学习对象"（27.5%）更成为报道中最突出的框架。只是在 2010 年以后，媒体开始大量使用日本产品"正在或已经衰落"作为报道的框架（40.5%）。

表 5 "日本制造"报道的框架与时间段的交互分析

报道框架	2001—2005		2006—2009		2010		合计	
	频次	百分比	频次	百分比	频次	百分比	频次	百分比
学习对象	24	23.8%	22	27.5%	4	9.5%	50	22.4%
竞争对手	7	6.9%	2	2.5%	2	4.8%	11	4.9%
合作伙伴	13	12.9%	1	1.3%	1	2.4%	15	6.7%
正在或已经衰落	17	16.8%	6	7.5%	17	40.5%	40	17.9%
其他框架	40	39.6%	49	61.3%	18	42.9%	107	48.0%
合计	101	100.0%	80	100.0%	42	100.0%	223	100.0%

$\chi^2 = 37.777$, $d.f. = 8$, $p < 0.001$

在 10 年的报道中,竞争框架和合作互补框架出现的频率都相对较少。这一定程度上说明了日本和中国在全球产业链的地位并不相同:日本产品相对技术含量更高,而中国作为世界工厂在产业链上处于低端,两国之间能构成直接竞争的产品并不多,而能够做到合作互补的产品同样也不多。作为对社会现实的反映,中国媒体并没有太多地从竞争框架和合作框架出发来描写日本产品。

三、结论与讨论

(一)结果摘要

综合本研究分析结果,中国媒体在塑造日本制造的形象时仍以中立或正面态度为主,在信源上偏向于使用官方内容或中国方面的内容,在报道框架上以作为学习榜样的日本为主,同时也有不小的篇幅涉及日本制造的衰落。下面我们将研究的主要发现整理如下:

(1)对日本制造的报道中,都市报的报道数量约为党报报道数量的 1.5 倍;其中,报道量的最低点出现在 2004 年,最高点出现在 2010 年。如果将党报和都市报分开来看,党报的历年报道量变化不大;都市报的报道量则从 2001 年至 2004 年一路下降,2005 年后数量上升。从报道篇数上看,日本制造越来越成为报纸关注的议题,这样的趋势在都市报中表现得更为明显,党报的关注程度则变化不大。

(2)党报和都市报都主要依赖中国本国的信源。但是,在具体项目上两者存在不同,党报的信息来源最多来自于"中国企业"和"中国专家",都市报使用最多的信源是"日本企业"和"中国专家"。

(3)党报和都市报对于"日本制造"不存在报道倾向上的差异,两类报纸中占比例最高的报道均是"中立",其次是正面报道,负面报道的比例最低。不过,内容分析的结果也显示,都市报的正面报道比例略低于党报,都市报的负面报道比例略高于党报。就报道倾向与时间段的交互分析来看,2001—2009 年,正面报道以及中立报道占据"日本制造"报道的大部分,负面报道较少;到了 2010 年,负面报道则占据了"日本制造"报道的最大比例,正面报道的比例进一步下降。

(4)日本作为"学习对象"以及日本制造"衰落"这两个报道框架同时占据了报道中的重要地位。在"学习的对象"框架中,54% 的报道来自党报,46% 来自

119

新 闻 话 语 与 形 象 建 构

都市报。在"衰退"框架中,党报报道占 22.5%,都市报占 77.5%。与学习对象框架相比,衰落框架并没有在十年中连续成为报纸报道框架的重要方式,相反,它非常集中地出现在 2001 年和 2010 年。而在这两年内,日本产品频发召回事件,这成了该框架报道的直接导火索。

总而言之,本研究的结论为中国媒体对于日本制造的报道仍以中立或正面为主。不过,都市报对"日本制造"的负面报道比例更高一些;而且都市报比党报更多地采用"衰落"框架来报道。从数据上看,都市报报道量的峰值出现在 2001 年和 2010 年,这两次报道高峰都对应了日本产品所引发的两次事故:2001年 2 月,三菱越野车因质量问题遭国家禁令停止进口,由于三菱汽车的质量问题及此前的隐瞒行为,大陆都市报对三菱汽车进行了较为集中的报道,报道对象还扩展到一些其他的产品类别如消费电子类产品;2010 年 1 月,丰田汽车油门踏板存在安全隐患,丰田公司因此大规模召回及停售多款车型。而与都市报不同,党报只是在 2002 年出现了报道量明显高于其他年份的情况。2002 年,中国刚刚加入世界贸易组织不久,这一年中国出台了关税减让政策,这一政策将涉及日本汽车等进口产品在中国的价格及市场变动;此外,2002 年又逢中日建交三十周年,这些与国家间关系相关的议题都引发了党报的关注。换句话说,都市报在报道风格上更偏向于感性化,而党报反而在处理日本制造这一国际议题时更加谨慎,不会轻易做出批评。而从时间来看,对日本制造的报道与中日政治紧张程度的不同阶段同样也并无太大的关系。不过,正如下文所指出的,由于样本的第三阶段只有 2010 年的报道,选样上的偏差使得这一结论的推断力有所欠缺。

(二)研究限制和未来研究建议

第一,我们在内容分析的研究对象上选择了报纸,这是因为现阶段有关报纸的数据库最为完整,我们也有比较成熟的方法去测量和分析报纸中报道的特质。但是,显而易见,民众获取信息的渠道除了报纸以外,还有电视等传统媒体以及以互联网为代表的新媒体。考虑到电视节目和互联网的数据较难保存和追溯,在此次研究中我们采取了报纸新闻进行分析,但这可能也会造成本研究结果推论的局限性。

第二,报道框架常常构成解释新闻事件的角度,它代表了媒介观察事物的方式,而记者用框架来协助其包装新闻讯息让大众了解。由于对日本制造的研究尚属初创式研究,我们并没有采用那些在公众议题上已运用相对成熟的新闻框架模式,如责任框架、情感框架、冲突框架、经济影响框架等。相反,本研究采用自下而上式的数据归纳过程,在对具体情境的分析以做出一般性结论的归纳推理过程中,我们的框架假设可能还不够缜密。在本研究中,48%的样本都被归入其他框架之中,这会削弱框架之间比较的基础。

第三,由于本研究的数据收集是在 2011 年 10 月完成,我们选择了 2001—2010 年以来的十年报道,这十年被分为三个时期以代表中日关系的不同阶段。第三个阶段仅由 2010 年一年的样本构成,在时间范围上明显少于前两个阶段,因此,以此做对比研究可能会存在一定的局限,不能代表 2010 年以后的中日关系。未来我们希望能在时间范围上有所扩大,将 2012 年发生的钓鱼岛事件以及其后在中国发生的抵制日货运动都纳入第三阶段的考量范围。

参考文献

[1] 叶鱼婷.主流媒体对日报道框架研究:1972—2008[D].华中科技大学硕士学位论文,2009.

[2] 金熙德.2007 年中日关系的基本特点[J].亚非纵横,2007(2):1—5.

[3] 潘忠党.大陆新闻改革过程中象征资源之替换形态[J].新闻学研究,1997(54):111—139.

[4] 潘忠党,陈韬文.从媒体范例评价看中国大陆新闻改革中的范式转变[J].新闻学研究,2004(78).

[5] 是冬冬,周玲,陈华,宦艳红.日企部分工厂今起复工,短期销量和声誉或受挫.东方早报. http://www. 21cbh. com/HTML/2012-9-19/4MNDIwXzUyNDc4MA. html [OL],2012-09-19.

[6] 孙承.菅直人内阁的对外政策与中日关系[J].国际问题研究,2011(2).

新闻话语与形象建构

数字未来与媒介社会 2013 2

122

20 世纪 90 年代以来 SSCI 和 A & HCI 中国研究期刊里的中国传媒镜像

刘　兢[①]

【摘　要】　本文是对 20 世纪 90 年代以来 SSCI 和 A & HCI 这两大国际期刊数据库收录的中国研究期刊里涉及的传媒论文的整理。笔者发现,这些论文主要遵循"从传媒看中国"和"从海外看中国传媒"这两大路径。前者关注社会各阶层通过传媒的公共参与、传媒里讲述的中国故事、政治运作中的传媒角色等话题,提醒我们向外拓展研究"作为问题的中国传媒"的提问空间。后者借鉴海外近现代中国研究的两大主流范式,启示我们向内反思"中国传媒研究存在的问题"。

【关键词】　中国研究　中国传媒研究　国际期刊　综述

Review of Researches on "Chinese Media" in Journal of China Studies in SSCI and A & HCI since 1990s

Liu Jing

Abstract：This paper focused on the articles on "Chinese Media" in China related journals since 1990s which were recorded in SSCI and A & HCI database. There are two main approaches of these articles. One is "observing China through Chinese media", and some scholars care about such topics as the public participation in the media, the media coverage on Chinese everyday life and the role of the media in Chinese politics. The other is "analyzing Chinese media in western mainstream China study modes", while "State vs. Market" mode and "Impact-Response" mode are most often cited. These

①　刘兢,华南师范大学新闻与传播学系副教授。

articles suggested that we should not only ask more cross-disciplinary questions on Chinese media, but also re-examine the research on Chinese media in Communication discipline regularly.

Keywords：China studies；Chinese media studies；international journals；review

2011 年 12 月，*China Quarterly* 杂志第 208 期推出中国传媒研究专栏，汇集了三篇分别论及记者职业取向、司法实践中的传媒、电视公益广告等话题的论文。这本影响因子排名第一的 SSCI 中国研究期刊上首次出现传媒研究专栏，令人侧目。以此为契机，我们回溯了 20 世纪 90 年代以来 SSCI 和 A ＆ HCI 这两大国际期刊数据库收录的中国研究期刊里涉及传媒的论文，尝试为国人熟悉当代海外中国传媒研究的面貌提供更全面的参考。国内传播学门内尚无针对这些论文的系统整理，但它们其实包含双重意义。它们是跨学科的，传播学门外学人围绕传媒的提问常是我们的思考盲点。它们也是跨文化的，是来自异域、与中国传播学人立场相异的中国传媒报告。

根据我们的检索，这段时期内，*China Quarterly*、*China Journal*、*Modern China*、*China Review* 和 *Journal of Contemporary China* 等 SSCI 中国研究期刊中都有许多涉及传媒的论文，不少描绘近代中国早期报业概况的论文也在被 A ＆ HCI 收录的欧洲汉学名刊《通报》(*T'oung Pao*)和美国清史研究重镇 *Late Imperial China* 上现身。它们主要遵循"从传媒看中国"和"从海外看中国传媒"这两大路径。

一、从传媒看中国：海外中国研究传统的延续

自从隶属区域研究的现代中国研究随 20 世纪 60 年代麦卡锡时代的结束而在美国兴起以后，报刊就是以政治学者、社会学者及历史学者为主力的海外中国研究社群观察社会主义中国的重要资料，与华侨访谈、西方访华者回忆录、新中国小说等其他材料相互印证。美国现代中国研究权威魏昂德(A. G. Walder)在 1979 年曾撰专文传授自己利用报刊研究中国的心得体会，充分说明了当时的海外中国研究对报刊的依赖。在他看来，以报刊为主要材料的现代中国研究有三大路数：或归纳某类报道的主题以论证相关结论，或搜集对某位或

新闻话语与形象建构

某群精英的相关报道以窥视精英层的社会流动,还可直接将报纸作为"现实社会过程的指针"(an indicator of actual social processes),提示社会主义中国的诸多变化。

20 世纪 90 年代,中国门户重开已久,曾与社会主义中国"竹幕"相隔的海外中国研究者早已无须仅靠有限的报刊等材料揣摩中国动态,可报刊仍是他们认识中国的重要辅助手段。SSCI 和 A & HCI 收录的中国研究期刊里一些涉及传媒的论文为我们记录了近代以来若干与传媒息息相关的中国政治文化生活片段。

政局不稳时社会各阶层通过传媒的公共参与,是这些论文的一大主题。德国海德堡大学中国研究中心的瓦格纳(R. G. Wagner)等人在"公共领域"框架内的清末上海报刊研究早已被引入华人传播学术圈,海德堡门人燕安黛(A. Janku)和费南山(N. Vittinghoff)发表在《通报》上的两篇讨论也因袭了此框架。燕安黛试图在《申报》早期的政论文章与晚清魏源等人辑录精英学人和官吏议论国事文字的《皇朝经世文编》之间建立关联。她笔下的两者各有所长、相互扶持,"报纸成了(经世文编)中信息和新思想的主要来源,以书本形式出版的文编则让入选的报刊文章更耐久、更权威",这为日后的清末政局骤变奠定了话语基础。费南山从同治年间轰动一时的名伶杨月楼案入手,比较了牵连其中的各方势力在《申报》上的诸多言论,以期回答"1870 年代的首批中国报纸是如何为新兴城市社群开拓新的公共领域的?"

与海德堡学人的切入点相似,历史学者王娟放大了吴趼人等清末中下层文人在《游戏报》等上海小报上披露的真假官场秘辛对江南民众的政治启蒙作用,认为"在小报周围形成的文化社群,展示了植根于中下层文人圈(以受旧学教育者为甚)的民众对民族政治的早期参与。"还有学人把视线拉至 20 世纪 80 年代中期,将当时《世界经济导报》上风行一时的"专家治国论"看成新兴技术官僚们要求进一步参与国家治理的口号,因为"对新兴社会价值观的表述,常常是让权力诉求'正当化'的一种尝试。"艺术史学者伍美华眼中的《申报》则成了清末上海书画家打造行业声望和社会声望的名利场。书画家们既会在《申报》刊登广告推销作品,也会在副刊撰文唱和、彼此造势,还会在易于见报的作品赈灾义卖中露脸以赚取人气。清末《申报》上展现的上海艺术圈"不仅是一个商圈,而且是一个隶属范围更广的大社交圈的职业群体。"

传媒里讲述的中国故事,是这些论文的另一大主题。曾在广州电视台工作多年的雷凯文（K. Latham）是个"中国通"，看待北京奥运期间中外传媒关于"真实中国"之争议的立场也相对中立。他坦言，中国专家驳斥西方的负面奥运报道时惯用的"不了解中国者无权指摘中国"说固然难获西方认同，但不少西方传媒确实偏见明显。若转换脑筋，则"在西方报界被贬为伪烟花秀的开幕式'大脚印'绝非骗局，而是创造媒体奇观之壮举。"孔书玉和伯格（D. Berg）都企图抓住当代中国影视剧反映的社会脉动。前者将曾在 CCTV 热播的《乔家大院》、《晋商》等节目对近代晋商的褒扬解读成为市场经济大潮中新涌现的商人群体正名的"媒介仪式"；后者从 2007 年登场的网络真人秀节目《心灵拍档》对荷兰真人秀鼻祖《Big Brother》的模仿中，看到了解析"全球化中国跨文化移植的形式及其政治社会内涵"的可能性。二战史学者帕克斯（C. M. Parks）对不同时期中国报纸上抗战报道的对比惹人深思：抗战当时的相关报道以歌颂国军英勇抵抗为主调，毛泽东时代的报纸则多在"中国胜利"模式下纪念抗战而省略南京大屠杀等细节，而邓小平时代的报纸日益突出了中国的"受难者"形象，以此凝聚民族情感。

虽然相关讨论不多，但传媒在近代以来中国政治运作中的角色仍是这些论文里不容忽视的第三大主题。斯特拉纳汉（P. Stranahan）从延安《解放日报》改版看当时中共党内本土派与国际派的路线之争，与黄旦先生据此事件追溯中共"完全党报"之源头的讨论殊途同归。哥伦比亚大学中国法专家利伯曼（B. L. Liebman）把当代中国传媒对司法活动的监督视为超越传统垂直监督体系的水平"竞争性监督"，其根本目的是稳中求变，帮助"政府在避免颠覆性政治体制改革的前提下提升其（政策）敏感度（responsiveness）与责任感"。

二、从海外看中国传媒：海外中国研究范式影响下的解读

与上述沿袭"从传媒看中国"路径、最终落脚于中国问题的论文不同，SSCI、A & HCI 收录中国研究期刊中另外一些涉及传媒的论文，则在理解近代以来中国变迁的两大海外主流范式的影响下聚焦中国传媒本身，为我们提供了从多棱镜里透视中国传媒的宝贵经验。

作为海外当代中国研究的主流范式，"国家与社会关系"范式关心"社会主义中国国家权力的运作，以及这一权力会在何种程度上受到民间社会的制约和挑战"，受其影响的海外传播学人看待当代中国传媒改革的焦点也集中于"传媒

市场化后国家与传媒关系的变化"。SSCI 和 A & HCI 收录中国研究期刊中若干剖析当代中国传媒问题的讨论也不离此范式,如陈和顺从《焦点访谈》批评报道的频率、时机、批评对象级别等因素来看待中国政府传媒管理政策的变化。施达尼(D. Stockmann)评价党借助传媒引导民间反日情绪时的论调很是典型,"只要党保持其在必要时管控传媒的能力,传媒商业化就可成为党在危机时实现政策目标的手段。"何尚恩(J. Hassid)则批评描述当代中国记者职业取向的"党的喉舌 vs 新闻专业主义者"传统说法已难呼应现实,为民请命的推动型新闻人(advocate professionals)和只为生计奔波的谋生型记者(workaday journalists)同样大有人在,从一个小角度丰富了传媒市场化后国家与传媒关系变化的大叙事。

海外学人借"国家与社会关系"范式剖析当代中国国家与传媒关系的尝试已不新鲜,但 China Quarterly 上的两篇报告仍值得细读。前者源自曾任《人民日报》评论部编辑吴国光的"局内人"经历,生动回忆了 20 世纪 80 年代中后期在中央领导直接指导下《人民日报》评论的问世经过。评论员们常直接将领导讲话整理成社论,但他们也有"自选动作",如在领导讲话中斟酌可被阐发的亮点,或针对一些软性社会议题在《今日谈》里直抒胸臆。后者则脱胎于社会学门出身的林芬 2005 年对广州记者境况的实地调研。她发现在记者心中,党的新闻观与传统文人情结和新闻专业主义理念并存,自认中产阶级的记者们其实并不激进,而更乐于做言胜于行的"不活跃的自由主义者"。

海外当代中国研究强调国家与社会的纠葛,而海外近代中国研究则与源自费正清(J. K. Fairbank)的"冲突—回应"范式关系甚密,关注西方影响下近代中国的变迁。国内早有学人从中国的立场出发,阐释中西交流之于近代中国新闻业成型的意义,指出"真正完整呈现并参与西方文化的全面接触及中国文化对西方文化的'涵化'过程……应该说还是新闻媒介。"Late Imperial China 上的两篇论文为我们呈现了西方立场下的相关思考。瓦格纳(R. G. Wagner)基于《申报》早期东主美查(E. Major)与当时英国驻沪领事达文波(A. Davenport)的往来通信等英国档案断言,英国政府并未特别关照这份英人在远东办起的中文报纸,达文波曾无视美查请他与上海道台交涉的求助信,"《申报》的命运更多地与中国政治、经济和知识阶层对它的'文化接受'相关,而与美查的洋人身份关联不大。"费南山希望重新评价梁启超在近代中国新闻启蒙中的地位,倡言不是梁氏新新闻观推动了清末国人办报高潮,而是当时源自西方的近代报业从沿海向内地的蔓延促使梁氏做出理论回应。她认为近代中国报纸的演化轨迹与西方迥异,标准版本的西方报史突出的是一条从不自由到自由的报业抗争之路,而近现代中国报史的脉络则反其道而行之,其主线是从相对自由的殖民地、租界华文报纸趋向纪律严明的政党报刊。

2004 年第 4 卷 1 期的 *China Review*"权力、语言与中国新闻业的跨国维度(1850—1949)"专辑中的数篇论文更提倡超越"中/西"二元对立观,还原沪港穗三地早期中文报纸复杂的跨国生产场景。顾德曼(B. Goodman)眼里的近代上海报刊可成为有心人建构跨国身份与圈子的援助,"善于经营西方人脉的中国记者自会利用它们,在西语报刊上撰文扩大声望、强化自身观点的正当性。驻沪的西方记者也靠他们的中国关系打探消息、结交闻人甚至实现政治图谋。"前者如曾任 *China Press* 主笔、后来官拜国民党政府新闻局长的董显光,后者如参与创办《商报》、与孙中山夫妇关系密切的俄裔美国记者索克思(G. Sokolsky)。费南山分析 19 世纪沪港两地报业生态的另一篇论文也被纳入专辑。她同样反对简单地将华报和洋报分开,指出"报纸是中国人兴办与否,其实与报纸的政治文化导向无关,也无法决定报纸的民族倾向",并称《循环日报》等香港早期华人自办报纸高扬民族大旗之举其实有营销策略之嫌。

三、结论与讨论:作为问题的中国传媒和中国传媒研究存在的问题

映射中国传媒的知识绝对不是中国传媒过去事迹的简单再现,而是知识生产者与中国传媒之间互动关系的真实反映,知识生产者的理论背景、所获材料等机缘都会左右其产出。这样看来,上述 SSCI 和 A & HCI 中国研究期刊里涉及传媒讨论中的若干值得推敲之处就不难被理解了。其一,它们以西方理论话语观照与中国传媒相关的问题,而这些理论是否适用于中国场景则实在是见仁见智。李金铨先生就曾批评海德堡学人用"公共领域"统摄关于近代上海早期报纸的讨论是"拿历史材料去迎合整齐划一的概念,而不是在具体的历史情境中考察报纸。"其二,它们的材料多来自京沪港穗等近代以来中西交流频繁之地,而未能呈现偌大的中国各地传媒的多元面孔,如 *China Qaurterly* 上难得出现的那篇林芬的报告只是对广州记者圈的调查而已。

但是,这些讨论仍然值得大陆传播学界重视。上述循"从传媒看中国"路径的论文启发我们,要走出传播学学科的门墙,拓展研究"作为问题的中国传媒"

新闻话语与形象建构

的提问空间,扩大中国传媒研究在以中国为关注对象的社会科学知识社群中的影响力。能让传播学科以外的学人兴致盎然的关于中国传媒的研究,一定是勾连了传媒与中国历史与现实中的重大议题的研究,如对民族主义在中国传媒中的叙述模式的总结。社会各阶层在传媒上如何进行话语博弈?传媒如何表征社会现实?传媒与政治经济热点之间有何勾连?这些脱胎自 SSCI 和 A & HCI 中国研究期刊中涉及传媒论文的提问,都亟待我们进一步追溯和丰富。

另外一些循"从海外看中国传媒"路径的论文则提醒我们须常常自省,向内审视中国传播学人的"中国传媒研究存在的问题"。传媒研究不能被关在传播学的知识院落里故步自封,这已成为不少传播学人之共识,如李彬先生引入中国近代史研究的三大范式说,为我们呈现了有别于传统一元革命化范式的新闻史讲述。上述来自异域的中国传媒观察至少能提供两方面启示:一是用跨国视野突破国人视野之局限。例如,顾德曼等人捕捉的近代沪港早期报纸跨国新闻生产场景中的若干细节,已足以让我们反思在民族情感驱动下为这些报纸贴上华报或洋报标签的做法。二是用跨国材料检验关于中国传媒的旧识。瓦格纳使用美查和达文波通信等英国档案研究早期《申报》自是良好示范,最近有学人开始整理 1979 年以来美国主要大报前驻华记者的驻华经历回忆录,也是上述从西方反观中国思路的体现。

参考文献

[1] Walder A G. Press Accounts and the Study of Chinese Society. *China Quarterly*, 1979(79):568-592.

[2] 周婷婷,郭丽华,刘丽. 海德堡大学汉学系早期中文报刊研究概况[J]. 新闻大学, 2007(3),13—16.

[3] Janku A. Preparing the Ground for Revolutionary Discourse: From the Jingshiwen Compilations to the Periodical Press in Nineteenth-century China. *T'oung Pao*, 2004, 90(1/3): 90.

[4] Vittinghoff N. Readers, Publishers and Officials in the Contest for a Public Voice and the Rise of a Modern Press in Late Qing China, 1860-1880. *T'oung Pao*, 2001, 87(4/5): 395.

[5] Wang J. Officialdom Unmasked: Shanghai Tabloid Press, 1897-1911. *Late Imperial China*, 2007, 28(2): 122.

[6] Li C & Lynn T W III. China's Technocratic Movement and the World Economic

Herald. *Modern China*，1991，17(3)：371.

[7] Wue R. The Profits of Philanthropy：Relief Aid，Shenbao，and the Art World in Later Nineteenth-century Shanghai. *Late Imperial China*，2004，25(1)：188.

[8] Latham K. Media，the Olympics and the Search for the "real China". *China Quarterly*，2009(197)：42.

[9] Kong S. Cultural Propaganda in the Age of Economic Reform：Popular Media and the Social Construction of Shanxi Merchants in Contemporary China. *China Journal*，2010 (63)：97.

[10] Berg D. A New Spectacle in China's Mediasphere：A Cultural Reading of a Web-based Reality Show Form Shanghai. *China Quarterly*，2011(205)：133.

[11] Parks M C. The legacy of China's Wartime Reporting，1937-1945：Can the Past Serve the Present? *Modern China*，2010，36(4)：435-460.

[12] Stranahan P. The Last Battle：Mao and the Internationalist's Fight for the Liberation Daily. *China Quarterly*，1990(123)：521-537.

[13] 黄旦.从"不完全党报"到"完全党报"：延安《解放日报》改版再审视. //李金铨编著.文人论政：民国知识分子与报刊[M].台北：政大出版社，2008.

[14] Liebman B L. The Media and the Courts：Towards Competitive Supervision?. *China Quarterly*，2011(208)：835.

[15] 周晓虹.中国研究的可能立场与范式重构[J].社会学研究，2010，25(2)：1—29.

[16] 刘兢.1990 年代以来英文文献里的当代中国传媒改革研究[J].国际新闻界，2010，32(6)：105—109.

[17] Chan A. From Propaganda to Hegemony：Jiaodian Fangtan and China's Media Policy. *Journal of Contemporary China*，2002，11(30)：35-51.

[18] Stockmann D. Who Believe Propaganda? Media Effects during the Anti-Japanese Protests in Beijing. *China Quarterly*，2010(202)：287.

[19] Hassid J. Four Models of the Fourth Estate：A Typology of Contemporary Chinese Journalists. *China Quarterly*，2011(208)：813-832.

[20] Wu G. Command Communication：The Politics of Editorial Formulation in the People's Daily. *China Quarterly*，1994(137)：194-211.

[21] Lin F. A Survey Report on Chinese journalists in China. *China Quarterly*，2010 (208)：421.

[22] 单波.20 世纪中国新闻学与传播学：应用新闻学卷[M]. 上海：复旦大学出版社，2001：6.

[23] Wagner R G. The Shenbao in Crisis：The International Environment and the

新闻话语与形象建构

conflict between Guo Songtao and the Shenbao. *Late Imperial China*, 1999, 20(1): 133.

[24] Vittinghoff N. Unity vs. Uniformity: Liang Qichao and the Invention of a "New Journalism" for China. *Late Imperial China*, 2002, 23(1): 130.

[25] Goodman B. Semi-colonialism, Transnational Networks and News Flows in Early Republican Shanghai. *China Review*, 2004, 4(1): 86.

[26] Vittinghoff N. British Barbarians and Chinese Pigtails? Translingual Practice in a Transnational Environment in Nineteenth Century Hong Kong and Shanghai. *The China Review*, 2004, 4(1): 27.

[27] 李金铨. 过度阐释"公共领域"[J]. 二十一世纪(香港),2008(110):123.

[28] 黄煜,李金铨.90 年代中国大陆民族主义的媒体建构[J]. 台湾社会研究季刊(台北),2003(50):49—79.

[29] 李彬.中国新闻社会史(1815—2005)[M]. 上海:上海交通大学出版社,2007.

数 字 未 来 与 媒 介 社 会 2013 2

网 络 传 播 与
媒 介 效 果

从同一效果到差异效果：
对新媒体与主观阶层认同关系的多层分析[①]

周葆华[②]

【摘　要】　本文在以往单一地区研究的基础上更进一步,运用 2010 年全国的居民问卷调查数据($N=37279$),阐述并检验新媒体使用对主观阶层认同影响在各地的同一性与差异性。研究表明,互联网与手机的采纳与使用在控制其他个体层面变量以及地区层面变量后,依然对主观阶层地位的感知具有显著的独立影响。更重要的是,该影响会因地区不同而产生差异,这种差异至少受到地区层面新媒体普及率和使用平均状况的影响——网络采纳的效果在普及率较低的地区更为明显,手机行为多样性效果在手机功能使用较为单一的地区更加显著。这些发现既确认了新媒体影响主观阶层认同的普适性,更提醒我们,新媒体重塑阶级或阶层的过程并非一致均衡的,而是存在显著的地区差异性。本文也希望通过这个具体题材的探讨,呼唤更多立足中国本土的差异效果研究。

【关键词】　新媒体　主观阶层认同　同一效果　差异效果　多层分析

From Universal Effects to Differential Effects:
A Multi-level Analysis of the Relationship between New Media Use and Subjective Social Status

Zhou Baohua

Abstract：Analyzing a nation-wide random sampling survey（$N = 37279$）

133

①　本文为复旦大学新闻学院“211”三期项目“中国当代社会变迁和大众传媒”(项目编号:211XK03)的成果。
②　周葆华,复旦大学新闻学院副教授。

网络传播与媒介效果

conducted in 2010, this paper explores the differentiation of the relationship between new media use and subjective social status in China. It shows that even after controlling for other individual-level and aggregate-level variables, the adoption and usage of new media are still positively related to the individuals' subjective social status. More important, the individual-level effects vary among geographic areas in accordance with the levels of new media penetration and usage patterns. It finds that the positive effect of new media adoption on individuals' subjective social status is higher in those areas with relatively low Internet penetration rate, and the diversity of mobile phone activities has higher influence on the subjective social status in the areas where individuals' average diversity of mobile phone activities is low. With these findings, this paper argues that the process of reproduction of social stratification by new media is not universal, but contingent on aggregate-level geographic factors. The significance of differential media effects research in Chinese context is also discussed.

Keywords: new media; subjective social status; universal effects; differential effects; multi-level analysis

传播效果研究较为关注一般状态（"同一效果"），而相对较少讨论效果在不同群体之间的分布差异（"差异效果"）。历史地看，传播研究中虽然并不缺乏这样的讨论，甚至关于差异效果的讨论相当程度地推动了理论创新——例如知识沟（knowledge gap）研究所代表的基于个体所处的社会经济地位（SES）区分媒介效果强度的传统（Tichenor, Donohue, & Olien, 1970），但总体而言，此类研究仅占少数，而在中国传播效果实证研究中更加稀缺。基于此，本研究试图超越一般局限于单一地域样本的"同一效果"研究，而利用一个全国性随机抽样调查数据讨论新媒体所造成的"差异效果"。

本文选择的具体研究问题是新媒体（包括互联网与手机）采纳与使用与主观阶层认同的关系。所谓"主观阶层认同"（subjective social status），与偏重衡量个人所拥有资源状况的客观阶层地位不同，指的是"个人对自己在社会阶层结构中所占据位置的感知"（Jackman & Jackman, 1973），它固然受到个体客观阶层地位的影响，但在意识型塑的过程中亦有超出结构所限的能动性。基于此,在以往研究中,我们已经阐释并初步证实了新媒体采纳和使用对个体主观阶层认同具有显著的独立影响(周葆华,2010;Zhou,2011)。但是,在中国这样一个地区、经济、文化等发展高度不平衡、异质化程度很高的社会,新媒体的影响(具体到本研究,新媒体与主观阶层认同之间的关联)是否具有跨越不同地区的普遍性?抑或在不同地理和经济发展水平的地区具有不同程度的体现?这些影响力的同异又受到哪些结构层面因素的影响?本文认为,探讨这些问题,不仅可以延续和深化我们对于新媒体与主观阶层意识关系的研究,而且可以通过这样一个具体的领域和问题,透析并呼唤更多的基于中国本土的、新媒体环境下的"差异效果"研究,阐释并厘清新媒体在重构中国社会过程中影响力的普遍化和差异化、一般性与特殊性,以此推动我国(新)媒体效果研究的深入。

一、文献综述与研究思路

(一)从同一效果走向差异效果:交互分析与多层分析

应当说,传播效果差异化的思想并不新鲜。有关传播效果研究所建构的"强—弱—强"三段论"神话"叙事中,对第二阶段"有限效果论"的概括就强调:"某些传播,在某些问题上,被某些人在某些情况下所注意,有某些作用"(Berelson,1948;Klapper,1960)。"火星人入侵地球"的轰动事件与其说是"魔弹论"的典范代表,毋宁说是"差异效果"的生动体现——部分人受到惊吓逃跑,另一部分则未受影响。尽管如此,在日后漫长的传播效果实证研究中,采取方差分析或是线性回归方程模型的统计方法,却主要在探讨"同一效果"——针对所研究的人群总体分析计算效果是否存在以及效果的强弱程度,也就是说,并未考虑媒介效果在不同人群、不同地域之间所造成的可能的差异分布。诸如议程设置、涵化等经典理论,主要着眼于媒介对受众产生的普遍化、同质化"效果"(郭中实,2008)。

虽然关于"差异效果"的讨论总体上较为被忽视,却也并不缺乏。其集中体现于传播研究中对"交互"(interaction)或"调节"(moderation)概念的重视——强调效果的发生是有条件的或其强弱会因为第三个变量的存在产生差异(Eveland,1997)。知识沟(knowledge gap)就典型体现了这一思想——媒介对个体知识增长的贡献会因其所处的社会经济地位(SES)不同而产生速度区分(Tichenor, Donohue, & Olien, 1970),涵化研究的重要发展——"共鸣"

(resonance)和"主流化"(mainstreaming)亦是交互效应的体现——前者表明个体经验与电视描述的一致会加强电视的涵化效果、后者强调该效果受到观众在低度收视时对外部世界不同感知的调节(Gerbner et al.，2002)。在政治传播效果研究中，学者们探索了媒介使用(包括新媒体)对公民政治知识和政治参与的影响会因为个体层面上的某些因素(如人际讨论程度、政治兴趣水平)产生差异，也就是说，(新)媒介效果在不同人群中的分布并非是均一的、而完全可能是不平衡的(如 Scheufele，2002；Xenos & Moy，2007)[①]。

探讨差异效果的另一个相关但又不同的思路来自于多层分析(multi-level analysis)。传播研究一直强调多层分析的重要性，提倡建立集体层面与个体层面之间的理论连接(Price，Ritchie & Eulau，1991；Pan & McLeod，1991；Slater，Snyder & Hayes，2006)。随着相关实证研究工具、特别是多层线性模型(MLM)的发展和应用，跨层次分析中理论倡导和经验研究间的断裂开始得到初步弥合。在美国公民参与的研究场景中，一些研究者开始探讨社区结构性变量对社区居民参与行为的影响，例如居住稳定性(集体层面变量)如何调节了本地媒介接触(个体层面变量)对其公民参与的影响(Kang & Kwak，2003)，个体层面的硬新闻使用对其信任和社区参与的效果如何因社区稳定性而有所不同(Shah，McLeod & Yoon，2001)等。其中值得重视的研究来自鲍尔—洛基奇及其领导的南加州大学"媒介转型"(Metamorphosis)团队(Ball-Rokeach et al.，2001；Kim & Ball-Rokeach，2006)，她们通过对"传播基础结构论"、"传播行动情境"、"社区轶闻传播系统"等一系列概念的阐发，建立社区变量与个体变量之间的连接，并在经验研究中证明了社区变量(如居民异质性和居住稳定性)不但可以影响个体层面的社区参与，而且可以调节个体层面变量的影响。例如，个体对社区轶闻系统的整合连接(ICSN)对其公民参与的影响会因所在社区的异质性和稳定性产生不同，其正向作用对于居住在更为异质、更不稳定的社区居民而言更加重要。

因此，多层分析为我们探讨差异效果、特别是在一个幅员辽阔、发展差异非常明显的社会(如中国)中的媒介效果提供了重要思路。我们不仅需要询问在

---

① 最近理论建构和统计分析技术的发展，更加强调了检验调节(moderation)甚至中介调节(mediated moderation)、调节中介(moderated mediation)的假设。可参见 Hayes (2009)，MacKinnon (2008)等。

类似中国这样一个高度差异和层级复杂的社会中,公众的媒介使用及其认知、态度、行为等本身是否具有差异化、多样化、不平等的特征(如"数码沟"研究所关心的问题),而且需要探询媒介对公民的认知、态度、行为等的效果(或两者间的关系)是否具有差异化的分布特征,如果具有差异化的分布特征,这些差异又受到哪些结构层面变量的影响。遗憾的是,这方面的研究除个别例外(如Panetal,2012),目前整体上尚未展开,因此也严重制约了我们对当下中国社会(新)媒介效果理解的深入。

(二)新媒体与主观阶层认同的关系:从单一层面到多层分析

如前所述,本文选择的一个具体研究问题是新媒体与主观阶层认同之间的关系。我们是在探讨新媒体如何重构转型期中国社会公众身份意识的整体框架中思考这一问题的。作为"阶层意识"(strata consciousness)——个体对社会阶层分化(或不平等状况)之主观意识和感受的一个重要维度(刘欣,2001),"主观阶层认同"(subjective social status)指的是"个人对自己在社会阶层结构中所占据位置的感知"(Jackman & Jackman,1973)。在早先研究中(周葆华,2010;Zhou,2011),我们基于主观阶层认同的结构主义与建构主义视角,特别是布尔迪厄强调资本与惯习的阶级/阶层理论等理论资源,将新媒体采纳与使用视为社会空间内的一种资源,并将之概念化为"新媒体资本"(代表基于媒体资源可得性,在生活场景中动态、多元地使用新媒体的能力),探讨其与主观阶层认同之间的理论关系。

在理论阐释基础上,我们运用单一地区(上海市)的调查数据,验证了上述理论假设。研究发现:即使在控制个体层面的人口学变量(代表客观阶层地位)后,新媒体使用仍然可以对主观阶层认同产生独立的贡献。具体来说:新媒体的采纳(包括网络和手机)可以在很大程度上影响社会成员的地位感知;而新媒体使用的具体模式——主要是地点(移动和户外上网)和内容(对体现互联网优势的参与和创造功能的利用、对手机多种功能的复合使用),亦可以显著影响网民和手机用户的主观阶层认同。概言之,新媒体的采纳和使用不仅受制于社会结构,而且可以重塑阶级或阶层。

上述发现推进了我们对于主观阶层地位和新媒体关系的理解,但它有一个明显的不足:即研究只在上海一地进行,无法获知新媒体与主观阶层认同之间的关系在其他地区是否同样适用。也就是说,这种关系是否具有跨地区的普适性?因此,我们需要将研究从单一地区层面扩展至多地区层面,探询主观阶层

网络传播与媒介效果

认同,及其与新媒体之间的关系在不同地区分布的同一性与差异性。具体地,本文将考察或检验如下三个相互关联的研究问题或研究假设。

首先,本研究将会考察主观阶层认同本身的跨地区差异。作为一个地域辽阔的发展中大国,中国无疑是世界上地区发展最不平衡的国家之一。研究者甚至指出,在中国内部就可以划分出几个处于完全不同发展阶段的"世界"(胡鞍钢等,2001;Chovanec,2009)。经济、社会、文化发展的不平等给各地民众带来不均的资源,象征不同的客观阶层地位,也必然会影响他们的主观阶层认知。李培林等(2005)基于2002年全国抽样调查数据的分析发现:在控制了收入、教育等个体层面的因素后,处于相对不发达的西部地区的民众,会对自己的阶层地位有较低的认同。但他们的研究除了地理区域外,没有包括其他集体层面变量,也没有探讨集体与个体层面之间的交互关系。因此,本研究首先基于全国性调查数据,回答下列问题:

研究问题1:目前中国公众的主观阶层认同呈现什么样的分布形态?它在各地区之间是否以及存在怎样的差异?

其次,我们需要检视在上海调查中所发现的新媒体采纳和使用对主观阶层认同的影响是否在全国范围内依然存在,即是否具有超越地域差异的普遍性关系。为此,我们不仅需要控制其他个体层面的变量(如人口背景、传统媒体使用),而且需要控制地区层面的变量,以及两者之间的交互。我们将检验如下假设:

研究假设1.1—1.2:在控制其他个人变量与地区变量之后,个人层面的互联网采纳(H1.1)和手机采纳(H1.2)对其主观阶层认同具有显著的正向影响。

研究假设2.1—2.3:在控制其他个人变量与地区变量之后,新媒体使用模式(新媒体资本[①])——移动和户外上网的频率(H2.1)、网络参与和创造行为(H2.2)以及手机使用行为的多样化程度(H2.3)对主观阶层认同具有显著的影响。

最后,研究将检验个体层面的新媒体采纳和使用对主观阶层认同的影响是否具有地区差异,以及这种差异如何受到地区层面因素的影响。尽管多层分析

[①] 对"新媒体资本"等概念的详细阐释可参见周葆华(2010)。

可以只检验个体层面变量效果差异性存在与否、而无须细致化差异的具体来源,本文却希望从解释主观阶层认同的"动态"模型出发加以事先的探讨。所谓"动态"模型,是相对于强调阶级/阶层意识由其客观经济地位决定的"静态"模型而言,是从社会流动和生活机遇相对变化的角度解释阶层意识的形成,其中的重要代表是"阶层认知的相对剥夺"命题(如刘欣,2002;李培林等,2005)。该命题认为,人们感知自我所处的阶层地位会经过一个社会比较的过程——如果发现与社会环境中的其他成员相比正在沦为"相对剥夺地位"(relatively deprived situation)(即所占有的经济、权力、文化等资源相对少),他们将倾向于做出社会不平等的判断,更可能认为社会是一个分层社会,并更倾向于认为自己处于较低的社会地位;相反,如果通过与他人的比较发现自己处于"相对优势地位",则会催生"相对优越感",从而对自己的阶层位置有向上偏移的判断。根据这一命题,本文假设:个体层面对资源的掌握程度对主观阶层认同的影响力强弱会受到所在地区资源分布程度的调节——如果社会成员处于一个资源平均拥有度较低的地区,他/她会更容易产生"相对优越感",从而影响个体层面变量影响力的升高;相反,如果其所在地的资源平均拥有程度较高,其"相对优越感"就趋于下降,个体层面资源拥有对主观阶层认同的影响力也相应下降。举例来说,个人收入是影响其主观阶层认同的重要因素,如果在一个平均收入水平较低的地区,我们可以预计,个体高收入带来的"相对优越性"会更为明显,其对阶层认同的正向影响会因此更强;而在另一个平均收入水平较高的地区,个体高收入带来的对阶层认同的作用就未必那么明显。基于上述推理,本研究将检验如下两组研究假设:

　　研究假设 3.1—3.2:新媒体采纳对个人主观阶层认同的影响存在地区差异,这种差异受到地区层面新媒体普及率的影响——网络采纳(H3.1)和手机采纳(H3.2)对主观阶层认同的正向影响分别随着该地区网络普及率和手机拥有率的升高而降低。

　　研究假设 4.1—4.3:新媒体使用对个人主观阶层认同的影响存在地区差异,这种差异受到地区层面新媒体使用平均水平的影响——移动和户外上网频率(H4.1)、网络参与和创造行为(H4.2)以及手机使用行为的多样化程度(H4.3)对主观阶层认同的正向影响分别随着该地区的移动和户外上网平均程度、网络参与和创造行为平均程度以及手机使用行为多样化平均程度的降低而升高。

网络传播与媒介效果

二、数据与测量

本文的数据来自复旦大学新闻学院"211"项目——新传播形态下的中国受众调查(2010)①。在分析新媒体采纳与主观阶层认同的关系时,包括了所有被访者($N=37279$),在具体分析新媒体使用模式的影响时,仅分别基于网民样本($N=13228$)和手机用户样本($N=29044$)。

由于本文的研究目的是通过跨层次的分析探讨新媒体与主观阶层认同关系在不同地区的分布情况,因此需要构建集体层面的单元(aggregate unit)。基于集体层面单元内部应当具有高度同质性以及本样本的实际构成情况,本文将集体层面单元确定为"县级单位",它包括了县、县级市以及地级或以上市(省会城市、直辖市)中的县级行政区,由此形成了 624 个集体单元。它们所包含的样本数最少为 24 人(农村地区)、最多为 736 人(直辖市),中位数为 28 人。由于有 28 个县级单元的样本中没有网民,所以在分析网民时,包括的县级单元为 596 个(单元内的样本数 1~410,中位数为 6)。手机用户分析基于的县级单元为 624 个(单元内的样本数 4~630,中位数为 22)。

分析中涉及的变量及其测量方式如下。

(一)主观阶层认同

问卷采用从 1 到 7 的量表(1=最底层,7=最高层),询问被访者一组有关阶层认同的问题("如果将社会上的人分为七层,就以下各个方面,你认为自己目前在社会上更符合哪个选项"),这九个方面包括经济收入、权力地位、工作职业、社会声望、交往圈子、文化程度、消费水平、文化品位和生活格调。经主成分斜交因子分析结果发现,这组变量只构成一个因子,因此将之加总取均值,代表公众的主观阶层认同(信度系数 $\alpha=0.95$)。

(二)个人层面上的新媒体采纳与使用

互联网的采纳根据对"每周上网天数"的回答来区分,我们将"从不上网"的人编码为"非网民",每周上网至少一天的为"网民",结果发现样本中有 35.5%

---

① 有关调查的具体抽样方法和执行过程,详见复旦大学信息与传播研究中心《新传播形态下的中国受众》课题组:《〈新传播形态下的中国受众〉项目说明》,《新闻大学》2012 年第 6 期,第 1—2 页。

的网民。手机的采纳则采取直接询问的方式("您本人是否拥有手机"),结果发现全国样本中的 77.9% 为手机用户。

有关网络使用地点多元化的变量"移动与户外上网",由"在公共场所上网"和"在移动状态上网"的频率(均采用六点量表测量,0＝从不,1＝极少,5＝经常)两个条目构成(α＝0.60)。

"网络参与和创造"由代表 Web 2.0 行为的一组共四个问题组成(均采用六点量表测量,0＝从不,1＝从不,5＝经常)——"浏览论坛或博客"、"在论坛、博客发言或更新个人博客、主页等"、"使用社交网站"以及"制作播客或上传视频、音频"(α＝0.75)。

"手机行为多样性"变量由有关手机各种功能使用频率(0＝从不,1＝极少,5＝经常)的一组问题组成,涵盖了接听和拨打电话、收发短信、手机上网、阅读手机报、听广播、看手机电视、娱乐(如拍照、摄像、游戏等)、接收实用信息、使用实用工具等九种功能。我们将"从不"和至少有所使用者区分(即将 1～5 编码为 1),然后将九项功能的使用与否相加,得到代表"手机行为多样性"的变量(M＝3.91,SD＝2.16)。

(三)个人层面的其他变量

首先,根据社会学和以往研究中影响主观阶层认同的研究发现,本文运用的个体层面人口学变量,包括性别、年龄、教育程度(测量方式为在校读书总年数)、个人平均月收入(元)、职业(是否为管理人员、专业技术人员、办事人员、工人、农民)、婚姻状况(是否单身)、是否为党员、是否为干部、现代家用物品拥有数等。

其次,以往研究已经发现(周葆华,2010),无论是作为文化资本的来源,抑或认知外部世界、提供"参照群体"的机制,传统媒体的新闻接触都是影响公众主观阶层认同的重要因素。虽然它们并非本文的研究重点,但我们同样将其作为个体层面的变量包含在模型中。具体包括三个变量——报纸新闻、电视新闻和广播新闻。其测量方式为:先分别询问被访者是否使用上述媒体,在使用媒体的被访者中,再进一步询问他们对三类新闻(国际新闻、本地新闻、其他国内新闻)的关注程度(1＝几乎不关注,5＝非常关注);然后,将这三个新闻关注度题项分别针对每一种媒体加总取均值,由此构成报纸新闻关注度(M＝3.73,SD＝0.97,α＝0.75)、电视新闻关注度(M＝3.49,SD＝1.07,α＝0.75)以及广播新闻关注度(M＝3.21,SD＝1.21,α＝0.83)。

（四）地区层面变量

为把握县级单位之间的地区性差异,本文主要考察如下集体层面变量的影响:(1)所处经济地理区域(包括东部、中部、西部和东北,以西部为基准,构成三个名义变量(dummy variable))[①];(2)城乡差异(农村 vs 城市);(3)汉族人口所占比例;(4)根据该集体层面单元计算的当地平均月收入水平;(5)反映当地新媒体普及率的网民比例和手机用户比例;(6)反映当地新媒体资本拥有平均水平的移动与户外上网均值、网络参与和创造均值、手机行为多样性均值。最后两组集体层面的新媒体变量除单独作为自变量外,还将与个人层面的新媒体采纳与否以及新媒体使用模式构成跨层次交互变量。

（五）统计分析

下文首先报告我国公众总体的主观阶层认同状况及其地区差异,随后通过一系列分层线性回归模型(multi-level linear regression models)来分别估计个人层面变量的固定效应(fixed-effect parameters)、地区层面变量的固定效应、个人层面变量的随机效应(包括随机截距和有关新媒体变量的随机斜率参数,random intercept and random slope parameters)以及个人层面新媒体变量与集体层面新媒体变量的跨层次交互效应(cross-level interaction parameters)。由于在个人层面的样本量很大,我们以 $p \leqslant 0.01$ 作为统计显著度的判断标准(见表1)。

表1　多层回归模型:主观阶层认同的影响因素分析(REML 估计)[①]

项目	全体样本	网民	手机用户
个人层面的固定效应			
常数(总平均值)	2.164 **	2.577 **	2.370 **
人口变量			
性别(男)	−0.130 **	−0.158 **	−0.147 **
教育	0.045 **	0.042 **	0.044 **

---

① 国家统计局划分的我国大陆四大经济区域为:东部地区包括北京、天津、河北、上海、江苏、浙江、福建、山东、广东、海南 10 个省市;中部地区包括山西、安徽、江西、河南、湖北、湖南 6 省;西部地区包括重庆、四川、贵州、云南、西藏、陕西、甘肃、青海、宁夏、新疆、内蒙古、广西 12 省(市、自治区);东北地区包括辽宁、吉林、黑龙江 3 省。

项目	全体样本	网民	手机用户
年龄	−0.004**	−0.007**	−.002**
个人月收入	0.033**	0.033**	0.032**
管理人员（vs 其他）	0.230**	0.258**	0.266**
专业技术人员（vs 其他）	0.190**	0.109**	0.174**
办事人员（vs 其他）	0.026	−0.009	0.031
工人（vs 其他）	−0.099**	−0.132**	−0.105**
农民（vs 其他）	−0.048*	−0.103	−0.051*
是否单身（是）	0.046	−0.038	0.051
是否是党员（是）	0.119**	0.086*	0.107**
是否是干部（是）	0.153**	0.167**	0.163**
现代家用物品拥有数（0～16）	0.054**	0.047**	0.052**
媒体使用			
报纸新闻	0.016**	0.006	0.014**
电视新闻	0.027**	0.032**	0.034**
广播新闻	0.037**	0.027**	0.020**
新媒体采纳与使用			
网民	0.142**	—	—
手机用户	0.128**	—	—
移动与户外上网	—	0.030*	—
网络参与和创造	—	0.086**	—
手机行为多样性	—	—	0.058**
地区层面的固定效应			
东部（vs 西部）	0.100	0.033	0.103
中部（vs 西部）	0.129*	0.032	0.147*
东北（vs 西部）	0.097	0.114	0.153
农村（vs 城市）	0.032	0.008	0.046
当地汉族人口比例	−0.253*	−0.318*	−0.259*
当地平均月收入	−0.023	−0.034*	−0.019
当地网民比例	−0.051	—	—
当地手机用户比例	0.111	—	—
当地移动上网均值	—	0.158**	—

网络传播与媒介效果

续 表

项目	全体样本	网民	手机用户
当地网络参与均值	—	−0.038	—
当地手机行为多样性均值	—	—	0.001
跨层次交互效应			
当地网民比例×个人网络采纳	−0.321*	—	—
当地手机用户比例×个人手机采纳	0.041	—	—
当地移动上网均值×个人移动上网频率	—	−0.043	—
当地网络参与均值×个人网络参与频率	—	−0.017	—
当地手机行为多样性均值×个人手机行为多样性	—	—	−0.016*
随机效应			
截距(各行政单位均值之间的差异)	0.179**	0.094**	0.148**
网络采纳	0.043**	—	—
手机采纳	0.012	—	—
移动与户外上网	—	0.005	—
网络参与和创造	—	0.005*	—
手机行为多样性	—	—	0.001*
个体层面残值	0.847**	0.855**	0.884**
对数拟然比(LR)检验(与单层 OLS 回归模型比较,χ^2)	2851.03**	394.67**	1716.83**
对数拟然比(LR)检验(与随机截距模型比较,χ^2)②	99.37**	34.57**	38.28**

注:①本表为包括所有个人、地区层面变量以及跨层次交互变量后的随机截距—随机斜率完整模型(full model),固定效应部分显示的是非标准化的回归系数,随机效应部分显示的是来自同一模型的随机效应方差和协方差矩阵(限于篇幅,在这部分省略了新媒体变量与截距交互以及新媒体变量之间交互的协方差)。所有连续性变量均经过了以总样本均值为基数的中心化处理(grand-mean centered)。全体样本 $N=37279$,$J=624$;网民样本 $N=13228$,$J=596$;手机用户样本 $N=29044$,$J=624$。

②在分析全体样本和网民群体时,与单层 OLS 回归模型比较的 $df=8$,与随机截距模型比较的 $df=7$;在分析手机用户群体时,以上两个比较的 df 分别为 4 和 3。

* 表示 $p\leqslant0.01$,** 表示 $p\leqslant0.001$。

三、研究发现

(一)全国公众主观阶层认同的基本状况及其地区差异

结果显示,目前中国公众主观阶层认同的总体均值为 2.53($SD=1.15$),与以往研究的发现一致,在社会转型期的公众普遍对自身在社会中所处位置的感知呈现向下偏移的倾向(李培林等,2005),如果以量表中数(4)作为标杆,这种"自我贬低"的程度很高,在 7 点量表上偏低了超过一个整点(1/7)。

不仅如此,公众的主观阶层认同呈现出显著的地区差异。分省来看,31 个省级单位的阶层认同均值范围在 2.14(贵州)到 2.87(浙江)之间。分县级(第二层单元)来看,624 个县级单位的阶层认同均值在 1.02(广西某县)到 4.03(甘肃某县)之间。分经济区域来看,东部、中部、西部、东北四个地区的主观阶层认同均值分别为 2.60、2.54、2.46 和 2.56,差异达到显著程度($p<0.05$)。就城乡来看,城市居民与农村居民的主观阶层认同均值分别为 2.65 和 2.22,两者差异显著($p<0.001$)[①]。

为进一步检视地区差异的影响因素,我们在地区层面上通过普通 OLS 回归模型($N=624$)分析各个集体层面变量对主观阶层认同均值的相对独立影响[②]。结果发现:在汉族人口比例较高的地区,民众的主观阶层认同水平显著更低($\beta=-0.194, p<0.05$);而平均收入水平越高($\beta=0.050, p<0.001$),以及网络越普及的地区($\beta=0.640, p<0.001$),该地区的平均主观阶层认同也越高。

(二)新媒体采纳对主观阶层认同影响的多层分析

表 1 的第一列呈现了利用全体样本解释主观阶层认同的多层分析模型。首先,我们根据该模型中个人层面变量的固定效应(fixed effects,即在样本中具有普遍性影响的程度)来检验研究假设 1.1 和 1.2——它们分别预测了网络采

---

① 考虑到庞大的样本量,经济区域差异、城乡差异的统计显著性检验基于从整体样本随机抽取的 10% 的次级样本。

② 因篇幅所限,此处略去具体的回归分析表格(如需查询,请联系作者)。该模型包含的地区层面变量包括:以西部为基准构成的三个代表经济区域的名义变量(东部、中部和东北)、农村(vs城市)、当地汉族人口比例、当地平均月收入水平、当地网民比例以及当地手机用户比例,该模型的总体解释力 Adjusted $R^2=19.3\%$。除文中提及的变量外,其余变量在相互控制的模型中影响未达显著程度。

145

网络传播与媒介效果

纳和手机采纳与主观阶层认同具有跨越地区差异的正向关系。结果表明：在控制所有其他个体层面和地区层面变量，以及跨层次变量的交互后，网络采纳和手机采纳与主观阶层认同之间依然具有显著的正向关系（系数分别为 0.142 和 0.128，$p<0.001$）。也就是说，以往研究所揭示的新媒体采纳对个人主观阶层认同的独立正向影响的确具有全国的普遍性，上述固定效应系数所反映的正是它们对主观阶层认同在全国层面上的平均影响程度。因此，假设 1.1 和 1.2 得到验证。

研究假设 3.1 和 3.2 更进一步，预测新媒体采纳对主观阶层认同的影响力（effect strength）在不同地区之间存在差异的分布，并且这种变异受到地区层面新媒体普及率的影响。表 1 第一列的最下方报告了两个表征模型对数据拟合（fitness）程度的统计量——对数拟然比（log likelihood ratio）检验，其中第一个检验的是多层模型与单层模型之间对等的假设，第二个检验的是任意斜率为零的假设。检验结果显示，这两个虚无假设均被拒绝，也就意味着各地之间存在着仅靠单层模型自变量所不能解释的统计上的显著差异[①]，以及新媒体采纳的影响力的确在各地之间具有统计上的显著差异。

具体来看，由随机效应部分的方差矩阵可见：网络采纳对主观阶层认同的影响在不同地区之间具有显著的差异分布，而手机采纳对主观阶层认同的影响在各地之间则没有显著区别。个人层面的新媒体采纳与所在地新媒体普及程度之间的交互分析则进一步显示：网络采纳对主观阶层认同的正向影响力在地区间的差异确实受到当地网络普及率的影响——随着所在地（县级单元）的互联网普及率的提升而有显著的降低（跨层次交互变量的影响系数为 -0.321，$p<0.01$），假设 3.1 因此得到完全证实。与此同时，手机采纳对主观阶层认同的正向影响并未因地区层面的手机普及率而有明显的不同，假设 3.2 未得到支持。这些结果一方面支持了前文提出的"相对优越感/剥夺感"理论探讨，另一方面也反映出网络与手机之间的差异，两者之间差异效果的不同形态，可能与总体上不同的普及程度有关——整体层面上网络较低的普及率可能使得个体拥有网络所带来的"相对优越感"更强。

---

① 这也间接说明了李培林等（2005）社会学家的实证研究中未能采用多层模型分析主观阶层认同影响因素的不足。

(三)新媒体使用具体模式对主观阶层认同影响的多层分析

在新媒体采纳对主观阶层认同地区差异效果得到初步证明的基础上,本文继续探讨当跨越了采纳的"门槛"之后,新媒体使用的具体模式是否对主观阶层认同依然具有普遍影响力,以及这种影响力的具体强度是否同样会因地区层面因素而不同。结果首先显示(表1后两列),不同地区公众主观阶层认同的差异并未因为同属"新媒体俱乐部"而趋于消失,不同地区网民和手机用户的主观阶层认同均值之间依然存在显著的差异。其次,基于网民群体的多层线性回归模型发现,在控制其他所有个体层面和地区层面变量以及跨层次交互变量后,表征新媒体资本的两个网络使用变量——移动和户外上网程度以及网络参与和创造水平,依然对网民个体的主观阶层认同具有显著的正向影响力(系数分别为 0.030 和 0.086,分别在 0.01 和 0.001 的水平上显著);而在手机用户群体中,那些使用手机多种功能的社会成员相较单一功能使用者对自己的阶层地位评价更高。假设 2.1 和假设 2.3 因此得到完全的证明。

随机效应和交互分析显示:网络参与和创造对主观阶层认同的正向影响在不同地区之间存在差异分布,不过这一差异并未由当地网络参与平均水平这一地区层面的变量解释(尽管该交互变量的方向为负,但影响未达显著程度),说明应当寻找其他地区层面可能的解释变量;而移动和户外上网程度对主观阶层认同的影响力在不同地区间并没有显著的差异化。因此,假设 4.1 未得到证实,假设 4.2 仅得到部分支持(存在地区差异)。在手机用户中,手机行为多样性与主观阶层认同之间的正向关系存在显著的地区差异,并且这一影响力的差异的确受到所在地手机行为多样性平均水平的影响——若一个地区手机用户普遍使用手机的多种功能,则个人多元使用手机功能与自我感知阶层地位之间的正相关程度会趋于弱化(系数＝－0.016,$p<0.01$),假设 4.3 得到证明。

四、结论与讨论

本文在国内首次利用全国性随机抽样调查数据,探索新媒体使用与主观阶层认同之间的关联,特别是该关联在地区间分布的同一性与差异性。研究确证了以往研究所发现的新媒体采纳与使用对主观阶层地位感知的显著影响具有全国普遍性。即无论是网络或手机采纳以及网络和手机使用的具体模式,在控制其他变量后,均对主观阶层认同产生独立的贡献。同时,该影响会因地区不同产生差异,本文不仅预测了这种差异的存在,而且基于"相对优越感/剥夺感"的理论探讨,将差异进一步解释为地区层面新媒体普及率和使用平均水平的影响,并得到经验数据的初步证实——网络采纳的效果在网民普及率较低的地区更为明显,手机行为多样性效果在手机功能使用较为单一的地区更加显著。

在上述分析基础上,我们可以更有信心地指出:新媒体正与其他媒体一起①,共同构成型塑中国公众阶层意识与想象的重要力量。更重要的是:新媒体重塑阶级或阶层的过程并非一个同一均衡的过程,而是存在显著的地区差异性。个体掌握新媒体资源的不均衡会与地区新媒体资源分布的不平衡交织在一起,进一步影响个体公众的社会感知与身份认同以及相应的社会行动。这方面的互动机理无疑需要更多的深入考察(包括量化和质化),但其理论重要性与发展潜力已从本研究得到初步展现。

从新媒体与主观阶层认同这一具体议题出发,本文提示未来的新媒体传播效果研究应当更加关注差异性效果,在特定的社会结构和具体环境下理解新媒体的影响。差异效果不仅可以发生于同一层面(如个体层面变量之间的交互效应),而且应当考察跨层面互动(个体与集体层面的交互效应),特别是对于中国这样一个地区发展高度不平衡的发展中大国。探索地区层面差异效果亟待解决的问题包括:如何在理论上建立跨层次变量之间的逻辑关联? 如何建立有效的集体层面单元(比如建立更多的社区研究)? 如何针对不同议题展开分析、比较和综合(效果的差异化是否存在议题差异、其中的理论模式(pattern)如何)? 如何归纳和提炼具有普遍意义的地区层面变量(以及该变量实际代表的概念内涵)? 等等。本文希望通过以上的初步分析,提出这些问题,与学界同行共同探讨。

参考文献

[1] Ball-Rokeach S J, Kim Y C & Matei S. Storytelling Neighborhood Paths to Belonging in Diverse Urban Environments[J]. *Communication Research*,2001,28(4):392-428.

[2] Berelson B. *Communication and Public Opinion*[M]. Urbana:University of Illinois

---

① 从表一中可以看到传统媒体变量的普遍性影响,限于篇幅,它们及人口变量等的影响都未在前文中具体展开。

Press，1948.

[3] Chovanec P. The Nine Nations of China. http://chovanec. wordpress. com/2009/
11/16/the-nine-nations-of-china/，2009.[OL]

[4] Eveland W P. Interactions and Nonlinearity in Mass Communication: Connecting
theory and methodology[J]. *Journalism & Mass Communication Quarterly*，1997，74(2):
400-416.

[5] Gerbner G，Gross L，Morgan M et al. Growing up with Television: Cultivation
Processes[J]. *Media effects: Advances in Theory and Research*，2002(2):43-67.

[6] Hayes A F. Beyond Baron and Kenny: Statistical Mediation Analysis in the New
Millennium[J]. *Communication Monographs*，2009，76(4):408-420.

[7] Jackman M R & Jackman R W. An Interpretation of the Relation between Objective
and Subjective Social Status[J]. *American Sociological Review*，1973,38(5):569-582.

[8] Kang N & Kwak N. A Multilevel Approach to Civic Participation Individual Length
of Residence，Neighborhood Residential Stability，and Their Interactive Effects With Media
Use[J]. *Communication Research*，2003，30(1):80-106.

[9] Kim Y C & Ball-Rokeach S J. Community Storytelling Network，Neighborhood
Context，and Civic Engagement: A Multilevel Approach[J]. *Human Communication
Research*，2006，32(4):411-439.

[10] Klapper J T. The Effects of Mass Communication[M]. New York: Free
Press，1960.

[11] Mac Kinnon D. *Introduction to Statistical Mediation Analysis*[M]. Roca Raton:
CRC Press，2008.

[12] Pan Z & McLeod J M. Multilevel Analysis in Mass Communication Research[J].
Communication Research，1991，18(2):140-173.

[13] Pan Z，Jing G & Liu Y et al. Digital Divide and Internet Use in China: Can the
Internet Facilitate Citizenship Engagement? Paper submitted to the World Association for
Public Opinion Research(WAPOR) for Presented at the 65th Annual Conference，June
14-16，2012.

[14] Price V，Ritchie L D & Eulau H. Cross-Level Challenges for Communication
Research Epilogue[J]. *Communication Research*，1991，18(2):262-271.

[15] Raudenbush S W. Hierarchical Linear Models: Applications and Data Analysis
Methods[M]. Thousand Oaks: Sage，2002.

[16] Scheufele D A. Examining Differential Gains from Mass Media and Their
Implications for Participatory behavior[J]. *Communication Research*，2002，29(1):46-65.

网
络
传
播
与
媒
介
效
果

[17] Shah D V, McLeod J M & Yoon S H. Communication, Context, and Community An Exploration of Print, Broadcast, and Internet Influences[J]. *Communication Research*, 2001, 28(4): 464-506.

[18] Slater M D, Snyder L & Hayes A F. Thinking and Modeling at Multiple Levels: The Potential Contribution of Multilevel Modeling to Communication Theory and Research [J]. *Human Communication Research*, 2006, 32(4): 375-384.

[19] Tichenor P J, Donohue G A & Olien C N. Mass Media Flow and Differential Growth in Knowledge[J]. *Public Opinion Quarterly*, 1970, 34(2): 159-170.

[20] Warschauer M. *Technology and Social Inclusion: Rethinking the Digital Divide* [M]. Cambridge: The MIT Press, 2004.

[21] Xenos M & Moy P. Direct and Differential Effects of the Internet on Political and Civic Engagement[J]. *Journal of Communication*, 2007, 57(4): 704-718.

[22] Zhou B. New Media Use and Subjective Social Status[J]. *Asian Journal of Communication*, 2011, 21(2): 133-149.

[23] 郭中实. 概念及概念阐释在未来中国传播学研究中的意义[J]. 新闻大学, 2008 (1):4.

[24] 胡鞍钢, 邹平, 李春波. 1978—2000 年: 中国经济社会发展的地区差距[M]//汝信等, 主编. 2001 年中国社会形式分析与预测, 北京: 社科文献出版社, 2001:167.

[25] 李培林, 张翼, 赵延东等. 社会冲突与阶级意识——当代中国社会矛盾问题研究 [M]. 北京: 社会科学文献出版社, 2005.

[26] 刘欣. 转型期中国大陆城市居民的阶层意识[J]. 社会学研究, 2001(3):8—17.

[27] 刘欣. 相对剥夺地位与阶层认知[J]. 社会学研究, 2002(1):81—90.

[28] 周葆华. 新媒体使用与主观阶层认同: 理论阐释与实证检验[J]. 新闻大学, 2010 (2):7.

媒介消费支出的状况及影响因素分析

——一项微观经济角度下的实证研究[①]

曾凡斌[②]

【摘　要】　为了更好地理解消费者对不同的媒介产品的消费支出情况,本研究主要分析在微观环境下,在控制了其他变量之后,受众的收入、媒介使用时间、对媒介的态度是如何影响媒介消费支出的。通过 QQ——一种当前中国网民比较常用的网络沟通交流工具的配额调查,获得基于广州市网民的 1162 个数据,本次研究发现,在控制了其他变量之后,三个自变量中收入与报纸、互联网的消费支出正向相关,而与杂志、电视、付费电视无关。而对媒介的态度,除了对电视的态度没有显著影响其消费支出外,对其他的媒介(报纸,杂志,互联网)的态度都显著影响其消费支出,而且这些影响都是正向的。而媒介使用时间全部与媒介消费支出正向相关。

【关键词】　媒介消费支出　受众的收入　媒介使用时间　对媒介的态度

Analysis of the Status and Influencing Factor of
Media Consumer Spending
——An Empirical Study from Microeconomic Aspect

Zeng Fanbin

Abstract：In order to understand the media consumer spending, this research mainly aim to analyze how consumers' income, the time they use media and

151

网络传播与媒介效果

---

①　本文是教育部人文社会科学研究青年基金项目"互联网使用时间、使用方式对现实政治参与的影响"(项目批准号:12YJC860052)的成果。
②　曾凡斌,暨南大学新闻与传播学院副教授。

their attitude towards media can influence the media consumer spending in microeconomic environment after other variables are controlled. By a quotas survey through QQ, a kind of network communication tool by network users in China, 1162 records from users in Guangzhou were gained. The research find that after controlling other variables, the income, one of the three elements, is correlated with the consumer spending on newspaper and internet, but independent with magazine, Television and Pay TV. In the research on the attitude toward media, it turns out to be unrelated between the attitude towards Television and its consumer spending. While other media such as newspaper, magazine and internet, toward which the attitude is of great effect to the consumer spending, and the correlation is positive. Finally, the time that consumers spend in media is positive correlative with consumer spending.

Keywords: media consumer spending; audience's income; media service time; attitude toward media

一、引　言

　　媒介消费支出是指受众在使用媒介的时候所花费金钱的数量,是受众媒介购买意愿的现实表现,有支付能力去购买(收入)和有购买意愿(态度,期望)去购买,决定了媒介消费支出;反过来,从媒介消费支出也可看出一定的购买意愿。媒介消费支出包括订阅、购买报纸、杂志的花费,有线电视的付费,上网的花费等。目前,在我国的官方宏观的统计数据里,还没有专门的媒介消费指标,居民在媒介方面的消费都归入文化娱乐消费中。在宏观的统计数据中,可以获得的相关指标有居民人均消费支出,居民人均文化娱乐消费支出和千人日报拥有量。根据二元产品市场理论,受众的媒介消费支出与广告主在媒介上的支出构成了媒介机构的总收入,自从大众化报纸出现后,广告主在媒介上的支出便成为媒介机构总收入的重要组成部分,于是也成为媒介经济研究的重点,而对于受众的媒介消费支出虽有研究,却不如广告研究多。但是,随着各种新的媒介的出现,以及媒介机构过度依赖广告收入所带来的问题,媒介消费支出成为新的媒介经济研究的重点。更重要的是,随着时代的发展,媒介消费支出的数量在其在消费支出中的比重在不断地增加,麦库姆斯发现,在1968年的时候,美国的媒介消费支出占总的媒介机构总收入的48%,而广告消费金额则占媒介总收入52%。[①] 到了1992年,美国的媒介消费支出占媒介机构总收入的58%,而广告消费金额则只占媒介总收入的42%。[②] 也就是说,美国的媒介机构收入已经逐渐降低对广告主的依赖,转向依靠受众在媒介上的花费来获得收入。

以往研究媒介消费支出主要集中在宏观经济方面的研究,而且,迄今为止的大量的关于媒介消费支出的研究都集中于在相对常数假设理论框架下对媒介消费支出与国民经济收入的关系进行研究。[③] 相对常数理论假设最早起源于诺斯对报纸产业的市场供需情况的研究,诺斯于1884年发表了一篇文章,根据1880年美国报纸产业的调查数据,提出了"报纸增长法则",认为报纸的增长受到一些因素的影响和制约,一个市场能容纳的报纸的数量是有一定限度的。[④] 20世纪四五十年代,这个法则得到了美国学者的验证。60年代,斯克里普斯报业集团的前董事长斯克里普斯把"报纸增长法则"延伸到所有媒介,提出了"尽管大众传播事业变得越来越复杂,新的媒体不断涌现,但媒介产业的经济规模是相对稳定的,这种规模更大程度上取决于宏观经济情况,而不是取决于媒介

---

① Maxwell McCombs. Mass Media in the Marketplace. *Journalism Monographs*,1972(24):38-47.

② Veronis S & Associates. *Communications Industry Forecast*. New York:Veronis Suhler Steverson,1993.

③ 如 Dupagne M. Testing the Relative Constancy of Mass Media Expenditures in the United Kingdon. *The Journal of Media Economics*,1994,7(3):1-14;Dupagne M. Beyond the Principle of Relative Constancy:Determinants of Consumer Mass Media Expenditures in Belgium. Paper presented at the meeting of the Association for Education in Journalism and Mass Communication,Anaheim,CA,1996;Maxwell McCombs. Mass Media in the Marketplace. *Jouralism Monographs*,1972(24):38-47;McCombs M E & Son J. Patterns of Economic Support for Mass Media during a Decade of Electronic Innovation. Paper Presented at the Meeting of the Association for Education in Journalism and Mass Communication,Norman,OK,1986;Wood W C. Consumer Spending on the Mass Media:The Principle of Relative Constancy Reconsidered. *Journal of Communication*,1986,36(2):39-51;Wood W C & O'Hare S L. Paying for the Video Revolution:Consumer Spending on the Mass Media. *Journal of communication*,1991,41(1):24-30.

④ Maxwell McCombs & Jack Nolan. The Relative Constancy Approach to Consumer Spending for Media. *Journal of Media Economics*,1992,5(2):43-52.

产业本身的变化和趋势"的猜想,并且认为"媒介产业的这种现象产生于美国,是因为美国人在媒介上的支出,已经如在住房上的支出,在衣服上的支出,在食物上的支出一样,相对比较固定了,即使在美国的经济危机的时候,也一样在其支出中占有相对稳定的比重。这同时也表明美国的消费者觉得大众媒介是其生活的必需品,虽然他们在具体的媒介选择上可能不同"。①不过,斯克里普斯并没有提出具体的假设,也没有利用统计数据来证实其猜想的可靠。

1972 年,麦库姆斯在《新闻学专论》杂志上发表文章《市场中的大众媒介产业》,第一次全面检验宏观经济对媒介消费支出的制约作用。麦库姆斯使用从1929 年到 1968 年的全国性数据,发现受众的媒介消费支出在总体消费支出中所占的比重变化不大,1929 年为 3.46％,1968 年为 3.14％,40 年的平均值为3.04％,标准差为 0.19％。麦库姆斯据此第一次明确提出相对常数原理,描述媒介产业与宏观经济之间这种相对稳定的关系。②也就是说,当受众有更多的钱的时候,将花费更多的钱在媒介上,而当他们没有钱的时候,将会对减少媒介的消费。在麦库姆斯和恩雅后来的研究中对 1968 年到 1977 年间的数据进行实证分析,发现在控制通货膨胀、经济增长、人口增长等因素的情况下,媒介的消费支出在整个国家经济中的比重也相对比较稳定。③

相对常数理论假设的核心内涵是指媒介消费支出的变化取决于宏观经济水平的变化,其中包含着两层关系:媒介产业与宏观经济的关系;同一市场上不同媒体之间的关系。首先,宏观经济状况决定了媒介产业的市场空间,传媒消费支出在经济总量中占一个相对固定的比例,即"消费者和广告主的媒介消费支出水平,取决于宏观经济状况,宏观经济情况的变化,会导致媒体消费的相应变化",④经济发展,媒介消费支出增加;经济萎缩,媒介消费支出减少。其次,在第一层关系成立的前提下,不同媒体之间则呈现此消彼长的零和竞争关系。⑤因为媒介产业的整体市场空间是固定的,一个媒体市场份额的增加就意味着另一个媒体相应的市场份额的减少。当然,在经济繁荣的时候,受众的传媒消费

---

①②④　Maxwell McCombs. Mass Media in the Marketplace. *Journalism Monographs*,1972(24)：38-47.

③　McCombs M E & Eyal C H. Spending on Mass Media. *Journal of Communication*,1980，31(1)：153-158.

⑤　Maxwell McCombs & Jack Nolan. The Relative Constancy Approach to Consume Spending for Media. *Journal of Media Economics*，1992：43-52.

总额会扩大,媒介产业的市场蛋糕会增大,从理论上来说,各媒体的收入都会按原有市场份额成比例增加。但实际上,不同媒体的发展状况不可能完全相同,如果一种媒体的增长比宏观经济的增长速度快,它将抢占其他媒体的市场份额。

然而,随着有线电视、VCR等新的传播技术不断出现,受众的媒介消费支出不论是绝对值还是在整个国民收入中所占的比重都有所增加,相对常数原理的核心内涵受到挑战。伍德与欧赫尔的研究指出,新的视听技术,比如VCR没有抢占已有媒体的市场份额,1979—1988年间,消费者媒介消费支出在总支出中的比例越来越高了。[①] 1979年,大众传媒消费占收入的比例为2.57%,如果保持这个比例,1988年的大众传媒消费应该为894亿美元,但实际上该年份的媒体消费支出总量为1138亿美元。[②] 其所得出的结论认为,媒体消费在消费结构中占的比重不再是常数,新的传播技术改变了消费支出结构,消费者愿意把更多的收入用于媒介消费。

后来,拉西等更是指出,媒介消费支出属于商品消费支出,对其的讨论应该包含需求理论。微观经济学中的完全竞争模型显示,商品的价格、替代品的价格、竞争品的价格、个人品位等都是决定商品和服务的需求的因素,相对常数原理所考察的收入因素只是其中之一,其他很多变量都被忽视了。如果要发现媒介消费支出与收入之间是否存在着正的相关关系的话,其他变量要先被控制起来,如果不如此的话,可能会得出错误的结论。

然而,从宏观经济方面研究媒介消费支出虽然可以理解媒介产业结构的发展以及制约因素,但是,却难以理解媒介中不同的产品的消费支出的情况以及影响因素。在过去的研究中,有对不同媒介产品的支付意愿的情况调查及探索其影响因素的,如琦(2012)通过对美国的767位美国成年人的网络调查,探索这些用户对不同的报纸形态(纸质、网络、手机)的支付意愿和他们愿意支付的金额,以及他们对报业推出的不同支付方式的态度。研究表明,在使用、偏好和支持意愿上,纸质报纸形态都要比网络和手机形态要好,并被认为是最有价值的平台。而用户对报纸的网络和手机形态的支付意愿和对报业推出的不同支付方式的支付意愿都比较弱。琦的研究从微观上探索了支付意愿这一与媒介

① Wood W C & O'Hare S L. Paying for the Video Revolution: Consumer Spending on the Mass Media. *Journal of Communication*, 1991, 41(1): 24-30.

② Maxwell McCombs. Mass Media in the Marketplace. *Journalism Monographs*, 1972 (24):38-47.

消费支出高度相关的概念的情况和影响因素,显示了尽管内容相同,但是不同的形态仍然会导致不同的支付意愿,也是媒介消费支出的潜在心理。[①] 当然,中国的媒介经济与美国的媒介经济有着很大的不同,如中国的媒介皆为国有等,为了更好地理解消费者对不同的媒介产品尤其是中国的消费支出情况,本研究将探索焦点放在媒介消费支出的状况及影响因素上,不仅满足于描述性研究,还试图在一个理论框架下进行解释性研究,主要分析在微观环境下,在控制了其他变量之后,受众的收入、媒介使用时间、对媒介的态度是如何影响媒介消费支出的。通过分析不同的媒介产品的消费支出与收入之间的关系,本研究在理论上希望在消费品理论框架下探索不同的媒介产品究竟是属于正常品还是低劣品。

本研究的调查地点为中国广州。之所以选择广州作为本文的研究地点,是因为广州是中国大陆最早的改革开放城市之一。三十多年的改革开放不仅促进了广州经济的发展,也促进了大量的较为开放的媒体的发展。另外,过去的媒介消费支出的实证研究大部分在美国进行,一部分在欧洲国家进行,[②]极少在亚洲国家或者社会主义国家进行,为此,本研究实际上扩展了媒介消费支出的研究领域与地域。

二、理论与文献综述

(一)媒介消费支出与收入

媒介消费支出是受众所形成的对媒介最终消费品(包括物品和服务)的有支付能力的购买总量。"有支付能力"是构成媒介市场的关键,而"收入"又是构成消费者"有支付能力"的关键。为此,收入与媒介消费支出必然会有一定的关联,不过这一关联也要取决于媒介产品的特性。

在微观经济学上,消费品理论框架区分了正常品和低劣品。所谓正常品,

① Chyi H I. Paying for What? How Much? And Why (Not)? Predictors of Paying Intent for Multiplatform Newspapers. *International Journal on Media Management*, 2012, 14 (3): 227-250.

② Dupagne M. Beyond the Principle of Relative Constancy: Determinants of Consumer Mass Media Expenditures in Belgium. *Journal of Media Economics*, 1997, 10(2).

指的是"在其他条件不变的情况下,如果一种商品的消费数量随着消费者收入的增加而提高,那么这种商品就被叫作正常品。"[①] 低劣品则是指"在其他条件不变的情况下,如果一种商品的消费数量随着消费者收入的增加而降低,那么这种商品就被叫作低劣品。"[②] 在经济学上,正常品与低劣品的区分不在于商品的品质,而在于其消费数量与收入之间的关系。

为了分析消费数量与收入之间的关系,经济学上使用需求的收入弹性来分析。所谓需求的收入弹性,是指在价格和其他因素不变的条件下,由于消费者的收入变化所引起的需求数量发生变化的程度大小。通常使用需求的收入弹性系数(εM)是计算需求量变化率对收入变化率的反应程度的一种量度,其计算公式为:

$$\varepsilon M = 需求量变化的百分比/收入变化的百分比 = \frac{\Delta x/x}{\Delta M/M}$$

当 $\triangle M \rightarrow 0$ 时,上式可写为:

$$\varepsilon M = \mathrm{d}x/\mathrm{d}M \cdot M/x$$

西方学者借助需求收入弹性系数对商品进行分类(见表1)。当 εM 为正时,该商品为正常品;当 εM 为零时,该商品为收入中性品;当 εM 为负时,该商品为低劣品。正常品又可再分为奢侈品和必需品,前者的 $\varepsilon M > 1$,后者的收入弹性为:$0 < \varepsilon M < 1$。

表 1 弹性收入和商品类别

收入需求性系数 εM	商品类别
>0	正常品
=0	收入中性品
<0	低劣品
>1	奢侈品
<1	必需品

在传播学研究中,较少有对媒介产品究竟是属于什么样的产品进行研究的。在媒介经济的教科书上,曾举出黑白电视为例,说明其属于低劣品。在20

①② 引自[美]曼昆:《经济学原理》(微观经济学分册)第5版,梁小民、梁砾译,北京大学出版社2010年版,第470—471页。

157

网络传播与媒介效果

世纪 70 年代,收入上的提高使得穷人用彩色电视机替代了黑白电视机,最后导致黑白电视机需求的下降。不过,大部分的媒介产品都被认为是正常品。如在纽约时报的一篇文章指出,美国 2008 年第三季度 DVD 销售量下降了 9%,其原因在于当年的经济危机对消费者的总收入产生了负面影响,而消费者总收入下降了,购买 DVD 的数量也就随之下降。① 对此,麦克姆在相对常数理论假设的基础上指出,一个国家总体上的受众及广告主的媒介消费将会随着国民收入的增加或减少而增加或减少。② 但也有一些研究却显示,某些媒介产品不属于正常商品,其与个人收入无关,如琦通过对 853 个香港居民进行随机的电话调查,发现仅有几个用户付费使用网络新闻,大部分人对网络新闻都没有支付意愿,影响付费使用网络新闻因素是年龄、报纸使用,而收入却与付费使用网络新闻无关。③ 在后来的研究中,琦通过分析皮尔研究中心的调查数据显示,在其他条件不变下,随着消费者的收入增加,网络新闻的消费降低,因此,对于受众来说,网络新闻是低劣品。④ 不过,琦关注的是网络新闻而不是互联网,互联网除了提供网络新闻,还提供其他交流、娱乐、表达等。为此,如果我们将媒介产品中互联网的使用不仅局限于网络新闻,那么根据微观经济学的收入决定需求的原理,我们还是把互联网的使用作为正常品看待,在上面的论述的基础上,本研究提出以下第一个假设:

假设 1:在控制了其他条件后,媒介产品的消费支出随着收入的增加而增加。

(二)媒介消费支出与对媒介的态度

态度是人们在自身道德观和价值观基础上对事物的评价和行为倾向。态度表现于对外界事物的内在感受(道德观和价值观)、情感(即"喜欢—厌恶"、

---

① Barnes B. For a Thrifty Audience, Buying DVDs Is So 2004. *New York Times*, 2008-11-22.

② McCombs M E & Eyal C H. Spending on Mass Media. *Journal of Communication*, 1980, 31(1): 153-158.

③ Chyi H I. Willingness to Pay for Online News: An Empirical Study on the Viability of the Subscription Model. *Journal of Media Economics*, 2005, 18(2): 131-142.

④ Chyi H I & Yang M J. Is Online News an Inferior Good? Empirically Examining the Economic Nature of Online News among Users. *Journalism & Mass Communication Quarterly*, 2009, 86(3): 594-612.

"爱—恨"等)和意向(态度谋略、企图等)三方面的构成要素。激发态度中的任何一个表现要素,都会引发另外两个要素的相应反应,这也就是感受、情感和意向这三个要素的协调一致性。一般来说,态度的各个成分之间是协调一致的,但在它们不协调时,情感成分往往占主导地位,决定态度的基本取向与行为倾向。

态度是一种心理倾向,也就是一种心理的准备状态,它会在某种程度上影响行为方式,巴郎提到态度的 ABC 模型,认为态度包含情感、行为、认知三种成分,这里的行为成分指的是行动或行为的意图这种心理倾向,而不是真正的行为。[①] 尤米耶等人认为行为指的是判断、决策、明显的行为序列过程,而且行为是潜在的态度的表达。[②] 由此可见态度和行为的关系非常紧密。另外,态度有强度这个指标,比较强的态度不易改变,能够影响信息的判断和决策过程,因此也能够影响相应的行为。[③] 在早期的态度研究中,很多研究者认为人们的行为是由于态度导致的,后来的研究加入了一些其他变量来探索态度与行为之间的关系,如费什贝和阿迪则在 1975 年提出了理性行为理论:对特定行为的态度(AB)和主观基准(SN)两者结合起来决定行为意图(BI),而行为意图导致有意志力的行为(B)。[④] 这一理论认为行为意图是态度和主观的标准衡量的结果,即人依靠理性的对特定事物的态度来做内部的判断,依据社会的标准来权衡,判断和权衡后才会形成接下来的行为。所以他们认为许多社会性的突出的行为是带着一定的特殊目的有意做出的,所以要预测一定的行为,首先要确定这个行为意图的强度。这个理论的优势就在于考虑了人有社会角色这样一个特殊的因素。

虽然也有研究指出态度和行为不一致的关系,如认为行为只反映符合理性的信念、态度、意图等,而在一些特殊的情况下,行为是不能用理性的标准去衡

---

① Baron R A, Byrnt D & Suls J. *Exploring Social Psychology* (3th ed). Boston: Allyn and Bacon, 1988:79-82.

② Upmeyer A & Six B. *Attitudes and Behavioral Decisions*. New York: Springer Verlag, 1989: 1-2.

③ Skitka L G, Bauman C W & Sargis E G. Moral Conviction: Another Contributor to Attitude Strength or Something More? *Journal of Personality and Social Psychology*, 2005, 88(6): 895-917.

④ Elliott M A, Armitage C J & Baughan C J. Drivers' Compliance With Speed Limits: An Application of the Theory of Planned Behavior. *Journal of Applied Psychology*, 2003, 88(5): 964-972.

量的,①比如存在缺乏知识的了解,存在矛盾的信念、抵消的价值(比如持着人道主义精神,处在战争事务中)、由于身体上或者社会环境造成的成瘾性行为(如吸烟)或者是病态心理等都不能用态度来解释相应的行为。

但是,无论如何,研究行为的影响因素不能不考虑态度这一重要因素。国内外学者从消费者态度的角度对于购买意愿的研究有了一些成果,如克和李特利用著名的费什贝模型对于游客的态度进行了有效的测量,其研究结论证明了这样一个观点:游客对于所到之地的人文、景观的态度会影响其对于当地旅游纪念品的购买意向。② 宋迪嘉等对待购买意愿的研究集中在公众对待酶制品的接受上,他的研究表明,公众对于酶制食品的接受态度是一个系统的过程:一开始顾客对于食品有自己的评价,然后通过信息收集做实际的评判,最后做出购买决策。③ 换句话说,消费者在形成购买意愿之前就形成了其对待产品的态度,如果开始的态度是积极的话,更易于产生正向的购买意愿。从另外一个角度来看,消费者在进行购买决定的时候,其目的是为了最大化效用④,而所谓效用,往往被操作化为满意程度,满意程度与态度高度相关,为此,态度越积极,满意程度越高,效用就越高,从而就会达成购买。媒介消费支出是一种行为,它究竟与受众的媒介态度呈什么样的关系呢? 例如,研究显示,网络新闻目前的支付情况不好,是因为与报纸新闻比较,人们对网络新闻并没有那么喜欢。⑤ 又如,在2004 年,网络出版协会对 41 个主要新闻网站的 25852 名用户进行调查,这些用户认为网络媒介与非网络媒介相比,更为之"不令人满意","不很喜欢","不感到满足"。厄恩斯特和勇对全世界 12 个国家的媒介消费情况进行调查,该研究比较受众对于传统媒介和网络媒介之间的异同,以及受众对它们的支付意愿。其中发现不同国家的传统媒介消费的差异更多的是由于文化因素,而不仅是财

---

① Sapp S G. Incomplete Knowledge and Attitude-behavior Inconsistency. *Social Behavior and Personality*, 2002, 30(1): 37-45.

② Kim S & Littrell M. A. Predieting Souvenir Purehase Intentions. *Journal of Travel Researeh*, 1999, 38(2): 153-162.

③ Sondergaard H A, Grunert K G & Scholderer J. Consumer Attitudes to Enzymes in Food Produetion. *Trends in Food Seience & Technology*, 2005(16): 466-474.

④ Hoskins C, McFadyen S & Finn A. *Media Economics: Applying Economics to New and Traditional Media*. Thousand Oaks: Sage, 2004.

⑤ Chyi & Lasorsa. Access, Use and Preference for Online Newspapers. *Newspaper Research Journal*, 1999, 20(4).

富。其差异的解释因素来源于每个国家的消费者对于媒介消费活动的态度,这可以说是由于文化而不是财富导致的。基于以上的分析和以往的经验研究,本文提出以下假设:

假设 2:在控制了其他条件后,媒介消费支出随受众对媒介的态度喜好增加而增加。

(三)媒介消费支出与媒介使用时间

受众使用媒介需要付出时间和(或)金钱,当媒介产品需要付费的时候,受众就要付出金钱;当媒介产品是免费的时候,受众仅需要付出时间,也就是说,受众使用媒介必须付出时间,但不一定要付出金钱。媒介消费支出是考察受众付出金钱获得媒介这一方面,而媒介使用时间是受众付出时间使用媒介这一方面。从理论上来说,媒介消费支出和媒介使用时间都属于媒介接触,并且是媒介接触的两个重要方面。而媒介接触是研究受众特征的一个重要角度。1959年,美国学者卡茨提出代表性的媒介接触行为过程的基本模式:社会因素+心理因素——媒介期待——媒介接触——需求满足。这公式显示媒介接触是受众特征的一个关键环节。在当前中国,媒体和受众都在经历持续的分化和互相影响,人们的媒介接触行为和媒介消费日益多样化。媒介消费支出与媒介使用时间究竟存在着什么关系,麦库姆斯(1972)在最早的关于相对常数假设理论研究中讨论过媒介使用时间,但是他是将媒介消费支出合在一起讨论关于媒介使用的。相似的观点出现在宋和麦库姆斯的研究中,他们的研究认为,因为受众在时间和金钱上的资源是有限的,所以,他们必须合理地分配相关资源,以支持新媒介的使用。[①] 同时,媒介使用时间还与媒介的广告收入特别相关,因为媒介通常是被认为是免费使用的,通过出卖受众的媒介使用时间来获得广告收入的。

德末(1994)在他的关于相对常数假设理论的研究中,分析了媒介使用时间的作用并得出"总的来看,本研究的主要结论是:相对常数假设理论中的隐藏的基本假设——受众的媒介使用时间是相对固定或者稳定的——是错误的。"

因为媒介使用时间是不固定的,它成为媒介需求的一个重要因素。相对常数假设理论处理媒介使用时间的一个办法是引入机会成本。任何一种商品的

---

① Son J & Mccombs M. A Look at the Constancy Principle under Changing Market Conditions. *The Journal of Media Economics*, 1993, 6(2):24-36.

使用都有其价格和额外的由于使用它所带来的成本,也就是机会成本。所以,消费者从商品中获得的净效用并不是总效用减去价格,而应再减少机会成本。例如,阅读《纽约时报》的总效用是消费者的总效用减去价格,再减少由于阅读《纽约时报》而失去阅读《华盛顿邮报》或其他类似的报纸所带来的机会成本。因此,相对常数假设理论认为媒介使用时间对于受众来说是没有成本的,这是不恰当的。

为此,在衡量媒介消费支出的时候,媒介使用时间应该被考虑进来,即使对它的测量并不太精确。机会成本的概念与市场的产品是紧密相关的,例如,在电视出现的时候,看电视的时间究竟来自于何种机会成本呢?可能一些是来自于听收音机的时间,但并不会都是,一些可能来自于睡觉时间,或者是其他形式的娱乐,甚至是工作时间,因为人们随着工作效率的提高,获得了更多的娱乐时间。为此,在研究媒介消费支出的时候,可以先探索以下一个问题:

问题1:在控制了其他条件后,媒介消费支出与媒介使用时间的关系究竟如何?

三、研究方法

(一)样本数据

1.样本数据背景

本次统计调查数据时间为 2011 年 11 月,本次调查的对象总体是过去半年内使用过互联网的 16 周岁及以上现居广州的居民。这次调查是网络调查,通过 QQ 这种当前中国网民比较常用的网络沟通交流工具进行配额调查。虽然配额调查不同于传统的按比例分层抽样,但却能产生与总体特征较为可比的数据。其具体配额过程如下:(1)使用 QQ 号码登录,没有 QQ 号码的注册一个号码;(2)点击 QQ 右下角的"查找"按钮;(3)在弹出窗口查找方式选择"按条件查询",国家选择"中国",地区选择"广州",其他的设置根据前几年的网民统计数据中的性别和年龄数据进行配额,每个学生需完成 9 份有效问卷:16 岁到 22 岁的 2 人,23 岁到 30 岁的 3 人,31 岁到 40 岁的 2 人,40 岁以上的 2 人,另外,这 9 人的男女比例为 5∶4,也就是说 5 个男的,4 个女的。而具体查找调查对象的方法为:

(1)查找 16 岁到 22 岁的 QQ 在线对象,按其在线顺序采访,不管他(她)是男女,只要成功采访就可以,但采访成功后必须根据问卷记下性别。如果男采访对象达到了5人,或者女采访对象达到了4人,就停止采访(采访特别说明:一个QQ号只采访一次,如遇已接受采访的,就换其他QQ号)。

(2)查找23岁到30岁的QQ在线对象,按其在线顺序采访,不管他(她)是男女,只要成功采访就可以,但采访成功后必须根据问卷记下性别,如果男采访对象达到了5人,或者女采访对象达到了4人,就停止采访。

(3)查找31岁到40岁的QQ在线对象,要分析一下,前两次已经采访了多少个男的,多少个女的。如果男采访对象达到了5人,剩下的采访对象就要限定性别,只采访女的。而如果女采访对象达到了4人,剩下的采访对象就要限定性别,只采访男的。

(4)查找40岁以上的QQ在线对象,要分析一下,前三次已经采访了多少个男的,多少个女的。如果男采访对象达到了5人,剩下的采访对象就要限定性别,只采访女的。而如果女采访对象达到了4人,剩下的采访对象就要限定性别,只采访男的。

另外,如果完成到问卷中"五、个人基本情况"的"第4题:请问你家在广州的哪个区呢",那么该问卷就是有效问卷,但不能到此就为止,要继续问下去。参与访问的调查员为选修笔者"网络经营管理"和"网络传播概论"课程的学生。为了保证信度,访问员完成访问后需要填写该次成功访问的QQ号码是多少,并签上自己的名字。本调查最终共成功访问1317名被访者,调查结束后对数据进行了预处理、核对了变量的取值和变量之间的逻辑关系等,对于不合格样本及存在着缺失值的数据予以整体删除处理,总共得到个1162个数据,问卷合格率为88.2%,以下的数据将围绕1162个数据进行分析。

(二)变量的操作化定义

1.因变量

(1)媒介消费支出

媒介消费支出分报纸、杂志、电视、上网四项,考虑到广州目前广播消费基本没有什么支出,就没有把它设为考察的项目,其具体问题如下:①请问您个人平均每月在报纸消费上的支出大概为?②请问您个人平均每月在杂志消费上的支出平均大概为多少元?③3.1:请问您家平均每月在电视消费上的支出大概为多少元?3.2:其中数字付费频道的支出大概为多少元?④4.1:请问您个人平均每月在互联网(包括手机上网)上的支出,即网费(不包括网络购物)平均大概为多少元？4.2:其中订阅网络新闻的支出大概为多少元？

（2）自变量

收入。因为对于中国人来说，收入是一个很敏感的问题，收入这一变量的测量比较复杂一点，因此采用两个问题来测量，个人月收入和家庭年收入，个人月收入测量问题为："您个人现在的平均月收入约为：①无收入；②500 元以下；③501～1000 元；④1001～1500 元；⑤1501～2000 元；⑥2001～3000 元；⑦3001～5000 元；⑧5001～8000 元；⑨8000 元以上；⑩不知道/不愿回答。家庭年收入测量问题为：请您估计您全家去年（2010 年）一年的收入总和约为多少？①40000 元以下；②40000～79999 元；③80000～119999 元；④120000～159999 元；⑤160000 元及以上；⑥不知道/不愿回答。"

对媒介的态度。本项调查共设置测试对电视、报纸、杂志、广播、互联网（包括手机上网）项目，各项目依照不同的程度分为：1 分为"一点都不喜欢"；2 分为"不很喜欢"；3 分为"一般"；4 分为"较为喜欢"；5 分为"非常喜欢"。

媒介使用时间。本项调查共设置测试对报纸、杂志、广播项目，各项目依照不同的程度分为：1 分为"不看报纸（不看杂志或不听广播）"；2 分为"5 分钟以内"；3 分为"5 分钟到 15 分钟"；4 分为"15 分钟到半小时"；5 分为"半小时到 1 个小时"，6 分为"1 小时及以上"，0 分为"不知道/不愿回答"。而对于电视、互联网项目，则按以下划分，1 分为"不看电视（不上互联网）"；2 分为"1 小时以内"；3 分为"1 小时到 2 小时"；4 分为"2 小时到 5 小时"；5 分为"5 小时到 8 小时"，6 分为"8 小时及以上"，0 分为"不知道/不愿回答"。

（3）控制变量

以往研究显示媒介的消费支出与年龄、性别、学历这些人口变量相关[1]，为了研究自变量与因变量的关系，本研究将年龄，性别，学历作为控制变量，人口统计数据（例如性别、年龄、学历等）按照标准的问卷测量去收集。性别（男＝1，

---

[1] Pew Internet & American Life Project，America Online Pursuits，2003-12-22，http://www. pewinternet. org/pdfs/PIP_Online_Pursuits_Final. PDF（accessed May 3，2004）；Stempel G H III & Hargrove T. Mass Media Audiences in a Changing Media Environment. *Journalism & Mass Communication Quarterly*，1996，73(3)：549-58；Stempel G H III，Hargrove T & Joseph P B，J P. Relation of Growth of Use of the Internet to Changes in Media Use from 1995 to 1999. *Journalism & Mass Communication Quarterly*，2000，77：71-79.

女＝0）；年龄(实际数字)，学历(小学程度及以下＝1；初中＝2；高中或中专＝2；大专＝4；本科＝5；研究生及以上＝6)。对新闻的兴趣采取以下问题测量：您对新闻感兴趣吗？①非常感兴趣；②比较感兴趣；③一般；④较不感兴趣；⑤极不感兴趣。

四、研究发现

首先，先对广州市网民每月各种媒介产品的消费支出作一描述性分析：在1162名调查者中，平均每月看报纸的支出均值(16.49元)＜每月看杂志的支出(18.37元)＜每月看电视支出(40.56元)＜每月上网支出(89.78元)。随着媒介产品从最早出现的报纸、杂志到电视、网络，其消费支出在逐步提升。另外由于收听广播基本不需要除了电费之外的额外支出，所以也就没有进行调查。接着分析不同媒介产品的使用时间情况，数据显示，广州网民每天不看报纸的占33.4％，不看杂志的占38.0％，不听广播的最多，占60.0％，而看报纸的人群中，最多的人群是看5分钟到15分钟(21.3％)，在看杂志的人群里，最多的人群也是看5分钟到15分钟(21.3％)，在听广播的人群里，最多的人是每天听5分钟以内(10.1％)。数据显示，广州网民每天不看电视的人群占被访者的17.6％，由于都是网民，所以不存在不上网人群。在看电视的人群中，最多的是1小时到2小时的(28.5％)，其次是2小时到5小时(23.7％)。而在广州网民这一群体里，2小时到5小时的人群(32.4％)，5小时到8小时的其次(22.0％)。总之从时间来看，广州网民每天听广播的时间最少，而看报纸和杂志的时间较多，看电视的时间较长，上网的时间最长。

为了深入分析广州市网民的媒介消费支出受什么因素影响，本研究将进行进一步的数据分析，因为本研究的因变量(媒介消费支出)属于连续变量，自变量和控制变量为类别变量(哑变量)或连续变量，因此使用一般线性回归分析分别对报纸、杂志、电视、付费电视、上互联网的消费支出作为因变量进行分析，得出表2。

表 2　广州市网民不同媒介产品的消费支出的影响因素分析（N＝1162）

项目	报纸消费支出	杂志消费支出	电视消费支出	付费电视消费支出	上互联网消费支出
性别	−0.006	0.027	0.031	0.033	−0.005
教育程度	0.05	0.034	0.099***	0.046	0.012
年龄	0.175***	0.035	0.038	−0.008	0.062#
平均月收入	0.069*	0.04	0.016	0.011	0.091**
您平均每天大概用多少时间看报纸（或看杂志或听广播，或看电视，或上互联网）	0.209***	0.335***	0.128***	0.09**	0.176***
对报纸（或杂志，或广播，或电视，或互联网）的喜好	0.112***	0.193***	−0.002	−0.032	0.111***
R^2	0.169	0.218	0.026	0.010	0.059
ADJUSTED R^2	0.165	0.214	0.020	0.004	0.054
F	38.269	52.472	4.720	1.749	11.785
SIG.	0.000***	0.000***	0.000***	0.106	0.000***

注：# $p<0.1$；* 表示 $p<0.05$；** 表示 $p<0.01$；*** 表示 $p<0.001$。

　　表 2 显示：假设 1 预测在控制了其他条件后，媒介产品的消费支出随着收入的增加而增加。一般线性回归分析表明，在其他条件相同的情况下，对于报纸来说，收入是报纸消费支出的正向显著影响因素（$b＝0.069,p<0.05$），对于互联网来说，收入是上互联网消费支出的正向显著影响因素（$b＝0.091,p<0.01$）。而对于杂志、电视、付费电视来说，收入对其消费支出没有显著影响。假设 1 部分得到证实。而对于报纸、互联网来说，其由于在控制了其他条件后其消费支出随着收入而增加，所以其为正常品。但是杂志、电视和付费电视，其消费支出与收入无关，因此这些不能算低劣品，只能属于非正常品，其增加受制于其他因素，而非收入。

　　假设 2 预测在控制了其他条件后，媒介消费支出随受众对媒介的态度喜好增加而增加。一般线性回归分析表明，在其他条件相同的情况下，对于报纸来说，对报纸的喜好是报纸消费支出的正向显著影响因素（$b＝0.112,p<0.001$），对于杂志来说，对杂志的喜好是杂志消费支出的正向显著影响因素（$b＝0.193$，$p<0.001$），对于上网来说，对上网的喜好是上网消费支出的正向显著影响因素

（$b=0.111$，$p<0.001$）。而仅对于电视（包括付费电视），对电视的喜好对其消费支出没有影响，因此假设2基本得到证实。

问题1想了解在控制了其他条件后，媒介消费支出与媒介使用时间的关系究竟如何？研究发现，所有媒介使用时间都对媒介消费支出呈现显著的正向影响。其中报纸（$b=0.209$，$p<0.001$），杂志（$b=0.335$，$p<0.001$），电视（$b=0.128$，$p<0.001$），付费电视（$b=0.09$，$p<0.01$），上互联网（$b=0.176$，$p<0.001$）。

在控制变量中，年龄对报纸消费支出（$b=0.175$，$p<0.001$）及互联网的消费支出（$b=0.062$，$p<0.05$）呈现显著的正向影响。而教育对电视的消费支出（$b=0.099$，$p<0.001$）呈现显著的正向影响。

在报纸消费支出模型中 R^2 为 0.169，R^2 称为方程的确定系数，数值为 0～1，越接近1，表明方程的变量对 y 的解释能力越强，当自变量个数增加时，尽管有的自变量与 y 的线性关系不显著，R^2 也会增大，这是因为 R^2 受自变量个数与样本规模影响，对于这点，采用 Adjusted R^2 进行调整，在报纸消费支出模型中 Adjusted R^2 为 0.165，即考虑到自变量个数、性别、教育程度、周岁、平均月收入、平均每天大概用多少时间看报纸、对报纸的喜好这几个自变量对因变量报纸消费支出解释了 16.5%，这在社会科学中是一个比较大的解释比例，而且该方程通过了 F 检验（$F=38.269$，$SIG=0.000^{***}$）。而在其他几个模型中，杂志消费支出的 Adjusted R^2 为 0.214，比报纸的高，而电视消费支出（Adjusted $R^2=0.02$）、付费电视消费支出（Adjusted $R^2=0.004$）上互联网消费支出（Adjusted $R^2=0.054$）则比较低，也就是说，在解释报纸消费支出、杂志消费支出中，所介绍的自变量有很大的解释力，而由于电视消费支出是带有强制固定收费性质、上互联网消费支出和付费电视消费支出一般是一次性收取，因此其解释力度就不如报纸和杂志消费，甚至付费电视消费支出模型还通不过假设检验（$F=1.749$，$SIG=0.106$）。

五、讨论与结论

（一）研究意义

本次研究的研究对象为广州市网民，发现在控制了其他变量之后，三个自变量中收入与报纸、互联网的消费支出正向相关，而与杂志、电视、付费电视的

网络传播与媒介效果

消费支出无关。而在宏观数据上,喻国明(2008)曾经分析了全国各省市的 2006 年居民人均消费支出与文化娱乐支出所占比重的相关性,发现一般来说,一省(市区)的居民消费支出(与收入相关的指标)多,文化娱乐消费支出(与媒介支出相关的指标)就多。而在微观方面,琦和杨(2009)曾指出报纸消费与收入正相关,而网络新闻消费与收入负相关。[①] 这说明,报纸是正常品是在中外都经过实证证实的。而由于互联网的消费与网络新闻的消费并不相同,对于广州市市民来说,互联网的消费主要是网费,是固定的,而网络新闻是非固定的,所以各自与收入的关系也不可比。

而对媒介的态度,除了对电视的态度没有显著影响其消费支出外,对其他的媒介(报纸、杂志、互联网)的态度都显著影响其消费支出,而且这些影响都是正向的,也就是说,对媒介的态度越喜欢,其消费支出这一行为就越强烈,实际上就是态度影响行为。

而媒介使用时间全部与媒介消费支出正向相关。这表明受众接触媒介的时间越长,就会在该项媒介花费越多的金钱,所以媒体只要增加受众对其的接触,不仅能够提高广告收入,还能获得受众的直接的支付,如订阅费、购买费等等。

本次研究的理论意义在于:首先,分析了不同的媒介产品(报纸、杂志、广播、电视、互联网)的经济特性,目前的数据至少证明了用户报纸和互联网的消费支出与用户的收入相关,因而属于正常品。在宏观数据上,喻国明(2008)曾经分析了全国各省市的 2006 年居民人均消费支出、人均文化娱乐支出和千人日报拥有量之间的相关性,发现居民人均消费支出、人均文化娱乐支出和该地区的千人日报拥有量相关性较显著,分别为 0.863 和 0.754,这说明,在消费潜力比较大、人均消费额度较高的城市,其人均文化娱乐消费支出和千人日报拥有量也往往相对比较高。也就是说,宏观数据表明收入与报纸接触与消费是相关的。当然,用户的杂志、电视、付费电视消费支出是否真的与其收入无关,如果无关,那么其原因是什么,需要更多的实证资料证明。其次,本研究得出的对媒介的态度正面影响媒介消费的结论可以解释一些媒介经济学的问题,如为什

① Chyi H I & Yang M J. Is Online News an Inferior Good? Empirically Examining the Economic Nature of Online News among Users. *Journalism & Mass Communication Quarterly*, 2009, 86(3): 594-612.

么受众对网络新闻缺乏好感,而网络新闻的订阅率又如此之低。再次,麦库姆斯在最早的关于相对常数假设理论研究中讨论过媒介使用时间,但是它是将媒介消费支出合在一起讨论关于媒介使用的。[①] 但是其研究没有分析证明媒介使用时间与媒介消费支出的关系,因此容易受到别的学者的质疑,本研究首次证明了所有的媒介产品的使用时间都与其媒介消费支出相关,这也解决了麦库姆斯以前没有解决的问题。

本次研究的实践意义在于:首先,本研究通过抽样获得广州市市民在媒介消费支出方面的数据,在数据上补充了宏观数据在这方面的缺乏,仅有居民人均文化娱乐消费支出的局限。其次,过去,媒介由于依赖广告赢利模式,所以更多的是关注广告主的需求、广告主的态度;现在,媒介如果转向广告赢利模式与用户付费模式并存的模式的话,就要关注用户的情况。一般来说,用户收入越高,对媒介的态度就越好;用户使用该媒介的时间越长,就越容易在该媒介上消费。也就是说,增加用户的黏度与忠诚度是提高用户的媒介消费的关键环节。

(二)研究局限

首先,本研究的局限在于问卷调查这样一种自我报告是否足够有效? 近年来在受众测量技术方面发展的技术已经发展出了一个追踪网络受众行为习惯的工具。尼尔森和斯科尔等公司通过在受众的计算机上装追踪软件来收集他们的个人数据。但是,在收集关于受众的多种媒介产品的使用中,问卷调查仍然是一种合理或者说是最为有效的工具。

其次,本研究仅通过 QQ 对广州市网民进行调查,由于 QQ 是一个网络工具,虽然在中国有很多网民使用 QQ,但是并不是所有网民都在使用 QQ,因此,QQ 被访者能否反映所有的广州市网民的媒介消费情况就成了一个问题。即使QQ 被访者能够代表广州市网民的媒介消费情况,其与广州市普通民众的媒介消费还是存在着一定的差距。

再次,本研究仅调查了广州这一地区的部分受众的媒介消费支出,得出一些数据,但是在中国这样一个经济发展极度不平衡的国度里,广州的数据并不能代表全国的数据。根据 2006 年官方公开的与媒介消费支出相关的指标"人均文化娱乐消费支出"显示,广东这方面的消费是人均一年 1010.23 元,在全国

---

① Maxwell McCombs. Mass Media in the Marketplace. *Journalism Monographs*, 1972 (24):38-47.

169

网络传播与媒介效果

排在北京、上海之后,但却远远超过某些地区,如西藏等仅有 87.44[①],所以未来可以研究其他的更多城市。

最后,由于问卷的限制,本研究并没有研究各媒介的功能问题。现在使用经济学理论解释媒介消费发展趋势的一个主要方向是功能研究。杨和格兰特提出,不同媒体之间的关系是由其功能决定的,或者替代,或者互补。[②] 比如,有线电视和 VCR 的出现使人们的媒介消费支出在可支配收入中所占的比重增加了,相对常数原理没有预测、也无法解释这个现象,但不同媒体的不同功能解释了这种现象。以 VCR 在市场上的扩散和推广过程为例,消费者的媒介消费支出在 GNP 中所占的比重有所增加,主要有两个原因造成:VCR 提供了一系列新的功能,包括满足消费者大众传播和人际传播的两方面需求,其功能具有独特性,吸引了大量消费者;同时 VCR 功能的发挥显然离不开电视媒体,因此并没有减少电视媒体的消费。因此,VCR 与现有媒体的关系更大程度上属于互补关系,而不是竞争关系,它没有"剥夺"现有媒体的市场,反而增大了整个媒体市场。而在广州市网民的媒介消费中,互联网的消费支出远远高于其他媒介,而互联网的功能也越来越高于其他媒介获得信息和娱乐的功能,互联网所能提供的查找信息、沟通交流、意见表达等功能都是其他媒介产品无法提供的,因而应该从不同的媒介产品的功能去分析其对媒介消费支出的影响。

(三)未来的研究

首先,未来的研究可以对国家或者某一地区统计的受众媒介消费支出进行数据分析或者使用电话调查,本研究是一次网上调查,必然会存在一定的抽样误差,所以,如果对统计局或相关研究机构公布的受众媒介消费支出及相关材料进行分析或者进行计算机辅助问卷调查方法,将会使其结论具有更广泛的普及性。

其次,未来的研究还可以发掘影响媒介消费支出的更多影响因素。由于问卷调查的容量限制,本研究主要分析了三个自变量:收入、态度和使用时间,在

[①] 喻国明:《中国传媒发展指数报告 2008》,社会科学文献出版社 2008 年版,第 220—222 页。

[②] Ghee-Young Noh & Grant A E. Media Functionality and the Principle of Relative Constancy: An Explanation of the VCR Aberration. *Journal of Media Economics*, 1997, 10 (3): 17-31.

过去的研究中,媒介消费支出还受价格、人口、失业率和利率等因素的影响,如杜彭使用1953年到1991年间比利时的媒介消费支出数据,建立了两个模型,第一个模型是价格、人口、失业率和利率等因素与媒介消费的现时相关模型;第二个模型是这些因素与消费者媒介消费支出的延滞相关模型。模型一的回归分析表明,价格和人口比收入状况更多反映传媒消费支出的变动情况;模型二回归结果显示,延滞变量在解释媒介消费支出的变化方面也有重要作用,在预测未来的媒介消费规模时,使用延滞变量进行预测非常重要。① 其他如对新闻的偏好、职业上对新闻获得的需要/生活习惯等都有可能影响到媒介的消费支出,因此,媒介消费支出还受其他哪些因素的影响,则需要设计更多的问题进行研究。

最后,未来的研究应该比较不同媒介产品的功能,以及受众对不同媒介产品功能的认知与评价,而这会有利于对媒介消费支出影响因素的研究。

参考文献

[1] 喻国明主编. 中国传媒发展指数报告(2008)[M]. 北京:社会科学文献出版社,2008.

[2] Barnes B. For a Thrifty Audience, Buying DVDs Is So 2004[J]. *New York Times*, 2008-11-22.

[3] Chyi H I & Lasorsa D L. Access, Use and Preferences for Online Newspapers[J]. *Newspaper Research Journal*, 1999, 20(4): 2-13.

[4] Chyi H I & Yang M J. Is Online News an Inferior Good? Examining the Economic Nature of Online News among Users[J]. *Journalism & Mass Communication Quarterly*, 2009, 86(3): 594-612.

[5] Chyi H I. Paying for What? How Much? And Why (not)? Predictors of Paying Intent for Multiplatform Newspapers[J]. *International Journal on Media Management*, 2012, 14(3): 227-250.

[6] Demers D P. Relative Constancy Hypothesis, Structural Pluralism, and National Advertising Expenditures[J]. *Journal of Media Economics*, 1994, 7(4): 31-48.

[7] Dupagne M. Testing the Relative Constancy of Mass Media Expenditures in the

网络传播与媒介效果

---

① Dupagne M. Beyond the Principle of Relative Constancy: Determinants of Consumer Mass Media Expenditures in Belgium. *Journal of Media Economics*, 1997, 10(2): 3-19.

United Kingdom[J]. *Journal of Media Economics*, 1994, 7(3): 1-14.

[8] Dupagne M. Beyond the Principle of Relative Constancy: Determinants of Consumer Mass Media Expenditures in Belgium[J]. *Journal of Media Economics*, 1997, 10(2): 3-19.

[9] Mccombs M E. Mass Media in the Marketplace. *Journalism Monographs*, 1972 (24): 38-47.

[10] Noh G Y & Grant A E. Media Functionality and the Principle of Relative Constancy: An Explanation of the VCR Aberration[J]. *Journal of Media Economics*, 1997, 10(3): 17-31.

媒体对企业声誉的议程设置效果：
企业社会责任报道的研究[①]

邓理峰[②]

【摘　要】　媒体的议程设置效果理论自四十年前创立至今,大多数研究都专注于政治传播领域的问题。该理论能否如同在政治传播领域一样,在商业企业传播中得到体现？为回答此问题,本文基于对国内新闻媒体及其企业报道的分析,辅之以对在华跨国企业声誉的测量及分析,首先分析了第一层级的议程设置效果,并发现媒体对企业的报道数量与公众对该企业的认知度之间并不存在显著的相关关系。其次,分析了第二层级的议程设置效果(也即属性议程设置效果),作者发现企业社会责任活动的媒体显著度与公众对跨国企业参与企业社会责任活动的认知之间存在显著的相关关系,并发现媒体上的企业正面报道影响公众对该企业的正面感知不明显,但媒体上的企业负面报道能较为显著地影响公众对该企业的负面感知。

【关键词】　企业声誉　新闻媒体　议程设置效应　企业社会责任

Agenda-setting Effects of Business News on Corporate Reputation：
Research on the News of Corporate Social Responsibility in China

Deng Lifeng

Abstract：Since the creation of agenda-setting theory forty years ago，most of

① 本文得到教育部人文社会科学研究青年基金项目(项目编号:11YJC860009)、中央高校基本科研业务费"中大社会建设论坛——环境风险事件与公共商议"(项目编号:17000-3161108),以及中山大学985工程"全媒体时代的新闻传播创新基地"项目的资助。

② 邓理峰,中山大学传播与设计学院讲师。

网络传播与媒介效果

research projects with this approach were focused on public affairs in political communication. Can this theory be applied to business communication, just as its originating field political communication? With this question as a starting point, basing on news media content analysis of multinational corporations on two key news outlets in China, and analysis of corporate reputation rankings of these corporations, this project try firstly to explore into the first level agenda-setting effects of business news and finds that there is no significant correlations between media salience and public recognition about these corporations. And then this paper delves into the second level agenda-setting effects of business news, the author found that there is significant correlations between media salience of corporate social responsibility activity coverage and public awareness of CSR activities. But this paper find that it seems the tones of business coverage of multinationals had significant impacts on the public's negative perceptions on these corporations, but didn't have much significant impacts on positive perceptions.

Keywords: corporate reputation; news media; agenda-setting effects; corporate social responsibility

2006 年夏,英国的《周日邮报》(*Mail on Sunday*)刊登文章《iPod 之城》,披露苹果电脑在华代工厂富士康（Foxconn)在深圳工厂中,工人在奴役一般的环境里超长时间工作,而所得甚微。紧接着,上海的《第一财经日报》继续披露富士康恶劣的工作与生活状况。原本一直疏远媒体、风格低调的富士康随即提出起诉《第一财经日报》两名记者,认为报道损及企业声誉,索赔 3000 万元。在新闻界、学术界和国际媒体谴责其攻击媒体的新闻自由以及其外包商苹果电脑的压力下,富士康与《第一财经日报》双方妥协性地达成和解,富士康从法院撤诉,事件由此平息。

富士康的此案例只不过是近来中国市场化新闻媒体和企业之间紧张关系的冰山之一角,但其至少有两个方面的意义:一方面,中国新闻媒体的市场化改革之后,新闻媒体和企业之间的关系正在经历着巨大变化。新闻媒体的支持系统转向广告收入之后,有了更大的动力与压力来吸引受众,扩大市场份额。而这在一定程度上推动了中国新闻媒体走向独立,媒体作为监督者的角色得到更为有效和灵验的发挥。另一方面,《第一财经日报》作为媒体遭遇批评报道对象的起诉,甚至最终还要为刊发批评报道而向企业"表示歉意",这既是中国新闻媒体报道环境恶劣的表现,也是企业对媒体批评报道的"杀伤力"畏惧的外症。

国内新闻媒体与企业之间仍旧没有找到实现彼此有效沟通的方法。新闻媒体因为批评报道而在诉讼中败诉的情况在西方国家不多见,但在中国此类诉讼案频频发生,其中不少是以媒体败诉而告终。当然,相比于西方的媒体与企业关系,中国新闻媒体批评报道的"杀伤力"也是不多见的。国内企业或者由于风险管理意识薄弱,或者由于企业正处在体制转型而矛盾丛生的阶段,一旦遭遇媒体的批评报道往往元气大伤,不堪一击,有的企业甚至因为一篇批评报道而倒闭关张。比如 2001 年百年老字号"南京冠生园",在遭遇央视的"南京冠生园陈馅事件"批评报道后不到一年即宣告破产。在这样的案例中,批评报道不只是损及品牌声誉,而是彻底摧毁了品牌生命。

伴随国内媒体的改革,大体形成了两个媒体阵营,对企业声誉的建设分别扮演着"喜鹊派"和"啄木鸟派"的不同角色。[①] 喜鹊派的主流是中央及各级党委与政府的喉舌。而啄木鸟派的主流媒体则基本上是市场化媒体。喉舌媒体持守传统的新闻理论和新闻价值观念,为党和政府的经济政策和改革政策起到社会动员者角色。而商业化新闻媒体作为国内传媒结构中的新增力量,它们的新闻价值观更多以西方新闻价值观为参照,更多以披露企业丑闻和劣行作为取向。前述的富士康事件即是这类典型报道。

而这一方面对企业声誉构成了威胁,另一方面也为企业声誉的建设提供了诸多机会,因为新闻媒体的内容生产开始更多地依照经济逻辑来运行。这至少包含两个意思,一是媒体为了盈利,举办了各种声誉排行活动,使得企业声誉正式进入了企业报道的议程当中,从而避免了有偿新闻的禁忌;二是媒体依照经济逻辑运转之后,意味着更多地客观报道企业以及企业所需要的经济信息,从而为企业及其活动成为媒体关注焦点提供了更多机会。最直接的印证是,20 世纪 90 年代之后,中国经济类新闻媒体的快速成长,从原来穿插在喉舌媒体中的经济新闻或经济新闻版面逐步扩展为专门的财经类报纸或电视频道。

当企业广告成为新闻媒体的主要收入来源之后,媒体为吸引受众,从而扩

网络传播与媒介效果

---

① 胡舒立:《访美记:新闻专业主义理念下的观察与写作》,中信出版社 2012 年版,"序"第 15 页。

大市场份额的压力也随之增加。为了扩大市场占有份额,商业化新闻媒体开始在一定程度上扮演了"看家狗"的角色,这尤其体现为调查性报道的增加。在富士康与《第一财经日报》的案例中,企业因为负面报道而受袭,甚至被逼迫致歉。这既体现了国内新闻媒体的生存困境,也表明新闻媒体在经济上更多地依赖企业之后,将不得已需要与企业更多合作,而非对峙。与此同时,企业和对媒体权力颇为畏惧,它们时常会反击媒体的批评报道,但又不敢冒犯得罪强势的主流媒体。富士康与《第一财经日报》的最终"和解"事实上是双方互让一步的妥协。

企业对于新闻媒体的这种矛盾态度,源自媒体的权力。因为对于多数人而言,若非亲历,则大多数事情是依赖于媒体作为信源,因而才有民间顺口溜的说法,"媒体报了,没事儿也都有事儿了;媒体没报,有事儿也都没事儿了"。记者的选择与报道因而在很大程度上影响着普通民众的视野,进而影响着民众对真相的感知、意向和判断。这种影响各种不同话题在公众头脑中地位的特定能力,被称作媒体的议程设置效果。[①]

早期的议程设置研究主要在政治传播领域里展开,主要关注的是大众媒体是如何影响公众对公共话题和政治候选人之重要性的判断,以及在报道公共话题和政治候选人时,媒体是如何影响人们对所报道对象之重要性的判断。但是,近些年来该领域的研究已经拓展到了一些新领域,比如企业声誉、教育、体育和宗教等。[②] 大众媒体的议程设置效应是否如同在政治传播领域一样,也表现在企业声誉和形象上呢?为了回答此问题,凯洛和麦库姆斯提出的议程设置理论也可以应用在企业声誉领域,并初步提出了几个初步的假设[③],但并没有对这些将议程设置理论应用于企业传播的理论假设做出基于实证材料的论证:

---

① McCombs M & Reynolds A. News Influence on our Pictures of the World. In. Bryant J & Zillmann D(eds.). *Media Effects* (2nd edn). Mahwah: Lawrence Erlbaum Associates, 2002: 1-16.

② McCombs M. A Look at Agenda-setting: Past, Present and Future. *Journalism Studies*, 2005, 6(4): 543-557.

③ Carroll C E & McCombs M. Agenda-setting Effects of Business news on the Public's Images and Opinions about Major Corporations. *Corporate Reputation Review*, 2003, 6(1): 36-46. 此文的中文版见:克瑞格·凯罗、麦克斯韦尔·麦考姆斯著,邓理峰译:《商业报道对大企业在公众中的形象与舆论的议程设置效果》,《新闻与传播评论》2006 年刊,第 107—117 页。

新闻媒体对一家企业的报道数量和公众对该企业的认知度有正向相关关系；

新闻报道对一家企业特定属性的报道数量与用这些特定属性来界定该企业的公众比例有正向相关关系；

对企业特定属性的媒体报道越是正面,则公众对此特定属性的感知就越正面。相反,对企业特定属性的媒体报道越是负面,则公众对此特定属性的感知就越负面。

以上三个研究假设将是本项研究的切入点。本文将首先对现有企业声誉、议程设置理论以及企业与媒体关系等相关文献稍作评论,在此基础上尝试使用民意调查和新闻内容分析综合比照的方法,在综合考虑中国的媒体体制、新闻价值观念以及公共关系实践等,检验凯洛和麦库姆斯所提出的三个研究假设。本文将通过对公众对在华跨国企业品牌及其参与企业社会责任(CSR)活动的认知,以及公众对在华跨国企业的企业声誉的一般性评价等做出量化分析,尝试分析新闻媒体对于企业声誉的议程设置效果。

一、文献回顾

(一)中文语境里的企业声誉

何为"企业声誉"(corporate reputation),可谓是众说纷纭。目前在中文和英文文献中,引述频次最高的定义是纽约大学斯特恩商学院教授查尔斯—范布伦(Charles Fombrun)给出的,即"企业声誉是一个企业过去一切行为及结果的合成表现,这些行为及结果描述了企业向各类利益相关者提供有价值的产出的能力。"[①]

在中文的历史文化传统中,也有不少对于建设企业(商人)声誉持或积极或消极的描述。相对较为积极的描述,比如"王婆卖瓜,自卖自夸",大体上还是消极描述居多数,比如"好酒不怕巷子深",对于企业声誉持较为保守的态度。

"企业声誉"作为一个分析企业无形资产及其影响的概念,还是源自西方,

① Fombrun C J. *Reputation：Realizing Value from the Corporate Image*. Boston：Harvard Business Review Press，1996：6-7.

尤其是美国的相关研究,而不是源自本土商业实践。根据本文作者对中文文献检索平台"中国知网"的检索结果发现,从 1979 年到 2009 年的 30 年时间里,以"企业声誉"为标题的研究论文有 243 篇,而其中有 228 篇,也即超过 95% 的论文是出现在 2000 年之后(见表 1)。其中在中国知网所能查找到的最早一篇以"企业声誉"为题的论文,是厦门鼓浪屿食品厂厂长林朱达 1984 年发表在《福建论坛(经济社会版)》杂志上的《努力创造企业声誉》①。不过,多数论文都是在重复同一个主题,即呼吁对企业声誉管理给予足够的重视,其中有不少文章是对美国或其他西方国家相关文献的引介,但基于我国本土企业相关实践的研究并不多见,对影响企业声誉构建的诸多因素的实证研究则更是鲜见。

表 1　1984—2009 年以"企业声誉"为题的学术论文数量(1984—2009)

年份	以"企业声誉"为题的学术论文数量
1984	1
1993	1
1994	3
1995	2
1996	2
1997	1
1998	2
1999	3
2000	5
2001	10
2002	15
2003	9
2004	21
2005	32
2006	32
2007	48
2008	36
2009	29

---

①　林朱达:《努力创造企业声誉》,《福建论坛》(经济社会版)1984 年第 7 卷,第 59—60 页。

在很多情况下,在中文语境中"声誉"(reputation)和"信誉"(credit)是被当作同义词来交替使用的。比如,欧洲著名的声誉研究院(Reputation Institute)在翻译成为中文的时候,使用的是"声誉"一词,而很有意思的是,在 2006 年 3 月该机构在中国设立其分支机构时,其名字却被翻译为"中国信誉研究院",使用了"信誉"一词来替换"声誉"。

需要注意的是,"声誉"和"信誉"在中文语境中,其实存在着细微的语义差别。白永秀与徐鸿(2001)曾对两个概念的细微语义差别做了很有启发的解析。他们认为,首先,"信誉"是一个过程量,是指一个人在与他人交往过程中,其许诺和践诺的匹配情况。可用经济学术语"流量"来描述。一个人是否有信誉,取决于其许诺和践诺行为的匹配程度。相比较而言,声誉则是一个状态量,是指企业的商业行为、社会行为、内部员工之间、上下级之间关系的综合,可用经济学术语"存量"来描述。其次,信誉被认为和地位高低及财富多寡无关。无论是平头百姓还是跨国企业,只要言行一致,则其信誉就可以视为是等同的。而声誉则往往和社会地位、名望及财富有密切关联。即使信誉一样,但名望高、财富量大的行为主体其声誉往往高于名望低、财富量小的行为主体。最后,声誉往往是包含道德因素的价值判断,而信誉则不包含道德因素。最典型的例子是"盗亦有道",即便是盗贼也可以有讲信誉的盗贼,但盗贼却绝不会有好的声誉。①

(二)议程设置理论在中国的验证与应用

议程设置理论最早引介进入我国是在 20 世纪 80 年代出版的传播学教材当中,但直到 90 年代中期之后才有郭镇之的系列论文对其做了较为详尽的介绍。② 尽管她的论文没有更进一步地测试议程设置理论在中国文化语境里的表现,但其论文激发了很多其他学人检验该理论的兴趣。而此后中国人民大学刘

---

① 白永秀、徐鸿:《论市场秩序和企业声誉》,《福建论坛(人文社会科学版)》2001 年第 6 期,第 71—74 页。

② 郭镇之:《关于大众传播的议程设置功能》,《国际新闻界》1997 年第 3 期,第 18—25 页;郭镇之:《大众传播的议程设置作用》,《新闻大学》1999 年第 2 期,第 32—36 页。

海龙对议程设置理论的新发展做了一系列的介绍。①通过使用议程设置理论的经典研究方法,即综合使用民意调查及内容分析的方法,当时复旦大学的张国良教授主持开展过多项实证研究。②这些研究的主要贡献是在中国文化语境里复制了美国的研究,并确证了议程设置理论也适用于我国的新闻媒体。

国内有关议程设置的新近研究更多地聚焦在新闻媒体的内容分析,关注各种媒体议程的形成,而不是媒体议程对于公众的影响。之所以如此,大概有两个方面的原因:一方面开展大型民意调查所需的资助仍旧缺乏,另一方面国外学术界对于议程设置的研究兴趣也已经从检验媒体的议程设置效果转向了媒体议程的形成过程。

总体而言,我国对于议程设置的研究仍旧处在理论介绍与探讨,并尝试在中国语境里检验其理论陈述的阶段。基于议程设置理论的经典研究方法在政治传播尤其是企业传播领域里的研究还不多见。

(三)企业与新闻媒体的关系

20 世纪 90 年代中国经济从计划经济快速地向市场经济转型,不同于以宣传党和政府的经济政策为主要使命的传统经济新闻,财经新闻媒体因此在此背景下问世。财经新闻由于有其相对专门的报道领域,因而成为观察国内新闻媒体与企业关系的重要窗口。

无论是政府规制还是报道内容与表现形式,财经新闻媒体从一开始就努力展现出和传统经济新闻不太一样的特征。③在政府规管上,由于财经新闻(尤其是证券市场里的新闻报道)具有较高的专业性,党和政府的新闻宣传管理部门逐步对财经新闻媒体网开一面。这一方面可以从国家领导人的公开态度中看到,比如邓小平在 20 世纪 90 年代初曾经公开表示很喜欢看央视的《经济信息

---

① 刘海龙:《社会变迁与议程设置理论——专访议程设置奠基人之一唐纳德·肖》,《国际新闻界》2004 年第 4 期,第 18—24 页。刘海龙:《议程设置的第二层与媒体政治——从〈事关重要的新闻〉说起》,《国际新闻界》2004 年第 2 期,第 54—60 页。刘海龙在其翻译的仙托·艾英格等人所著的《至关重要的新闻——电视与美国民意》一书"译后记"中,对议程设置、框架和铺垫等相关概念做了非常清晰扼要的辨析。

② 李本乾、张国良:《中国受众与大众传媒议程设置功能研究》,"信息化进程中的传媒教育与传媒研究——第二届中国传播学论坛"会议论文,2002 年 6 月,上海。李本乾、张国良:《受众议程、媒介议程与真正现实关系的实证研究》,《现代传播》2002 年第 4 期,第 45—47 页。

③ 邓理峰:《从"经济新闻"到"财经新闻"》,《新闻与写作》2007 年第 10 期,第 62 页。

联播》。另一方面,在 20 世纪 90 年代中期,作为财经媒体之一的证券类媒体曾经阶段性且不成文地由国家证券监督管理委员会而非中宣部监管,这在一定程度上给了财经新闻媒体较大的批评不良企业的自由空间。[①]在新闻报道的内容与形式上,财经新闻的文体、版式、图片使用等新闻样式均有新的改变,财经新闻样式的改变并不仅仅是一种技术性改变,而且包含着理念、意识形态等深层改变。财经新闻报道中从政治术语到经济术语的转变,也只是我国经济改革带动了社会结构、经济体制以及新闻业自身变革等社会后果之冰山一角。但是,财经新闻进入 21 世纪之后,不是用专业语言或技术化语言就能解决问题了,而且涉及利益,进入了改革的深水区。企业利益集团对新闻产制的影响,可能远大于政府新闻宣传主管部门的干预。[②]

对于企业与转型中新闻媒体之间的关系,源自于国内学人的研究并不多见。作为掌握社会能见度资源的媒体人寻租手段以及企业借此控制新闻生产的有效手段[③],"有偿新闻"在新闻业内司空见惯,甚至接受报酬成为业内不成文的行规,以至于任何质疑与挑战都变得孤立而异常艰难。总体而言,对于企业报道与公共关系之间互动及其如何影响新闻产制的理性、建设且系统的研究,还非常缺乏。

二、研究假设

本研究尝试使用议程设置理论的经典方法,即综合新闻内容分析和民意调查的结果,来考察议程设置理论在企业传播领域里的表现。鉴于中国的历史文化传统及媒体环境,并基于凯洛与麦库姆斯(2003)关于商业报道如何影响企业形象与声誉的探索性研究构想,本文提出了新闻媒体影响企业声誉的议程设置效果的三个研究假设。

凯洛与麦库姆斯曾提出受众关注度和企业品牌名称在媒体上的能见度将会是媒体议程设置效果的第一层体现。他们认为:"在分析公众如何评判一家企业之前,我们需要判定,公众或者公众的一个子构成比如一个利益相关方群

---

① 此判断源自于作者 2012 年 11 月与胡舒立先生的问答整理。

② 此判断源自作者对 2012 年胡舒立先生在中山大学传播学院的讲课整理。

③ 参见张志安、陆晔:《记者"权力寻租"中的社会资本转换及其伦理边界》,《国际新闻界》2008 年第 10 期,第 50—54 页。

体,在总体上是否会想到该企业。在传播过程中的这个早起阶段,即注意(attention),是议程设置理论的初期观点焦点,也就是报道对象是否在媒体和公众的议程之中。用议程设置的术语来说,公众对一家企业名称的无提示提及程度,应该会和该企业的媒体能见度相对应。"①

此外,张国良等人的研究发现,在宏观层面上,媒体议程与公众议程之间存在高度相关关系,但在微观层面上则是低度相关。②那么,在新闻媒体的报道频次与公众对企业认知度之间,存在何种关系呢? 鉴于此,本文提出第一个研究假设。

假设一:媒体对于一家企业的报道数量与公众对该企业的认知度两者之间存在正向相关关系。

日本学人竹下认为:"议程设置研究一直有一种议题中心偏向(issue-centered bias)。换言之,目前大多数已经出版的议程设置研究都采用了麦库姆斯与肖最初关于议程设置研究中所使用的一般议题概念。"受此研究传统的影响,在该领域里的多数研究都在研究"话题之外壳"(the shell of the topic),而不是"议题之实质"。③在很大程度上,张国良等人的研究也存在竹下所说的议题中心偏向。而蒋志高对于媒体上的企业报道的研究(2004)发现,在国内市场里的汽车企业是企业行业里企业报道的主要信息来源,并对媒体议程具有强大影响力。鉴于此,本文的第二个研究假设关注的是媒体建构的企业属性特征与公众对这些属性特征的认知与理解之间的关系。

假设二:媒体报道对一家企业某个属性特征的报道数量与公众用该属性特征来界定企业的可能性之间存在正向相关关系。

鉴于国内媒体的公信力在近 30 年来一直是业界和学界讨论或质疑的对象,"有偿新闻"更是成为媒体行业腐败的象征,因而有必要尝试检验国内媒体

---

① Carroll C E & McCombs M. Agenda-setting Effects of Business News on the Public's Images and Opinions about Major Corporations. *Corporate Reputation Review*,2003,6(1):36-46.

② 李本乾、张国良:《受众议程、媒介议程与真正现实关系的实证研究》,《现代传播》2002 年第 4 期,第 45—47 页。

③ Takeshita T. Exploring the Media's Roles in Defining Reality:From Issue-agenda Setting to Attribute-agenda Setting. In:McCombs M E,Shaw D L & Weaver D H(eds.). *Communication and Democracy:Exploring the Intellectual Frontiers in Agenda-setting Theory*. Mahwah:Lawrence Erlbaum Associates,1997:20.

的态度议程(以往通常被认为是党与政府的喉舌),是否仍旧有公信力并保持着对公众的主导影响力。这也就是本文的第三个研究假设。

假设三:新闻媒体对一家企业的报道基调与公众对该企业的态度倾向之间存在相关关系。换言之,我们可以据此推论,新闻媒体对一家企业的报道越是正面,则公众对该企业的感知也越正面。反之,新闻媒体对一家企业的报道越是负面,则公众对该企业的感知也越负面。

三、研究方法

本项研究涉及两个部分的数据。第一个部分是对于企业声誉的民意调查数据,这部分的数据来自于北京零点市场研究咨询集团在 2004 年完成的一项企业声誉调查,即"中国最具影响力跨国企业调查"。零点市场研究咨询集团在完成该项调查时,在北京、上海、广州、武汉、成都、沈阳和西安共计七个城市面向总计 1252 位市民(其中每个城市的个案数量不少于 170 人),由专业访员完成了面对面实地问卷调查。此项调查使用的是多阶段概率抽样的取样方法。

第二个部分的数据则是来自国内两家财经与经济类新闻媒体,分别是《人民日报》和《经济日报》,是对零点公司此项调查之前 12 个月里相关报道内容进行分析。通过比较两个数据库,本文将尝试检验上文所提出的关于媒体议程设置第一层级和第二层级效果的三个研究假设。

(一)内容分析与媒体的选择

本项研究之所以选择《人民日报》和《经济日报》,主要基于三个方面的考虑:首先,在当时两家报纸都是国内在跨国企业新闻报道及国家相关政策方面具有较高声望和权威的媒体,且两家媒体在很多话题领域都是国内其他媒体的重要议程构建者。其次,在当时两家报纸都有很高的发行量,有较大的社会影响。而后来陆续创立并在 21 世纪之后具有较为广泛影响力的几家财经类报纸,比如《21 世纪经济报道》(2001 年创立)、《经济观察报》(2001 年创立)、《第一财经日报》(2004 年创立)等,在当时刚刚创立或尚未创立,其社会影响还较为有限。最后,两家报纸都有较为完整的往年报道的数据库,从而使得本项研究的内容分析部分的工作具有可行性。

对于《人民日报》,本项研究选取的是 2002 年 3 月 1 日至 2003 年 12 月 31 日之间的相关报道;对于《经济日报》,本文选取的是 2002 年 10 月 1 日至 2004

年 10 月 31 日之间的相关报道。之所以选定《经济日报》在这个时间段的报道，
是因为该时段正好是零点公司"中国最具影响力跨国企业调查"进行前的 2 年，
而《人民日报》的时段选择则由于该报纸的数据库在本项研究展开之时，只提供
了 2003 年 12 月 31 日之前的往年报道数据库。

（二）民意调查

零点公司的调查结果为本项研究提供了这样几个方面的数据，包括中国公
众对在华跨国企业的总体认知度、公众对在华跨国企业参与企业社会责任活动
的认知度、在华跨国企业的美誉度排行等（见表 2）。

表 2 "2004 年中国最具影响力跨国企业调查"中的概念说明

项　目	描　述
跨国企业的总体认知度	公众对该跨国企业在无提示提及情况下的认知
跨国企业参与社会责任活动的公众认知	公众对于跨国企业参与企业社会责任活动的认知情况，包括教育、医疗卫生、公益慈善、环境保护等各个领域的企业社会责任活动
跨国企业在公众中的美誉度	公众对在华跨国企业的总体美誉度

基于新闻内容分析所得的数据，我们得到了上述两家报纸对于每一家跨国
企业的报道数量，同时也得到了两家报纸对于各家企业在华参与企业社会责任
活动的报道数量。而基于零点公司"2004 年中国最具影响力跨国企业调查"的
数据，我们也得到了当时国内公众对于各家跨国企业的总体认知度、在华参与
企业社会责任的认知度，以及跨国企业在中国公众中的美誉度等方面的数据。

通过比较分析新闻内容和公众调查所得的两个数据库，本文首先分析了第
一层级的议程设置效果，也就是国内公众对于各家跨国企业名称的无提示提及
认知与两家报纸对各家企业的报道数量之间的关系。其次，本文分析了第二层
级的议程设置效果（也被称为属性议程设置效果），包括事实层面的效果
（substantive effects）与评价层面的效果（evaluative effects）。"事实层面的效
果"在本文中是指两家报纸所呈现的跨国企业参与企业社会责任活动的显著度
与公众对跨国企业参与企业社会责任活动的认知之间的关系。而"评价层面的
效果"在本文中是指两家报纸新闻报道中对各家跨国企业的正面、负面与中性
报道的数量与公众对各家企业的总体美誉度之间的关系。

四、研究发现

(一)媒体对企业的报道数量与公众对该企业的认知度之间的关系

对于公众对跨国企业的无提示认知与媒体对企业的报道数量之间的相关关系,本文数据未能支持该假设(见表3、表4)。对此有两个可能的解释。首先,和政治传播中选民对于候选人的认知获取途径不同,公众对于在华跨国企业的认知可能未必主要基于新闻媒体的报道,而更多地基于具体的消费体验和企业的广告等信息。在本项研究的过程中作者也发现,在"2004年中国最具影响力跨国企业调查"中具有较高认知度的企业,往往也是在媒体上有较大广告投入的企业,但这些企业却未必在新闻媒体上拥有较高的能见度。其次,在完成本项研究的新闻报道内容分析过程中,作者也发现一些跨国企业的新闻报道数量和该企业的广告投入数量有明显的相关关系。换言之,该企业在该媒体的广告投入越大,则该企业得到该媒体的报道数量也往往要高于其他企业的平均水准。

表3　公众对跨国企业的无提示认知与媒体对企业的报道数量

排序	公众对跨国企业的无提示认知（公众议程,提及频次）	《人民日报》的报道数量（2002.10—2003.12）	《经济日报》的报道数量（2002.10—2004.10）	媒体议程（两家合计）
1	麦当劳	106	38	129	167
2	可口可乐	77	33	160	193
3	摩托罗拉	50	64	279	343
4	安利	41	25	49	74
5	微软	37	67	314	381
6	西门子	31	55	214	269
7	索尼	30	57	293	350
8	三星	28	101	342	443
9	宝洁	27	14	69	83
10	诺基亚	26	53	206	259
11	东芝	24	21	164	185

185

网络传播与媒介效果

续 表

排序	公众对跨国企业的无提示认知（公众议程，提及频次）	《人民日报》的报道数量（2002.10—2003.12）	《经济日报》的报道数量（2002.10—2004.10）	媒体议程（两家合计）
12	松下 23	51	273	324
13	友邦保险 19	7	50	57
14	家乐福 18	36	174	210
15	宝马 17	26	250	276
16	雀巢 16	13	74	87
17	高露洁 16	3	11	14
18	大众 16	143	446	589
19	百事可乐 14	7	50	57
20	阿迪达斯 13	14	23	37

表 4 公众对跨国企业的无提示认知与媒体对企业的报道数量之间的相关性分析

	项目	《人民日报》议程	《经济日报》议程	媒体议程
公众议程	Pearson Correlation	0.08	0.04	0.05
	Sig.（2-tailed）	0.73	0.85	0.82
	N	21.00	21.00	21.00

（二）媒体对企业某个属性特征的报道数量与公众用此属性特征来界定该企业之间的关系

本文通过分析跨国企业参与企业社会责任活动的媒体显著度与公众对跨国企业参与企业社会责任活动的认知之间的关系，发现本项研究的数据支持第二个研究假设（见表 5、表 6）。本文也尝试从两个方面来理解此发现。首先，若非是参与一些即兴式的公益慈善活动（如洪灾之后的捐赠等），国内本土企业在当时并不是企业社会责任活动的活跃参与者。普通公众往往很少见到本土企业赞助或开展的社会责任项目。在此语境里，相形之下跨国企业的社会责任项目对于国内公众而言就显得新鲜特别，新闻媒体也往往给予较多的报道，而普通民众也因此获得了更多了解跨国企业的机会。其次，和公众了解企业的产品或服务主要依赖广告不同，就企业参与社会责任活动而言，在该特定领域里，公众还是更多地借助新闻报道所提供的信息来加以了解。鉴于此,新闻报道对于公众认知企业的社会责任活动,更容易产生直接的效应。

表5　公众对跨国企业参与企业社会责任活动的认知
与跨国企业参与企业社会责任活动的媒体显著度

排序	公众对跨国企业参与企业社会责任活动的认知（公众议程,提及频次）		《人民日报》的报道数量（2002.10—2003.12）	《经济日报》的报道数量（2002.10—2004.10）	媒体议程（两家合计）
1	可口可乐	64	3	10	13
2	麦当劳	54	3	4	7
3	安利	37	8	11	19
4	宝洁	32	3	4	7
5	微软	27	3	2	5
6	东芝	22	3	3	6
7	松下	20	2	3	5
8	强生	19	1	5	6
9	百事可乐	17	1	3	4
10	家乐福	17	1	1	2
11	耐克	16	0	3	3
12	索尼	16	2	0	2
13	雷诺	15	0	0	0
14	三星	15	1	3	4
15	摩托罗拉	15	1	4	5
16	西门子	14	3	1	4
17	雀巢	14	2	2	4
18	Metro	13	0	0	0
19	夏普	12	0	0	0
20	诺基亚	12	3	1	4
21	高露洁	12	1	0	1
22	大众	12	0	1	1
23	友邦保险	11	0	0	0
24	宝马	11	0	0	0

网络传播与媒介效果

表6　公众对跨国企业参与企业社会责任活动的认知与
跨国企业参与企业社会责任活动的媒体显著度之间的相关性分析

公众议程		《人民日报》	《经济日报》	媒体议程（合计）
	Pearson Correlation	0.56**	0.76**	0.74**
	Sig.（2-tailed）	0.00	0.00	0.00
	N	24.00	24.00	24.00

注：** 表示相关性在 0.01 水平下显著（两侧检验）。

（三）媒体对企业报道的基调（正面、负面、中性）与公众对该企业的感知之间的关系

本项研究基于公众对各家企业的总体美誉度与媒体不同基调的报道数量的分析发现，本文的数据部分地支持第三个研究假设，即媒体上的正面报道与公众的正面感知之间没有显著的正向相关关系，但媒体上的负面报道与公众对企业的负面感知之间有正向相关关系（见表7、表8）。换言之，我们或许可以据此推论：媒体上的企业正面报道影响公众对该企业的正面感知不明显，但媒体上的企业负面报道却能较为显著地影响公众对该企业的负面感知。

若以 20 世纪 90 年代中期都市类报纸在国内的兴起作为中国新闻媒体快速商业化的一个新起点，则国内新闻传媒行业经过十多年的商业化再造，越来越多的新闻媒体取得了经济上的独立，但国内新闻业的发展历程与美国新闻媒体商业化过程中培育的新闻专业主义的理念不同，中国的新闻专业主义并没有随着媒体商业化后的经济独立而到来。"有偿新闻"的现象愈演愈烈，甚至积重难返，在新闻业内成了司空见惯的"行规"，甚至新华社记者也涉足多起媒体腐败案中。国内的读者已经习惯于读言外之意，听弦外之音，对于新闻报道常持怀疑态度。这或许是媒体上的负面报道毫无疑问会给读者留下负面印象，可正面报道却也未必能给人留下正面印象的原因。媒体公信力的下降，致使企业的媒体声誉也因之受损。

表 7　公众对各家企业的总体美誉度与媒体不同基调的报道数量

排序	公众对各家企业的总体美誉度		《人民日报》的报道数量 (2002. 10-2003. 12)			《经济日报》的报道数量 (2002. 10—2004. 10)			媒体议程 （合计）		
	企业	提及频次	正面	中性	负面	正面	中性	负面	正面	中性	负面
1	麦当劳	86	2	35	1	15	143	2	17	178	3
2	可口可乐	57	4	28	1	15	144	1	19	172	2
3	安利	43	10	15	2	17	32	0	27	47	2
4	西门子	41	7	48	0	15	194	7	22	242	7
5	宝洁	36	3	11	0	5	64	0	8	75	0
6	东芝	35	4	18	0	13	164	0	17	182	0
7	摩托罗拉	33	9	55	0	12	266	1	21	321	1
8	诺基亚	32	12	41	0	18	188	0	30	229	0
9	三星	27	6	94	1	23	319	0	29	413	1
10	微软	26	7	60	0	15	311	3	22	371	3
11	松下	22	8	43	0	16	257	0	24	300	0
12	百事可乐	21	2	5	0	2	48	0	4	53	0
13	高露洁	19	1	2	0	2	9	0	3	11	0
14	家乐福	17	2	34	0	2	170	4	4	204	4
15	友邦保险	17	0	7	0	4	36	0	4	43	0
16	瑞士银行	16	0	11	0	2	37	0	2	48	0
17	日立	16	2	22	0	5	127	0	7	149	0
18	大众	15	7	136	0	20	426	0	27	562	0
19	索尼	14	6	52	0	12	281	0	18	333	0
20	宝马	13	3	23	0	7	243	0	10	266	0
21	雀巢	13	2	11	0	3	75	0	5	86	0

表 8　公众对各家企业的总体美誉度与媒体不同基调的报道数量之间的相关性分析

	项目	正面报道	中性报道	负面报道
公众议程	Pearson Correlation	0.34	−0.09	0.45*
	Sig. （2-tailed）	0.13	0.71	0.04
	N	21.00	21.00	21.00

注：* 表示相关性在 0.05 水平下显著（两侧检验）。

五、讨　论

　　总体而言,若做自我的纵向比较,过去 30 多年里国内新闻媒体的改革使得国内媒体变得更为独立。这样的改变对于企业声誉的建设而言,可能意味着两种不同的意涵:一方面,新闻媒体已经是企业声誉构建过程中的重要伙伴,而另一方面,新闻媒体为了取得在传媒市场里竞争的成功,提升其公信力,履行党和政府期待其完成的使命,媒体的批评报道也可能摧毁部分越轨企业的企业声誉,比如不公平竞争、环境污染、罔顾企业社会责任(本文开篇所提及的富士康即是典型案例)等。

　　不同企业在国内新闻媒体上的能见度在很大程度上取决于三个因素:对国内经济的贡献程度、在媒体上的广告投入数量,以及企业战略与党和政府的经济政策的整合程度。本项研究过程中,我们发现若一家跨国企业和本土企业建立为合资企业,则其媒体能见度通常会高于没有建立合资企业的跨国企业。以德国汽车企业大众汽车为例,大众汽车在长春和上海设立中外合资企业已有 20 多年。我们发现大众汽车的媒体能见度就远高于其他品牌的汽车企业。与此类似,一些企业战略能够与党和政府的经济政策紧密合作的企业,比如奇瑞、吉利、联想、华为和中兴等,都因其被认为是创新型的"民族企业"而赢得了明星企业的地位,并因此经常成为国内主流媒体的报道对象。与此形成鲜明对照的是,在很大程度上影响着国家经济走向的大型国有垄断型企业在新闻媒体上的能见度相形之下则显得比较低调。本项研究还发现在新闻媒体上做广告较多的企业,其得到媒体的报道数量也通常较多,这点在新创立的财经类媒体和都市类媒体中表现得尤为明显。正如休梅克与里斯所说,由于广告收入对于商业化媒体的生存而言至关重要,广告商越大,则其力量就越大。[1] 从本项研究的情况来看,广告商经常决定着媒体报道谁以及如何报道。

　　最后,国内的专业公共关系公司经过数十年的成长也越来越成熟老练,并且已经成为影响新闻生产的重要主体之一。因而专业公关公司在创立和维系企业声誉方面发挥着越来越重要的作用。"企业公民"的概念在国内企业公共

---

① Shoemaker P J & Reese S D. *Mediating the Message:Theories of Influences on Mass Media Content*. White Plains:Longman,1996.

关系领域里日渐成为热门词汇。以海外市场为目标的出口型企业及其产业链中的企业逐渐意识到企业社会责任对于企业声誉的重要性。一个值得注意的数据是,"社会责任 8000"(SA8000)的认证在国内日益受到重视。在 2002 年 8 月,大陆地区有大约 34 家企业获得了 SA8000 认证,而到 2012 年 6 月,通过认证的企业达到了 473 家。尽管企业社会责任的概念目前仍旧主要是在出口导向型企业以及部分受西方管理理念影响较多的企业当中较被认可,但作为企业管理中的一种新的话语形态已经对本土企业产生了巨大影响。

六、结　论

基于对国内新闻媒体及其企业报道的分析,辅之以对在华跨国企业声誉的测量及分析,本项研究得出以下结论:

首先,通过比较分析新闻内容和公众民意调查所得的两个数据库,本文首先分析了第一层级的议程设置效果,也就是国内公众对于各家跨国企业品牌名称的无提示提及认知与两家报纸对各家企业的报道数量之间的关系,发现媒体对企业的报道数量与公众对该企业的认知度之间并不存在显著的相关关系。同时,作者也发现一些跨国企业的新闻报道数量和该企业的广告投入数量有明显的关联关系,即该企业在该媒体的广告投入越大,则该企业得到该媒体的报道数量也往往要高于其他企业的平均水准。

其次,本文分析了第二层级的议程设置效果(也被称为属性议程设置效果),包括事实层面的效果与评价层面的效果。"事实层面的效果"在本文中是指两家报纸所呈现的跨国企业参与企业社会责任活动的显著度与公众对跨国企业参与企业社会责任活动的认知之间的关系。根据本文的数据分析,作者发现这两者之间存在显著的相关关系。而"评价层面的效果"在本文中是指两家报纸新闻报道中对各家跨国企业的正面、负面与中性报道的数量与公众对各家企业的总体美誉度之间的关系。根据本文的数据分析,作者发现媒体上的企业正面报道并不明显影响公众对该企业的正面感知,但媒体上的企业负面报道却能较为显著地影响公众对该企业的负面感知。

七、研究局限与对未来研究的建议

本项研究的不足主要有这样几个方面:首先,所选择媒体类型的局限。以《人民日报》和《经济日报》作为研究对象,由于这两家报纸都算是体制内媒体,而经济和财经报道被认为是体制内媒体的短板,在构建企业声誉方面其效果可能有限。因此未来的研究可以考虑增加市场化的媒体类型,尤其是新世纪里成长起来的较有影响力的多家财经类媒体。

其次,在完成本项研究的新闻报道内容分析过程中,作者也发现一些跨国企业的新闻报道数量和该企业的广告投入数量有明显的相关关系。但对此本项研究未能做进一步的原因分析,比如一家企业在该媒体上的广告越多,则该企业得到该媒体的报道数量也越多,这究竟是因为企业在该媒体的广告投入多从而影响其采编政策,还是由于被报道企业客体的自身新闻价值所导致的? 这些任务超出了本项研究的界限,但在未来的研究中很值得探索。

此外,本文还认为,目前国内企业声誉测量由于大多和发起者的商业活动紧密相关,这导致其声誉的测量方法及其结果,都存在公信力不高的问题。由于公共关系与政府腐败、商业腐败等不良案例之间的关联关系,公共关系行业自身在国内的声誉不佳。在过去的 20 多年里,公共关系行业也经历了起伏。如今公共关系及其技术更趋成熟,并成为影响国内新闻生产的重要力量,这一方面意味着公共关系对于企业形象与声誉的构建发挥着更大的作用,另一方面也提醒我们需要更深入地观察企业公共关系影响公共话语及其可能的社会后果。

参考文献

[1] 白永秀,徐鸿. 论市场秩序和企业声誉[J]. 福建论坛(人文社会科学版),2001(6).

[2] Carroll C E & McCombs M. Agenda-setting Effects of Business News on the Public's Images and Opinions about Major Corporations[J]. *Corporate Reputation Review*,2003,6(1):36-46.

[3] Fombrun C J. *Reputation:Realizing Value from the Corporate image*[M]. Boston:Harvard Business Press,1996.

[4] 郭镇之. 关于大众传播的议程设置功能[J]. 国际新闻界,1997(3):31.

［5］M·麦考姆斯,T·贝尔,郭镇之.大众传播的议程设置作用［J］.新闻大学,1999(2).

［6］胡舒立.访美记:新闻专业主义理念下的观察与写作［M］.北京:中信出版社,2012.

［7］蒋志高.设置新闻议程:汽车报道中的记者、企业巨头和不明消息来源［J］.新闻传播研究,2004(3):50—55.

［8］李本乾,张国良.中国受众与大众传媒议程设置功能研究［J］.复旦学报（社会科学版),2003(1):114—123.

［9］李本乾,张国良.受众议程,媒介议程与真正现实关系的实证研究［J］.现代传播,2002(4).

［10］林朱达.努力创造企业声誉［J］.福建论坛(经济社会版),1984(7):23.

［11］刘海龙.社会变迁与议程设置理论——专访议程设置奠基人之一唐纳德·肖［J］.国际新闻界,2004(4):18—24.

［12］刘海龙.议程设置的第二层与媒体政治——从《事关重要的新闻》说起［J］.国际新闻界,2004(2):54—60.

［13］McCombs M. A look at Agenda-setting: Past, Present and Future［J］. *Journalism Studies*, 2005, 6(4): 543-557.

［14］Shoemaker P J & Reese S D. *Mediating the Message: Theories of Influences on Mass Media Content*［M］. White Plains: Longman, 1996.

［15］Takeshita T. Exploring the Media's Roles in Defining Reality: From Issue-agenda Setting to Attribute-agenda Setting. In: McCombs M E, Shaw D L & Weaver D H(eds.). *Communication and Democracy: Exploring the Intellectual Frontiers in Agenda-setting Theory*. Mahwah: Lawrence Erlbaum Associates, 1997: 20.

［16］张志安,陆晔.记者"权力寻租"中的社会资本转换及其伦理边界［J］.国际新闻界,2008(10):50—54.

网络传播与媒介效果

哈尼族村落的一次微博实验与增权实践^①

李刚存^②　肖　婷^③

【摘　要】　智能手机的出现,给偏远地区的少数民族公众以更低的门槛接触新媒体的机会。研究选择未通互联网络的哈尼族村寨进行手机微博实验,验证在这一特定地区超越网络媒介线性演进方式跃进发展的可能。通过这一实验服务于面向民族公众的增权实践,并力争通过实验团队的"他助",帮助村民建立互助小组实现"自助"。虽然遇到诸多挑战和困境,但微博在乡村的使用和传播已具备现实基础。村民有机会借助微博作为增权的关键工具,挖掘自身民族文化作为书写资源,激发文化自觉意识和文化自豪感,以主动积极的心态融入新媒体社会中。

【关键词】　增权　微博　手机　民族文化

A Microblog Experiment and Empowerment Practice
in a Hani Village

Li Gangcun　Xiao Ting

Abstract：With the emergence of smartphone，minority publics in remote poverty-stricken areas are entitled to touch new media at a lower threshold.

---

① 本论文系 2011 年云南省教育厅科研基金重点项目"构建媒介主导的信息扶贫模式研究——以云南边境民族贫困地区为例"(项目编号:2011Z062)、2010 年红河学院校级课题"构建媒介主导的信息扶贫模式研究"(项目编号:10XJY201)、云南省大学生科技创新实验计划"哈尼族自媒体写作与旅游中的民俗文化展演"项目的阶段成果。红河学院广播电视专业郑瑞雪、王超然、李盛、高利华、李建廷等同学参与调研工作,对本文亦有贡献。

② 李刚存,红河学院人文学院新闻传播系讲师。
③ 肖婷,红河学院广播电视新闻学本科生。

The research selected one of Hani Village which hasn't been connected to Internet so far to carry on a microblog experiment, which aimed at proving the possibility of a linear evolution development beyond the network media in this particular area. Serving for the minority public empowerment practice, more significantly, the experimental group strives to achieve the conversion of villagers' being helped to self-help and ultimately help establish a mutual support group. Facing various challenges and obstacles though, basic conditions for microblog in villages have already been equipped with. Microblog, as a key empowerment mean, is available for villagers to refine their own national culture as writing resources, to stimulate their cultural awareness and cultural pride and to integrate themselves into the new media society with an active attitude.

Keywords: empowerment; microblog; smartphone; national culture

　　微博的出现再次改变了社会交往的方式,并酝酿了新媒体生活的各种可能性。作为自媒体(we media),微博客把话语权进一步下放,保证让任何人都可以在微博客中表达自己、呈现自己,而且整个过程的实现较为简单。[①] 普通公民通过微博建立了个人信息发布平台,推动了个人参与新闻,也带来了信息传播和社会参与的创新性革命。在普通公民主动"发声"的同时,同样作为公民的边疆贫困地区的少数民族公民却基本保持"沉默",持续与网络时代的话语权绝缘。如何让微博新技术的发展惠及民族地区贫困公众,是值得研究探索的一个问题。[②] 让贫困地区的民族公众利用微博制作自己的新闻或信息,发出自己的声音,从而增强信息传播能力和经济发展能力,这在理论上或许是可行的,但这是否只是一个美好的设想呢? 这一疑问需要在实践和调查中加以验证和解决。

一、问题的缘起:智能手机与微博传播

　　2011 年 7 月,笔者带领学生到云南省红河州金平县马鞍底乡开展暑期"三

[①] 张卫华、张庆永:《微博客传播形态解析》,《传媒观察》2008 年第 10 期。
[②] 郑保卫主编:《中国少数民族地区信息传播与社会发展论丛》(2011 年刊),光明日报出版社 2012 年版。

下乡"社会实践。在对普玛村委会普玛村民小组的入户调查中,我们发现居民的手机拥有量远大于我们之前的预想。在被调查的 74 户村民中,有 66 户拥有手机,拥有量为 150 部。与此同时,拥有电视和影碟机的户数分别为 64 户和 40 户,数量为分别 70 台和 44 台。① 无论从家庭数量还是媒介数量来看,手机已然成为这个民族村寨的第一媒介。在调查中,我们还发现智能手机所占的比率达到 14%,价格便宜的智能手机,尤其是山寨手机开始被村民使用,个别年轻人还会使用 QQ 等手机软件。

普玛村是一个哈尼族村寨,截至 2011 年年底,普玛自然村共有 138 户 666 人。村民主要收入来源为种植业,2011 年农民人均年纯收入为 1081 元,远低于当年新的国家扶贫标准(年收入 2300 元),属于贫困县贫困乡里的贫困村。村里至今未通互联网②,村委会(2 台)和普玛小学(校长家 1 台)共有 3 台电脑用来处理公务,将需上报的材料拷贝到 U 盘,通过传统交通送到乡上。互联网流通的信息主要被党政组织体系转达到这里,除了对行政公文的回复,当地村民很难与外界建立信息交换关系。村里有些年轻人会上网,偶尔会到乡上的网吧玩游戏、看电影,新闻等实用性信息不受他们喜爱,电脑对他们来说更像是一种娱乐工具。手机短信和通话虽然为村民日常生活提供了很大便利,但这种"一对一"的沟通很难在更大范围产生影响。除了纳入基层政权管理的村委会和其他组织中的个人,村民的信息输出主要以用时间换取空间式的"赶街"③和"短暂出走"式的到外地学习④或打工⑤等渠道来实现,对外的信息传播成本高昂而且低效。于是,我们自然地想到:能否用智能手机通过 2G 网络进行微博发布?

---

① 云南数字乡村网上的村委会上报数据与我们的调查数据出入较大。以下涉及马鞍底乡及普玛村和中寨村委会的数据,未经标注的均来自云南数字乡村网(http://www.ynszxc.gov.cn/)以及马鞍底乡政府和各村委会提供的数据。

② 据村民介绍,必须要有 10 户开通宽带业务,乡电信营业厅才会进行安装,这一数字与从营业厅工作人员那听来的有出入。

③ 每周一次,村民可以到 6 公里以外的乡政府驻地赶街,多半村民步行前往。

④ 普玛村适龄儿童在普玛中心学校读小学,之后到乡政府驻地马鞍底中学读初中,考取高中的可选择到金平或红河州内其他县城继续求学,只有个别成绩优异的才有机会到红河州北部的发达县城就读高中。红河州南北差异明显,南部六县(屏边、河口、金平、元阳、绿春、红河)是全州少数民族主要聚居地,也是贫困人口主要分布区域。2011 年高考,屏边、河口、金平、绿春和红河等五县,一本上线人数仅分别为 1 人、6 人、10 人、1 人和 6 人。

⑤ 2011 年,有 10 名村民外出务工在 3 个月以上,其中 1 人在省外。初中毕业后的青年往往选择外出打工,到适婚年龄回乡结婚,婚后一般选择在家务农或务工。

技术的发展酝酿了无数可能性。微博等新媒体的出现,带给其使用者更多元化的终端选择。如同社会形态的发展存在跃进的可能性,新媒体技术也带给网络社会中的这些村民以理论上的可能。微博的手机终端使用有可能让他们迎来网络时代,甚至进入以微博应用为主要标志的 Web 2.0 时代。但现实的反差是否会让这种可能成为泡影?除了信息基础条件的要求,手机终端简陋、教育水平低下①、汉语能力不足②等各方面的困难,能让微博走进这些贫困地区么?根据调查经验,我们认为这种可能存在现实基础。一方面,部分村民可以发送手机短信,表明已具有微博写作基础;另一方面,社会交往过程中的乡村与外界的联系日益紧密,单纯地使用发达/落后、文明/原始、流行/传统等二元概念来看待乡村已经落伍了,现代化进程中的乡村存在一种自我成长的内在力量。为了验证理论可能,同时帮助马鞍底村民建立新媒体沟通渠道,2012 年 6月,笔者与 7 名学生重返马鞍底,在中寨村委会进行了一次"微博实验"。

二、地点的选定:从普玛村到中寨村委会

前期在普玛村调研,后期选择到中寨村委会进行实验,主要为了强化乡村微博对外传播的主题。中寨村委会情况与普玛村类似,交通更加不便,同样不通网络,但它更具有马鞍底乡的典型特征——旅游资源丰富,在中寨进行实验更容易获取外界的关注,进而检验微博的功用。中寨村委会主要的旅游资源——蝴蝶,近几年成为红河州对外旅游宣传的重要内容,2012 年红河旅游的官方标志的设计元素主要为蝴蝶和梯田,这甚至让部分网友觉得马鞍底被官方过分重视。正因为蝴蝶,马鞍底乡近年来成为红河州主推的旅游目的地,在红河州旅游宣传部门及州委宣传部伍皓等人的推介下,马鞍底乡作为"中华蝴蝶

---

① 村中具有大专及以上教育经历者 2 人,接受过中学和小学教育的分别有 420 人和 147 人,未上学的有 82 人。

② 在调查的 81 名村民中,45 人基本能够听懂并会说汉语,占 55.5%;能听能说部分汉语的有 16 人,占 19.8%;20 人完全听不懂汉语,占 24.7%。从构成情况看,经常外出打工、受教育程度较高、较为年轻的村民汉语掌握情况更好,男性比女性汉语水平更高。

谷"①的名气与日俱增,省州内多家媒体都对其进行了报道,央视《走进科学》、《发现之旅》等栏目组也来此摄制节目。

马鞍底乡境内有丰富的森林资源、水能资源、矿产资源、旅游资源和蝴蝶资源。但由于地处边远,交通闭塞,科技文化落后,至今仍然是一个集边远、山区、少数民族、贫困和原战区"五位一体"的贫困农业乡镇。随着旅游的发展,一方面马鞍底名气在外,原始、探险、探秘勾起了游客兴趣;另一方面,很多游客虽然通过官方媒体(包括伍皓的微博也具有明显的官方色彩)的宣传知晓了"蝴蝶谷",但却无法取得食宿、向导、交通等旅游接待信息,在进行选择时放弃了落后、险秘的吸引。由于旅游开发缺少民众参与,官方发布过于正式又不涉及旅游具体细节,所以来马鞍底旅游的多为政府官员,有官方接待渠道。在景区推介的过程中,急需听到马鞍底的普通民众发出的声音,村民也希望通过参与旅游开发分享利益。

对于旅游的发展,中寨村委会的村民也十分期盼。中寨村委会位于马鞍底乡中部,东、西与越南接壤,距离乡政府驻地 10 公里,海拔 1250 米,辖 12 个村民小组,世居民族主要为哈尼族。2011 年有 715 户 3236 人,农民收入主要以种植业为主。耕地面积 3220 亩,人均 0.98 亩。经济状况与普玛村相似,人均年纯收入 1598 元,也属于贫困村。中寨村委会辖区的旅游资源比普玛村委会更加丰富,其辖区的营盘山为蝴蝶的集中地,标水岩瀑布雄伟壮观。此外,中寨有丰富的生物资源和云南北热带原始森林,有多彩的哈尼文化和好客的民族风情,旅游开发的条件较好。由于景区自然原始,在旅游线路还未成熟之前,游客需要当地村民的引导,村民掌握了丰富的旅游信息,但是却接触不到普通游客。村民缺少与外界游客的沟通渠道,他们在旅游传播的过程中一方面处于"失语"的状态,另一方面也未迎来发展旅游带来的收入增长。

三、理论及模式:传播增权与小组工作

选择中寨进行微博实验,目的就是通过微博知识培训,使村民获得微博传

---

① 我国台湾岛蝴蝶种类共有 380 多个品种,享有"中国蝴蝶谷"的美名。而目前在马鞍底境内已发现蝴蝶 11 科 400 余种,类别和数量超过了台湾,故称之为"中华蝴蝶谷"。"中华蝴蝶谷"的名称也有自称和宣传的意味。由于缺少足够认可,在某些场合马鞍底又被当地官方称为"中国红河蝴蝶谷"。

播能力的增权,增强自身媒介素养和对外信息传播能力,改变信息交换中的弱势地位和不平衡现象。通过实验给村民以"言说"的平台,让他们主动参与当地旅游发展,在使用新媒体的过程中增强发布和捕捉脱贫发展信息的能力。这是一次将社会学社会工作和媒介素养提升相结合的传播实验,在增权理论指导下重点尝试以小组工作的形式,通过社会工作者(实验团队)的外力推动,帮助案主(贫困地区的民族村民)建立互助小组,改善村民在传播中的无权、弱权、失权状况。

增权是增权理论及其工作实践中的核心概念,它是指通过外部的干预和帮助而增强个人权力和对权力的认知,减少弱势群体无权感的过程,其最终目的指向获取权力的社会行动及其导致的社会改变的结果。① 增权理论所说的"权力"(power)是指个人或群体拥有的能力,是指对外界的控制力和影响力,强调的是人们对他人、组织或社会的拥有、控制和影响。② 增权可以看作是一种理论和实践、一个目标或心理状态、一个发展过程、一种介入方式。③ 由于天然的赋予、提升弱势者权力与技能的主旨而常与新媒体技术推广运用中第三世界、边缘群体及女性的发展主题结合在一起。④ 同时,增权与人类最基本的传播行为有着天然的联系。⑤

弱势群体的增权模式主要有个体自身的主动增权和外力推动的增权两大模式。⑥ 在本案中,村民的自身努力和研究团队的外力推动缺一不可,激发村民权能的路径借由外部"赋",来实现内部"增"。研究团队重点解决村民个体自身传播增权的技术性问题,增强村民传播的自我增权意识,帮助村民形成初步的传播网络和微博表达习惯,搭建与外界主动沟通与交流的渠道。研究团队的推动主要通过举办微博知识培训及技术服务、进行微博引导和互动、呼吁外界关注等方式来完成。村民自身的主动增权,重点一方面在于主动养成微博的使用

---

① Zimmerman M A. Taking Aim on Empowerment Research: On the Distinction between Psychological and Individual Conceptions. *American Journal of Community Psychology*, 1990, 18(1):169-177.

② 范斌:《弱势群体的增权及其模式选择》,《学术研究》2004 年第 12 期。

③ 陈树强:《增权:社会工作理论与实践的新视角》,《社会学研究》2003 年第 5 期。

④ 丁未:《新媒体赋权:理论建构与个案分析——以中国稀有血型群体网络自组织为例》,《开放时代》2011 年第 1 期。

⑤ 丁未:《新媒体与赋权:一种实践性的社会研究》,《国际新闻界》2009 年第 10 期。

⑥ 范斌:《弱势群体的增权及其模式选择》,《学术研究》2004 年第 12 期。

及传播意识,积极搜集自身民族文化、自然景观、村情民风等方面的素材,及时发布有价值的信息,并与外界尽可能互动;另一方面在于建立村民互助小组,使村民能进行自我学习、自我培训、自我传播,最终脱离对外力的依赖,获得真正的自我增权。建立村民微博互助小组,需要有当地技术、传播或政治人才的组织参与,组织者应熟悉网络虚拟社会的规则,同时在现实社会中有一定的影响。

互助小组是小组社会工作中非常重要的一种类型,它是一群有相同问题和困难的人的志愿性结合,小组成员利用自己的资源,在分享、沟通与互动中相互影响和支持,实现态度和行为的转变并解决环境问题。[①] 社会工作的增权实践重点在权力激发、意识唤醒、助人自助,而互助小组帮助案主"自助"的重要工具。工作者以"倡导者"而不是"指导者"的角色介入增权实践,把案主看作是具有潜能的伙伴和合作者,"强调案主和案主群的能力而不是无能力,承认案主和案主群是积极的主体,具有相互关联的权利、责任、需求、要求"[②],最终使案主经由外力的"他助",激发自身能力和潜能,逐步达致权力的获取和强化,并在"自助"的过程中对长远自我发展进行规划。

四、行动及效果:微博实践与社会影响

2012 年 6 月 9 日上午,实验团队在中寨小学教室给中寨村村委会召集来的各村民小组 20 余名村民及几个中寨小学教师进行了微博培训,简要地介绍了新浪微博及其功能、操作方法。[③] 经过实验团队的讲解和动员,不少村民表现出参与微博实验的兴趣和意愿,并基本认可了这一实验的价值,同时在团队的反复强调下相信自己有参与实验的知识和能力,显示出与团队成员积极沟通、需

---

① 程玲:《互助与增权——艾滋病患者互助小组研究》,社会科学文献出版社 2010 年版,第 36 页。

② 陈树强:《增权:社会工作理论与实践的新视角》,《社会学研究》2003 年第 5 期。

③ 团队在与中寨村委会沟通时,要求村委会帮助发动拥有智能手机并会使用手机发送短信的村民。

求帮助、坦诚互动的积极性，初步与团队成员建立了合作和分享的工作关系。①村民们当天即开通新浪微博 14 个。团队在村寨中进行了 5 天现场指导，在随后几个月时间里，团队成员一直鼓励村民坚持发布微博，并以转发、评论、私信等方式与村民进行微博互动。截至 10 月 31 日，村民共发布 184 条微博，其中 6 月份 143 条，7 月份 15 条，8 月份 10 条，9 月份 5 条，10 月份 11 条。村民微博的关注量总和为 292，各微博"关注"的同质性较强，有近 170 的关注量来自新浪的微博用户推广；粉丝量总和为 171；"关注"和"粉丝"多为开通微博的村民和团队成员。发布的 184 条微博中，转发他人微博 18 条，原创微博 134 条，其中 22 条使用了自己拍摄的图片。村民发布的微博共被转发 156 次，被评论 219 次。

团队成员在鼓励村民发布微博的同时，也利用各自微博及多个校园微博账号积极呼吁外界关注他们的微博。这不仅为村民的微博增加了一些"粉丝"，也为马鞍底的宣传做了一些贡献。团队的校园推广，引起了不少学生及社团的主动关注和支持，增强了马鞍底乡和"蝴蝶谷"的知名度，有不少同学因为我们的介绍去了马鞍底旅游，甚至还有 2 名同学以马鞍底作为个案撰写了本科毕业论文。与此同时，有 5 名社会人士通过微博与团队联系，要求我们介绍马鞍底乡旅游的路线、路况、交通、食宿等基本情况，团队及时进行回复，并将可以提供旅游接待村民的信息详细告知，促成 2 批游客成行，其中有位游客为专业摄影师，经我们介绍后多次去往马鞍底。6 月 14 号，中寨村委会朱主任发了条微博"我的简介改为：中国红河蝴蝶谷马鞍底乡中寨村委会主任"。红河州州委宣传部部长伍皓转发了此微博，评论说"村干部开微博，这就是红河。"这条微博受到了很多外界热心网友的关注，有网友认为在不通网络的地方使用微博确实新鲜，是一个创举。

实验验证了新媒体的技术优势和网络时代跃进发展的可能，同时也说明新技术的产生本身也可以产生对抗"数字鸿沟"的因素。实验的意义还在于对偏远贫困地区"数字想象"的解构，生活于这些地区的公众并未停留在原地等待外来世界的文化和经济冲击，自甘贫穷和封闭，他们以积极或主动的方式融入现代化进程，并渴望与外界进行交流。在实验中发布微博最多的是外出打工者，

---

① 据我们的观察，村民在开始接触微博时比较茫然，但却不抵触。在与一位中寨小学的老师进行交谈的时候，他认为这件事是没有意义的，注定会失败，他认为这里的村民观念落后，很难被发动。他的想法或许代表了一些人的担心，但这正于团队的理念相反，这也是实验需要进行验证之处。

其次是在外学习的高中生,这些在外学习或打工的"归乡者",以更加积极的心态面对新媒体事物,并表现出与外部世界的积极联系和对接。与此同时,当地村民自治体系当中的"村两委"成员和小组长等,出于对当地发展更为迫切的愿望或其他原因,对这一陌生的事物也较为努力地接受。村民不仅学会了简单的"@"、私信、转发、评论等基本功能,还开始意识到自身与外部的差异,并将这种差异作为微博书写的重要内容。在具有完整叙述的村民微博中①,马鞍底的自然风景、生物资源、民族文化等内容占到他们微博内容的一半以上,这些环境资源成为他们微博的创作素材。从村民发布的微博来看,他们熟悉本民族的文化和本区域的资源,并能以完整的意义表述出来,其中不乏优美的文字和深刻的思考。村民在微博中表现出对自身文化的清醒认识,表现出渴望发展的迫切心情,表现出对乡村事务的深刻思考,表现出对本民族文化的认识与热爱,其中的一些书写让人感觉到他们对微博认真的态度、对传播负责的精神、对游客期待的热情。与此同时,他们将对乡村发展的忧虑和思考写入微博,表达了对贫困、专业合作社、养殖业发展、农村低保问题、外出务工、赌博娱乐场所治理等各种公共话题的看法。虽然村民微博对个人话题也有所涉及,但写作的重点却放在了乡村的公共问题上,表现出了村民"主人"的心态和公共意识的觉醒。总体上看,村民微博不乏高质量的内容,甚至很难将他们生产的微博与外部世界的进行区分。

五、坎坷与无奈:无法回避的"增权困境"

虽然实验基本达到了预期的目的,但作为社会工作的赋权实践却面临巨大挑战,仍需外力的持续推动。团队离开中寨后不久,村民微博的活跃度已经逐步降低,有些村民在微博培训后就再也没有发布过微博,很多在培训中创立的微博已经失去价值。村民的手机设备落后,在连接网络时会发生各种问题,加之手机信号本身就不稳定,发布微博对很多村民来说是一件特别麻烦的事情,发布一条微博有时会耗费一两个小时的时间,甚至有时一天也发不出去。由于通信条件的限制,一些村民微博的头像是由团队成员在回城后帮助上传的,微博的许多功能村民无法使用,有些村民折腾一番后便失去了耐心。此外,"@"、

---

① 有部分微博是村民在学习的过程中发布的,没有表达完整的意义。

私信等线上互动多数时无法获得村民的回应,为了弥补微博时效性的差异,团队经常把村民的手机号码告知有意向去马鞍底的人,这也使村民微博的互动性大打折扣。

互助小组的建立也遇到很多困难。微博用户——我们的重点培养人,虽然也教会过个别村民使用微博,但他们时常外出打工或做短期劳务,无法保证在村里的生活时间,相对弱化了他们在村寨中的现实影响,无法发挥他们的指导作用,也往往让互助小组缺少组织性。此外,互助小组中参与微博发布和互动的村民,人数本身不多又不断流失,直接导致互助小组失去效用,出现了"增权困境"①。虽然团队成员时常建议村民发微博,但响应者不多,村民没有看到微博传播的显著效果,对一些村民来说只带来话费的增加,并没有带来实际利益,行动的动力逐渐消减。而最终的典型状态却是村中那些经常穿梭于乡村与都市的微博用户也失去了与内部成员的互动热情,转而频繁地与团队成员保持微博联系,这让团队和案主的合作关系变得较为尴尬,现实情况与建立互助小组的初衷相差甚远。

团队的推动虽然给村民带来了一些新的气象,但微博这一新鲜事物更像是村民的"万花筒",尝鲜即过。造成这一情况的原因主要在于团队召集的外部"赋"权不够,微博实验的影响力不足。在实验进行过程中,除了让马鞍底乡党委办公室帮助联络食宿外,团队没有求助当地有关党政部门的官方支持,也没能引起各级媒体的关注和报道,团队的动员对红河州内的政务微博也几乎不起作用。团队成员都不是专业化和职业化的社会工作者,缺少实际社工经验,团队也没有稳定的运行组织,更不存在组织间的同行交流,虽然竭尽所能,包括捐助 3 台老旧电脑和 1 部智能手机,但相对来说团队本身是"无力"的。虽然团队力求避免官方"自上而下"的介入,但权力资源和注意力资源更多地还是被官方及官方媒体掌握,这让我们意识到增权的层次还是不能单纯局限于个人及人际互动层面,虚拟世界的微博实践也不能单纯依靠网络上的呼吁和某个网络群体的影响,政治权力的给予、大众媒体的介入、社会范围的关注都是至关重要的。在目前阶段,仍需要争取更多的"他助",为村民的"自助"创造必要的条件。

---

① 范斌:《弱势群体的增权及其模式选择》,《学术研究》2004 年第 12 期。

网络传播与媒介效果

六、希望与未来：乡村的信息交换

实验的价值或许更多地表现在它所展现出来的希望。虽然在偏远的民族贫困地区仍存在诸多困难和限制，但微博等新媒体在乡村的使用和传播已具备现实基础，并将不可避免地走入村民的日常生活。随着网络的接入和电脑、智能手机的普及，村民将迎来更多的传播机会，"自媒体"的获得将更加便捷，网络和新媒体的力量在经济发展的过程中将扮演更为重要的角色。面对这一即将到来的信息化浪潮及其对民族文化的冲击，身处媒介化社会中的村民需要树立心理与意识的养成观念，建立对新技术扩散的有效缓冲，并做好把握新媒体增权属性的准备。增权允许人们对其存在的状况进行言说，传播作为一种机制有可能使得增权得以实现。①

作为特殊的弱势群体，少数民族由于自身语言、文化、心理、地理的差异，在面对网络新环境时，可能遇到阻滞发展的传播问题、沟通障碍和心理隔阂。他们不应持续将媒介作为生活中可有可无的存在、一种事不关己的事物，而应重新认识、发现、利用媒介，不断提升媒介素养。成为微博群体的一员，主动参与到现代话语的书写当中，用同一平台和传播工具挖掘不同的"自我"，在面对"他者"之时或许更有可能表现出对本民族文化的自信。这种自信来源于对本族文化的主动搜集、梳理和叙述，来源于对本地区事务的主动关心、发言和参与。这种自信也正是新媒体格局中少数民族群体"话语权力"的来源，体现着民族叙事、边疆叙事、景观叙事的核心传播力，体现着作为被"想象"群体的边缘对抗策略。对自身文化的重新发现和言说，有助于少数民族群体及个人激发文化自觉意识和文化自豪感，以主动积极的心态融入新媒体社会，以更为积极的自我增权和自我传播消除"数码鸿沟"的不利影响，实现经济发展与民族文化保护的双赢。

这次小小的实验，本身也只是迈出了第一步，增权实践仍是件未竟之事。对于本案来说，与新媒体环境下媒介素养增权相适应的理论基础的建构，乡村微博所面临的主要问题，工作对象的信息需求和传播心理，个案或小组工作的目标、介入、策略、内容、实施、管理或评估，对工作模式的反思与创新等，这些都

---

① 谢进川：《试论传播学中的增权研究》，《国际新闻界》2008 年第 4 期。

是需要在下一步的实践和研究中思考并加以总结的问题。用社会工作的思路进行传播增权的实践或许是一种有益的探索,这种探索需要更多的个案和小组工作完善,并形成可供借鉴的规范化的成熟操作模式,最终为处理民族文化传承、人文精神延续、自然环境保护与现代化融入的关系问题,提供一种在不断社会整合中主动"调适"的路径。

参考文献

[1] Zimmerman M A. Taking Aim on Empowerment Research: On the Distinction between Individual and Psychological Conceptions[J]. *American Journal of Community Psychology*, 1990, 18(1): 169-177.

[2] 陈树强,增权. 社会工作理论与实践的新视角[J]. 社会学研究,2003(5).

[3] 丁未.新媒体与赋权:一种实践性的社会研究[J]. 国际新闻界,2009(10).

[4] 丁未.新媒体赋权:理论建构与个案分析——以中国稀有血型群体网络自组织为例[J]. 开放时代,2011(1).

[5] 范斌. 弱势群体的增权及其模式选择[J]. 学术研究,2004(12).

[6] 李刚存."边民新闻"与新闻的邀请——在边疆民族贫困地区实践 "公民新闻"的探索研究[J]. 红河学院学报,2013(1):71—74.

[7] 谢进川.试论传播学中的增权研究[J]. 国际新闻界,2008(4).

[8] 张卫华,张庆永.微博客传播形态解析[J]. 传媒观察,2008(10).

[9] 程玲.互助与增权——艾滋病患者互助小组研究[M].北京:社会科学文献出版社,2010.

网络传播与媒介效果

圈子、想象与语境消解：微博人际传播探析

赵高辉①

【摘　要】　微博是当下学术研究的热点之一。在以往的研究中，微博的大众传媒的特征和效果常常被凸显，而人际传播特征常被忽略。本文从人际视角观察微博发现：微博是以"熟人"为中心构建的交往圈子，其建构过程遵循三个层级逐步扩展的模式，并带有"差序格局"的特征。微博交往是一种想象互动，且作为人际"表演"的互动发生在"语境消解"的状态下。这些特征深刻影响了微博传播的效果，作为其他研究的基础不可不察。

【关键词】　微博　人际传播　互动　语境消解

Circle，Imagination and Context Collapse：A Study of Microblog's Interpersonal Communication

Zhao Gaohui

Abstract：Microblog is one of the hotspots of the current academic research. In previous studies，the characteristics and effects of mass media in microblog are often prominent，while its characteristics of interpersonal communication is often overlooked. Observed in the interpersonal perspective，this study finds that microblog is a communication circle centered by acquaintances，which was constructed following the mode of three levels gradually extending and with the Pattern of Difference Sequence. The microblog's interpersonal communication is imaginary interaction，which occurs in the state of as the state of context collapse as interpersonal performance. It concludes that these

---

① 赵高辉，东华大学人文学院副教授。

characteristics above have a profound impact on microblog's communication effects, which should be paid more attention as the basis and premise for other studies.

Keywords：microblog；interpersonal communication；interaction；context collapse

当下中国对于微博的研究大致可以归为以下几个方面,即微博传播特点和传播机制、微博与传统媒体关系、微博与表达自由、微博谣言与假新闻、政务微博及微博营销。从这些研究的逻辑前提看,研究者大都将微博作为一个融合传播平台,即把微博看作一个人际传播、群体传播、组织传播和大众传播相互融合的传播。但是,在对于微博这一融合平台的讨论中,其大众传媒的特征和效果常常被凸显,而作为其本质的人际传播特征常常被研究者忽略。曹国伟指出,在中国,微博的媒体性表现得很充分,而社交性就比较弱一点,这是因为在中国媒体性需求更大,微博在相当长的时间内,它的媒体属性会非常强。① 这一观点多少解释了上述研究倾向的背后动因,即用户的媒体需求大于社交需求。尽管曹国伟没有指出微博的媒体属性还能强多少时间,但是,从他之后提出新浪微博重点转向给微博添加更多的社交网络功能以"提高用户黏性"②的策略来看,微博人际特质的回归或成趋势。那么,作为社交平台本质的微博人际传播有何特点,并将对传播的效果产生什么影响?

一、熟人圈子:微博人际传播的起点和归宿

陈力丹用圈子文化来说明微博的极端化倾向③,喻国明用圈子来说明微博的嵌套性④,这些研究都说明,微博作为一种人际交往平台,其互动依托于一个"网络"。如果深入追问这种圈子的形成过程,不难发现,微博圈子的构建具有层级性扩展的特征。这种层级性在互动的过程中形成了微博交往的"差序格局"。

---

① 杨澜:《杨澜访谈录——专访曹国伟》,参见 http://tech. sina. com. cn/i/2011-11-06/12226281084. shtml.

② 可心、曹国伟:《微博重点转向添加社交功能》,参见 http://www. techweb. com. cn/people/2011-11-09/1117470. shtml.

③ 陈力丹:《微博"圈子文化"解码》,《人民论坛》2011 年第 11 期(上)。

④ 喻国明:《微博价值:核心功能、延伸功能与附加功能》,《新闻与写作》2010 年第 3 期。

首先,在微博交往圈子构建中,处在核心层的往往是博主现实生活中的社交网络,微博只是将这一现实的交往圈子"虚拟化"。笔者曾经利用课堂之便简单调查大学生开通微博的动机,大多数学生表示,最初开通微博源于"身边人"的带动。对于普通人而言,现实中"熟人"圈子中他人的示范效应是带动其进入微博的主要动机。一旦博主在他人的带动下开通微博,他首先会主动去寻找亲朋好友的微博,从而构建出自己微博上的"初级"交往群体。在这一层级,微博博主的圈子建构是基于"人"而非信息,所谓构建,其实是现实交往关系的微博转移。由此建立的微博圈子,满足了博主交往的需要,使博主产生一种"不同空间中的熟人"的"共在感"。当然,这种圈子的构建不是一蹴而就的,伴随着更多朋友账号的获知,或者其他"熟人"微博的开通,该层级的圈子也在不断扩大。

其次,基于学缘、业缘和趣缘的圈子扩展。除博主主动搜寻朋友之外,微博网站的推介也是圈子扩展的主要渠道。在微博首页中,网站经常推介出来的人也可能会引发博主的兴趣。如新浪微博常常告知博主,你关注的人中共同关注了某人,你和某人是同事(同学)等等,在右侧还专门设置一个"你可能感兴趣的人"栏目,不断为博主推荐"熟人"。通过这种方式,网站依据人际交往的"认知一致性"逻辑(即个体会预期朋友也喜欢自己的其他朋友[①])为博主构建一个以学缘、业缘为基础的微博人际交往圈子,并通过圈子的不断扩大,增加网站的活力和博主对于平台的"人际依赖"。依照六度分割理论,这种模式所产生的人际交往圈子是可以无限扩大的,因为从理论上讲,通过六个人的连环关注之后,任何人都可以进入到同一个圈子中。但是微博交往圈子并不是这种理论的完美体现,因为就个体来说,无限扩大的圈子对交往反倒是一种负累,因此,大家会通过"信息"来选择关注人群,并控制圈子大小,在一个确定人数的圈子中完成人际交往。

最后,基于事件推动的偶然圈子。当前社会上的一些热点事件,往往会在微博上形成群体性讨论。一些事件的当事人或者旁观者会利用微博发布信息,表达态度。同时一些对于事件感兴趣的用户也会在追踪信息的过程中发现彼此感兴趣的人并关注或者相互关注,从而构建成为博主的第三类圈子。这种圈子在理论上属于偶然群体,但也常常以事件为契机形成稳定的联系,变成彼此

---

① 约瑟夫·德维托:《人际传播》,余瑞祥、汪潇、程国静等译,北京大学出版社 2007 年版,第 100 页。

圈子的固定成员。

在后两种以信息构建的人际圈子中,选择是否关注时所依据的"信息"并非一般意义上的信息,它们在人际传播中充当了"自我披露"的功能。任何微博信息都会或明或暗、或多或少地透露出个人的爱好、态度、价值观等。加上用户的个人标签、关注与被关注微博等信息,微博用户可以大致了解或者判定博主的身份、地位、职业等,从而决定是否关注此人,即是否将此人纳入自己的交往圈子。在人际交往中,自我披露在正向上可以推动关系的发展。当博主通过他人的"信息"(自我披露)完成对一个人的认知,并形成某种身份判断时,两人就在一定程度上成了"熟人",通过长期的信息关注构成一种交往,不断推动关系的变化(深入、冲突、修复、中断)。

在上述三级扩展的微博"熟人"圈子构建中,一波一波向外延展的圈子同样具有与现实人际交往一样的"差序格局"。处在第一层级的成员发布的信息,会被博主重视并不断进行转发和评论。对于该层级成员的言行也会时刻在意,并可能通过@、私信等形式进行沟通,从而形成经常性的互动。而对于后两个层级成员发布的信息,则更多是一种消费心态。对于信息中表现出来的言行了解即可,而且在匆忙时刻常常跳过。于是,在以博主为中心构建的熟人圈子中,对于关系的维护通常是一种差序格局,不同圈子的人被赋予不同的重要等级。

事实上,从新浪微博中关注的分类如传媒、公共、熟人等的划分中可以看出,这种最初创建的分类就已经开始对所构建的圈子成员进行"差序"化。在微博运营者看来,差序化分类的目的是为了让博主便于管理自己构建的"圈子",提升用户体验。而对于博主而言,这种管理上的方便,本质上是一种交往上的方便而不是获取信息上的方便,因为当你着重关注一个人的信息时,事实上是着重关注了这个人的一言一行以及他言行之后的内心波动。即便是纯粹进行信息获取的一次"消费",也常常会去领悟信息背后的动机,这在微博信息传播过程中已经有了生动的体现。由此,人们消费的信息不仅仅是信息的意义本身,更重要的是信息中所包含的"关系",这种情形印证了人际传播中信息兼具"意义"和"关系"两种含义的特质。

二、想象互动:微博交往主体的"在场"与"缺席"

微博熟人圈子的构建与现实中的社交网络一样,是不断变化的。有的人通过交往关系不断发展,有时交往中也会出现冲突,而冲突的解决可能增进了了解、推进了关系,也可能令关系陷入僵局导致终止。构建圈子的过程与透过信息的交往同步进行,而信息互动更多地体现在交往者精神的在场与肉身的缺席,即这是一种想象的互动。

从博主对他人进行关注开始,想象性的交往即行开始。不管是哪一层级的熟人圈子,关注总是伴随着对对方的想象。关注亲朋好友的言行,在博主的脑海中会跳出曾经的交往细节,与所读信息进行映照。对后两者的关注,从查询他人信息开始,博主就已经开始展开想象。在基于个人兴趣的关注中,大部分他者作为博主的向往群体而存在,与向往群体的想象互动,或者仅仅是一厢情愿的观察,也在脑海中留下了对方生活轨迹和思想动态。有研究指出,如果我们承认微博创造了一种与现实生活中的熟人、朋友不间断联络的感觉,那么长期关注一个人同样能够产生一种令人信服的熟识感。① 当"我"关注了他人,他人就成了"我"的一个想象交往对象,我能够了解到他的一言一行,并且不断更新这种关注,于是我与关注对象之间便形成一种"精神"的在场沟通和想象的互动过程。虽然我不与对方发生联系(当然有时候也发生实际的互动),但是对方的思考、思想、动向、观念以及对于某一件事情的看法,都会成为"我"认知和了解对方的线索。并且,作为一个"我"想参与进去的群体的成员,"你"的思考影响了我的言行,于是"我"的自我形成可能受到了"你"的言行影响,于是关注对象作为一种示范融入了微博用户的社会化过程。

作为信息发出者的博主,在信息中同样包含着想象的受众。作为信息的发出者,博主在构思微博的时候,也会自觉不自觉(作为一种习惯)地意识到受众的存在。因为考虑到他人的关注,博主的观点、看法、言行也发生了微妙的改变,受众作为米德提出的"一般化的他人",型塑甚至制约着博主言论内容。有的博主出于粉丝增加或者留住粉丝的考虑,在发布信息的过程中思考他人的预期,并尽量适应和满足他者的想象,以此增加他人的好感,并提高自己的影响力。同时,尽管发帖者无法描述实际的受众,但是这并不意味着发出的信息会被不定的、为数众多的读者阅读。对于博客的研究表明,大多数帖子读者都

---

① Marwick A & Boyd D. To See and Be Seen: Celebrity Practice on Twitter. *Convergence: The International Journal of Research into New Media Technologies*, 2011, 17(2): 139.

不多①,而实际上,博主并不知道这些"少数人"是哪些人。但是,这种未知并不可怕,因为博主可以通过想象来构建这些读者的特征。从这种意义上讲,作为微博主体的"我"与"你",不断进行着各种意义上的互动,彼此相互认知、互相影响。

此外,想象还弥补了微博互动语境及现实交往的不足。对名人微博的研究发现,尽管这种准社交互动很大程度上是想象的,且主要发生在互动者的脑海中。粉丝能够与知名人士进行讨论并去除这种准交往中的问题,以现实中交往的经验补充这种准交往中的语境。② 事实上,通过想象来补充交往语境的感知不仅在名人的粉丝中存在,任何微博主体之间的互动都伴随着对于互动语境的想象补充。人际传播中的想象互动理论指出,想象互动中传递的思想"可能是碎片化的、延伸性的、凌乱的、重复的或是连贯的,正因为如此,它们具有许多和真实对话一样的特点"③。这种传播特征与微博的 140 个字的思想展示方式契合,碎片化恰恰说明了微博传播内容的特征。而且,微博的力量还表现在它鼓励人们在这里进行"数字亲密"(digital intimacy)④,也就是说微博平台推动了博主在这里与想象的他者进行互动并建立亲密的准社交关系。不管微博互动在多大程度上仿真了现实互动,但是从效果上说,其必然补充了博主现实交往的不足,鼓励数字亲密的结果是博主在交往过程中获得了与他人"亲密"的心理享受,当对方是自己的向往群体时,这种享受带来的快感更为强烈。

三、语境消解:多元受众之下的"表演"

作为社交网站的微博,其本身构成了一个虚拟社区,成为人与人相遇的平台。在"相遇者"构建的人际关系中,"我"与"你"通过互动相互建构彼此的身

①④ Marwick A E & Boyd D. I Tweet Honestly, I Tweet Passionately: Twitter Users, Context Collapse, and the Imagined Audience. *New Media Society*, 2011,13(1): 114.

② Marwick A & Boyd D, To See and Be Seen: Celebrity Practice on Twitter. *Convergence: The International Journal of Research into New Media Technologies*, 2011,17 (2): 139.

③ Baxter L A & Braithwaite D O. *Engaging Theories in Interpersonal Communication: Multiple Perspectives*. Thousand Oaks: Sage Publications, 2008: 77.

网络传播与媒介效果

份。但是与现实中人们可以利用语境来建构自我身份不同,微博中人们无法将语境纳入互动过程之中。于是,"多元的受众聚合到一个平台之上",人与人的交流处在一种"语境消解"(context collapse)状态。①

戈夫曼利用戏剧的隐喻来分析人们的互动实践。他把个体理解为能够根据语境和受众来定制自我呈现的表演者。人们通过诸如保留面子、集体维护社交规则,或者协商权力差异和意见不同等策略一起努力维护期望的自我和谈话对象的形象。人们之所以能够完成不同自我的建构,是因为交往中个体对每个人展示不同的前台和后台,自我呈现会根据受众的情形,如朋友关系、地位差异和种族不同而变化。甚至在困难的语境中,人们可以熟练地使用体态、语言和语调去控制面对面的印象。但是在微博中,每一条信息都可能遇到所有的读者。读者的潜在的多样化瓦解了依据不同读者进行不同的自我呈现并构建彼此不同之印象的能力。对博主而言,这种情形使得从事不同的身份呈现、印象管理和维护面子等复杂协商需要的行为变得困难。②

同时,为了使得日常互动中的表演具有真实性,一个很重要的诀窍就是必须使这些不同前、后台的个体不同时在一个语境中出现,否则就有可能令表演"穿帮"。拿戈夫曼的话说,当个体目睹不是为他们准备的表演时,他们也许会对这个表演与本来为他们准备的表演均感失望。表演者也可能会变得惊慌失措。这一问题在个体的某一表演依赖于精致的舞台环境时尤为尖锐。而表演者解决这个问题的办法是把观众隔离开来,使目睹他处于一种角色中的个体不至于成为目睹他处于另一种角色中的个体。③ 在微博平台上,这种表演努力同样无法施展,因为当一条信息发布出去,前述三个具有差序层级的人都有可能看到,而他们所知道的前台、后台景象截然不同。而且,象征互动论认为,身份和自我通过与他者的连续的互动(主要是语言互动)而构建,自我呈现是一种合作行为。在微博上,当博主发布一条信息,他无法判断谁会是其"合作者",因此,这种合作就变得难以预料。

作为面子理论延伸的礼貌理论也指出,人们对积极面子和消极面子的维

---

①② Marwick A E & Boyd D. I Tweet Honestly, I Tweet Passionately: Twitter Users, Context Collapse, and the Imagined Audience. *New Media Society*, 2011,13(1): 114.

③ 欧文·戈夫曼:《日常生活中的自我呈现》,黄爱华、冯钢译,浙江人民出版社 1989 年版,第 130—131 页。

护,应该从三个层面来考虑,即从权力、社会距离即关系值、话语等级三个方面来考量,维护他人的面子行为需要判断彼此之间的权力等级,关系程度等参数,但是在微博上这种区分很难进行。因为,在这里尽管我们知道我们在跟自己的圈子打交道,但是这个圈子里谁会看到信息并做出回应,我们并不知道。所以对于这些礼貌的考量即便是可能的,也会异常困难。于是,我们可能会在微博上看到,原本应该温文尔雅的专家、教授也会大爆粗口,原因就在于既然礼貌难以把握,干脆就无所顾忌。

微博作为一个人际传播的平台,交往的本质功能得以实现并有序运转下去,充分说明现实生活中的表演和互动同样成立于微博。尽管上述语境消解带来的诸多困难严重影响了他人对于博主"真实程度"的评判,破坏了个人在不同自我间转换并表现真实或者虚假的能力,但是对于大多数博主而言,他们总会找到方法来化解语境消解带来的尴尬,比如通过自我审查和平衡。审查意味着不发表那些有争议的问题,如性、种族、政治等等,这种策略可以让博主有效应对包括父母、雇主和重要他者在内的想象中的受众。平衡就是一方面寻找并判断自己的粉丝的兴趣和爱好,从而满足他们;另一方面又要加入一些自己的情绪表达,从而能够将自己人性化的一面表现出来,来构建一个真实的自我。[①]

当然,由于面子和礼貌难以把握,微博互动中博主也会遭到他人严重地破坏自己的面子。如何通过表演完成自己的面子维护,不同的人会选择不同的方式来管理自己的形象。有的愿意平心静气直接承认自己错误,也有的会诉诸幽默和自嘲,从侧面化解他人的质疑和伤害。当然,也有人置之不理,不予回应。最为极端的做法就是针锋相对,随着情绪作出回应,甚至在微博中相互攻击谩骂。从人际交往的效果看,诉诸幽默可能是最好的方式,而以牙还牙式的谩骂是对破坏者面子的最有力回击,也是在双方互动中对自己面子的最大维护。但是后者在多元受众同台的语境下,很可能赢得了骂战,却失掉了人心,应该慎用。

① Alice E, Marwick A E & Boyd D. I Tweet Honestly, I Tweet Passionately: Twitter Users, Context Collapse, and the Imagined Audience. *New Media Society*, 2011, 13 (1): 114.

四、结语：人际交往视角下的微博传播效果审视

对于微博人际平台特性的强调以及对于微博人际传播特征的讨论，有助于在阐明微博平台本质的基础上，厘清当下微博讨论的诸多面向。如前面已经指出，微博研究中，学界和业界已经赋予太多的期待，这些期待有价值层面的，也有操作层面的。但是，假定我们确认了微博平台人际本质与人际特征，那么这些期待都需要重新去梳理，至少需要研究者在相关研究的逻辑起点上确认以下几点：

首先，假定我们认为微博本身就是一种圈子传播，那么对于其群体极性的特征应该就无须证明，因为这是其基因所在，挥之不去。

其次，既然微博传播是一种想象的互动，那么伴随着个人对于微博上碎片化信息的想象性回放和预演，以往的个体经验的认知必然会被加入。这种个体认知可能充满了感性，并在个体的情绪驱动下传播扩散。结果是，带有个体主观"补充"的信息在人际网络中依靠"桥"和"联络员"的不断过滤而变形失真。于是，流言甚至谣言的出现在所难免。

主观的想象互动带有理性，但是并不排除感性充斥，而这可能是公共商讨需要避免的。延展开去，当我们寄希望于微博商讨能够改变什么的时候，需要降低热情，在这里，把期待放在政治和理性的启蒙上比希望完成什么具体任务更靠谱些。我们也很欣喜地看到，现实中有许多成功的操作实例，如"随手拍"行动，但这些只是个案，不应把"支流当主流"。

最后，既然语境是消解的，那么对于某些群体而言，调侃、谩骂等圈子内部的张力外现，可能会影响整个群体的形象，并在公众中形成"刻板成见"。这种成见使得某些被寄予厚望的群体（如知识分子）形象坍塌，并造成群体成员认同上的错位和无所适从。结果不仅仅是"劣币驱逐良币"，而是良币向劣币转化。不仅如此，这些成见的扩散，也可能在无意识中摧毁了人们对于整个社会的道德预期。因为，微博平台上建构的"超真实"幻象很可能会扭曲人们对于整个社会情形的预判，这可能在长远上有害于社会有机体的健康运行。

参考文献

[1] 可心,曹国伟.微博重点转向:添加社交功能[OL],http://www.techweb.com.cn/people/2011-11-09/1117470.shtml.

[2] 约瑟夫·德维托.人际传播[M].北京:北京大学出版社,2007.

[3] 陈力丹.微博"圈子文化"解码[J].人民论坛,2011(21):66—67.

[4] 杨澜.杨澜访谈录——专访曹国伟[OL],http://tech.sina.com.cn/i/2011-11-06/12226281084.shtml.

[5] 戈夫曼·欧文.日常生活中的自我呈现[M].黄爱华译.杭州:浙江人民出版社,1989.

[6] 喻国明.微博价值:核心功能,延伸功能与附加功能[J].新闻与写作,2010(3):25.

[7] Marwick A E. I Tweet Honestly, I Tweet Passionately: Twitter Users, Context Collapse, and the Imagined Audience[J]. *New Media & Society*, 2011, 13(1): 114-133.

[8] Marwick A. To See and be Seen: Celebrity Practice on Twitter[J]. *Convergence: The International Journal of Research into New Media Technologies*, 2011, 17 (2): 139-158.

[9] Baxter A & Braithwaite D O (eds.). *Engaging Theories in Interpersonal Communication: Multiple perspectives*[M]. Thousand Oaks: Sage Publications, 2008.

图书在版编目（CIP）数据

数字未来与媒介社会.2013.2:重构行动者:中
国场域的传播研究 / 张志安,林功成主编. —杭州：
浙江大学出版社，2014.10
ISBN 978-7-308-13343-2

Ⅰ.①数… Ⅱ.①张… ②林… Ⅲ.①传播媒介—中
国—文集 Ⅳ.①G206.2-53

中国版本图书馆 CIP 数据核字（2014）第 118626 号

数字未来与媒介社会 2013 2·
重构行动者：中国场域的传播研究
主　编　张志安　林功成

责任编辑　徐　婵　杨　茜
封面设计　续设计
出版发行　浙江大学出版社
　　　　　（杭州市天目山路 148 号　邮政编码 310007）
　　　　　（网址：http://www.zjupress.com）
排　　版　杭州中大图文设计有限公司
印　　刷　杭州杭新印务有限公司
开　　本　710mm×1000mm　1/16
印　　张　14
字　　数　229 千
版 印 次　2014 年 10 月第 1 版　2014 年 10 月第 1 次印刷
书　　号　ISBN 978-7-308-13343-2
定　　价　40.00 元